民商法争鸣

MINSHANGFA ZHENGMING (DI 18 JI)

（第18辑）

主　编○杨遂全

本书编委○杨遂全　王　竹　徐铁英
张金海　王　蓓　陈　实
张晓远　李　旭

本辑执行主编○王　竹

四川大学法学院主办

《民商法制创新与实践》系列专题研究学术著作

四川大学出版社
SICHUAN UNIVERSITY PRESS

项目策划：曾　鑫
责任编辑：曾　鑫
责任校对：李勇军
封面设计：何东琳
责任印制：王　炜

图书在版编目（CIP）数据

民商法争鸣．第18辑 / 杨遂全主编．— 成都：四川大学出版社，2021.3
ISBN 978-7-5690-4537-6

Ⅰ．①民… Ⅱ．①杨… Ⅲ．①民商法－中国－文集 Ⅳ．①D923.04-53

中国版本图书馆CIP数据核字（2021）第070654号

书名　民商法争鸣（第18辑）

主　　编	杨遂全
出　　版	四川大学出版社
地　　址	成都市一环路南一段24号（610065）
发　　行	四川大学出版社
书　　号	ISBN 978-7-5690-4537-6
印前制作	四川胜翔数码印务设计有限公司
印　　刷	郫县犀浦印刷厂
成品尺寸	148mm×210mm
印　　张	8.375
字　　数	241千字
版　　次	2021年8月第1版
印　　次	2021年8月第1次印刷
定　　价	39.00元

◆ 读者邮购本书，请与本社发行科联系。
电话：(028)85408408/(028)85401670/
(028)86408023　邮政编码：610065
◆ 本社图书如有印装质量问题，请寄回出版社调换。
◆ 网址：http://press.scu.edu.cn

四川大学出版社
微信公众号

目 录

民法泛论 …………………………………………………………………（ 1 ）

民法视角的城乡产权平等与制度一体化
——以合村并居和未来宜居住宅权为例
/杨遂全　杨燕玲　洪运 ……………………………………………（ 3 ）
浅析决议民事法律行为的效力/李　岩 ……………………………（ 15 ）
新冠疫情的民法透视/夏　平 ………………………………………（ 30 ）

人身权探析 ………………………………………………………………（ 49 ）

性自主权的民法体系化构建研究/田岱月 …………………………（ 51 ）

物权实证探析 ……………………………………………………………（ 67 ）

不动产抵押合同未经登记的法律后果/赵　轶 ……………………（ 69 ）

商标权新探 ………………………………………………………………（ 87 ）

酒店等经营服务中使用假冒产品的商标规制/孙君苑 ……………（ 89 ）

劳动合同新问题 …………………………………………………………（101）

无固定期限劳动合同强制订立法律问题探讨
——《劳动合同法》第 14 条第 2 款第 3 项的展开
/周　倩 ……………………………………………………………（103）

婚姻家庭与继承问题探讨 …………………………………… (119)

《民法典》视域下夫妻共同债务的认定及举证责任/杨　洋 … (121)
法定夫妻财产制下虚拟财产归属：探索与建构/王懋祺 …… (132)
论遗产酌给制度的重构
——以我国《继承法》第14条的修改和实施为中心
/孔　喆 ………………………………………………… (158)

侵权责任问题探究 ………………………………………… (169)

我国《民法典》中生态环境侵权的惩罚性赔偿责任
/王　竹　龚　健 ………………………………………… (171)
试论预期利益损失赔偿的可预见性
——CISG相关条文解读与本土化探索/陈雨嫣 ………… (183)
微信公众平台转载行为的侵权问题探讨/卿紫菱 ………… (205)
对我国侵权责任法下纯粹经济损失的再解释/谢雨轩 ……… (218)

商法新论 …………………………………………………… (231)

我国信托监察人制度的解构与检讨/梁汪洋　年　珂 ……… (233)
试错式监管机制对我国金融改革的借鉴与启示
——以金融“监管沙盒”制度为例/卢　玮 ……………… (251)

民法泛论

民法视角的城乡产权平等与制度一体化

——以合村并居和未来宜居住宅权为例

杨遂全　杨燕玲　洪运*

摘要：宅基地和承包地直接入市已经不直接影响农民工的社会保障，而社会保障是应当由国家财产或社会财产共同负担的。目前，试点地区农民各自的地块在产权上还是各自的，产权分散和规模化、大机械化耕种及居住小院式社区做得很好。城市化和农村振兴不矛盾，不能以集约化耕种来合村并居或拆农民工的房子以及收回农民工后代的土地。可以预测我国今后城市人口会有更多人在城乡两栖生活。人口停增之后，无论从养老还是亲自然的居住是“叠拼菜园加宽带”，而不是普遍住高楼。低层节能宅居产权式住宅是发达国家民众的选择。以人民幸福为本的产权制度改革应以此为目标，需在《民法典》指明的道路上行稳致远。拆迁房屋必须经产权人100%的同意。

关键词：法定姓名　主体认定　人格穿透性规则　改名权　污点信息保留

---

* 杨遂全，四川大学法学院教授。杨燕玲，四川大学经济学院法经济学博士研究生。洪运，四川省社会科学管理学研究所。本文受杨遂全主持的2018年度国家社科基金重大研究专项项目“平等公正核心价值观融入产权保护立法研究”（18VHJ007）项目资助。

引　言

目前，不少人认为农民工户籍进城以后保留原来的承包地和宅基地影响土地集约化经营和全面城市化率，以及两地奔波、生活困苦。还有一些人认为农民工进城以后闲置宅基地和房屋，需要合村并居才能激活这些资产和资源。相反，一些人则认为合村并居和过高城镇化会导致一些城乡居民返贫或形成城市“贫民窟”。[①] 很少有人关注农民工这些财产权的合法性。在《民法典》颁布实施之际，我们必须从长远和法律制度的根本目的出发，深入思考这些问题。笔者认为，这些问题归根结底是一个城乡产权平等和如何设计更适合我国城乡一体化发展道路以及未来诸多民众生活方式的可持续发展问题。

“两极化”地看待城乡一体化的发展道路，都可能使我们的房地产制度和经济体制改革走入歧途。笔者认为，中国农业集约化现代化不影响土地承包和产权分散。事实上，无论如何不直接影响农民工的社会保障，而社会保障是应当由国家财产或社会财产共同负担的，拿个人财产做社会保障在法理上是不成立的。据我们调研，在一些粮食主产区，尽管农民各自的地块在产权上还是各自的，但政府投入治理成机械化耕种的标准农田，到收割播种时达到30元一亩，产权分散和经营规模化经营并行不悖。调研中可以看到大多数农户都只有老人和孩子在家，但是并不影响机械化生产。所以，城市化和农村振兴不矛盾，不能以集约化耕种来合村并居拆农民工的房子或收回农民工后代的土地。

我们认为，合村并居可能是较快走向城乡一体化的社区化生活模式的一种途径。地方试验区式的“合村并居”又名“村庄社区化”，最初出现在行政政策中已经有多年了。只是在近期山东、

---

① 温铁军：要是城市化率真的超过50%，中国危矣，来源于乡村振兴促进会网站和学术那些事微信公众号。https://mp.weixin.qq.com/s?_biz=MzI0MTA1ODAxOQ。参见杨遂全：《中国之路与中国民法典——不可忽视的100个现实问题》，法律出版社，2005年版，第136页。

四川等一些地区才大力推广。顾名思义，是将分散的村民集中起来居住和管理，“合村”侧重于行政组织上的集中，“并居”则侧重于居住上的集中，至于如何集中居住以及怎样将村庄组织起来并无统一的认识，地方上也处于试点之中。但可以肯认的是从地方政府的官方答复中可推断合村并居的主要目的是解决农村基层管理中普遍存在的“三高两难”问题。“三高”指村级组织运转成本高、空心村比例高以及基础设施建设成本高。[①]“两难”指村级管理水平低、群众致富难；宗派关系治村，民主管理难。从山东省各地推行的“合村并居”方案可以发现，其政策思路与成都、安徽、湖南等地开展的“合村并点”“合村并镇”“拆村并村”等极为相似。不同的是，山东省目前推动的“合村并居”大面积拆毁农房，集中村民住楼房。这既是山东合村并居的特殊性所在也是争议点所在。理论上，既可改善村民的居住条件，又提高集体土地的利用效率，同时还能减少基层行政管理的成本，是利国利民的好政策。但课题组调研发现，这样的好政策在实践中变了样。故此，课题组就山东和四川以及河南部分地区“合村并居”的做法进行调研，希望就发现的问题提出相应的政策建议，以期对顺利推进农村土地制度改革和维护社会经济的稳定发展有所裨益。最终将城乡一体化和民众幸福感较强的住宅权以及相应的产权制度改革，行稳致远。

一、合村并居的现状描述

据课题组调研发现，目前山东省及其他一些省份不少地区已经明确提出了“合村并居”的政策，但因条件不成熟，经验不足，超越了历史发展的正常阶段和城乡一体化的过程，操之过急，违背了农民意愿。

课题组了解到，“合村并居”的主要模式是：农民集中“上

① 韩松：《宅基地立法政策与宅基地使用权制度改革》，载《法学研究》2019 年第 6 期。

楼”腾退宅基地——乡政府复垦宅基地——县政府对置换的建设用地指标给予经济补偿——节余建设用地指标由本县自用或者转卖。在不同乡镇并居建设的难度存在一定差异，经济条件较好的乡镇难度相对较小，经济条件较差的乡镇则难度较大，但整体上老百姓对“上楼”都呈抵触情绪。其主要原因在于：第一，拆迁补偿标准太低，不仅无法改善村民的生活条件，相反会增加其经济负担。就课题组调研的情况和主流媒体报道的情况来看，山东省目前推广的“合村并居”在补偿标准上并无统一的规范性文件，其价格的制定主要由评估机构根据村庄的区位、住房的面积以及建筑质量等进行估算，乍看合情合理做到了具体问题具体分析，但是从农宅不能自由上市交易且都位于城郊甚至偏远地区的综合背景来看，忽略土地发展权益仅参照城市住房拆迁补偿标准来制定农宅拆迁补偿价格就显然有失公平。无论按照哪种标准，农民“上楼”都要自掏腰包。第二，为了保护自己的利益，老百姓在未见到还建房之前大多数都不愿意搬迁，就怕最后落入房子拆了新房又没兑现的困境。为此，乡镇府为了打消老百姓的顾虑动员早日搬迁，有的以发放现金的形式鼓励搬迁，但最后并非所有乡镇都如愿实现整体搬迁。课题组调研所知，某些乡镇尽管建好了还建房，但是仍然有部分村民不愿意搬迁，有的还在宅基地上居住，零零散散腾退出来的宅基地根本无法复垦。第三，归根结底，合村并居改变了村民固有的生活和生产方式。生活方式的改变不是一朝一夕的，很多村民对于新楼房形象地称之为“鸽子笼”。相比原来宽敞的农家小院，“鸽子笼”固然更加坚固，但是空间狭窄，楼层较高，有些还建房楼高 10 层还得加装电梯，除去公摊面积，套内空间仅够基本的生活起居，农机具和家禽牲畜便无处安放。因此，农民不仅要放弃原有的生活方式还必须改变其生产方式，如果没有稳定的就业岗位或者收入来源，年老后基本生存都成问题。

二、“合村并居”存在的主要问题

（一）“合村并居”的政策目标与中央提出的“分类推进乡村发展战略”有一定差距

2018年，中央农村工作领导小组办公室编制了《国家乡村振兴战略规划（2018－2022）》（以下简称《规划》），其中第九章提出了分类推进乡村发展的战略构想。综合评估全国乡镇的主要特点，将其分为四类，分别是：集聚提升类村庄、城郊融合类村庄、特色保护类村庄和搬迁撤并类村庄。其中，搬迁撤并类村庄可以说是目前山东省“合村并居”的政策源头。但《规划》提出的“搬迁撤并类村庄”的对象是位于生存条件恶劣、生态环境脆弱、自然灾害频发等地的村庄，或者因重大建设项目需要搬迁的村庄以及人口流失特别严重的村庄；撤并的方式可以是易地扶贫搬迁、生态宜居搬迁或者农村集聚发展搬迁。总的原则是“坚持拆迁撤并与新型城镇化、农业现代化相结合……必须尊重农民意愿并经村民会议同意，不得强制农民搬迁和集中上楼”。然而，实践中，山东省大部分地区的“合村并居”都舍弃村庄撤并的前置条件，无论是人口密度小居住分散的山区还是人口密度大的平原地区，都在力推集中上楼，用高容积率的集体房置换低容积率的农宅。事实证明，在人口密度大的村庄并居的阻力巨大。并且从《规划》的精神来看，村庄分类是为了因地制宜地编制不同类型村庄发展的方向，其核心议题仍然是要保持农村的整体风貌，保护耕地和粮食安全。实践中，有些乡镇在农房腾退后只是象征性地进行掂土复垦，并未进行松土保墒等土地养护工作，可以预测如果采用土地增减挂钩的方式进行建设用地开发，尽管在数量上耕地的面积没有减少，但在质量上土地的肥力也大打折扣，这实际上违背了“土地增减挂钩”政策的初衷。①

① 杨遂全：《论宅基地资格权确权及其法律依据》，载《中国土地科学》2020年第6期。

（二）“合村并居”与集体建设用地入市制度改革相矛盾

土地比房子值钱是老百姓都明白的道理。农房拆迁补偿按照房屋面积和质量进行补偿是违背经济学原理和公平原则的。在新一轮的土地制度改革后闲置宅基地存在退出和入市的可能，现阶段紧锣密鼓开展的“合村并居”以低价置换农民宅基地再以高价拍卖入市的做法实有与民夺利的嫌疑。2019年4月，中共中央、国务院在《关于建立健全城乡融合发展体制机制和政策体系的意见》中已明确提出，“在符合国土空间规划、用途管制和依法取得前提下，允许农村集体经营性建设用地入市，允许就地入市或异地调整入市；允许村集体在农民自愿前提下，依法把有偿收回的闲置宅基地、废弃的集体公益性建设用地转变为集体经营性建设用地入市”。这就意味着，农村宅基地今后有条件转化为集体经营性建设用地直接入市。2020年4月9日出台的《关于构建更加完善的要素市场化配置体制机制的意见》再次强调要“建立健全城乡统一的建设用地市场。鼓励盘活存量建设用地。充分运用市场机制盘活存量土地和低效用地。深化农村宅基地制度改革试点，深入推进建设用地整理”，“探索建立全国性的建设用地、补充耕地指标跨区域交易机制”。与中央所提倡的土地要素市场化相比，“合村并居”则延续了旧体制的行政主导模式。从调研的情况来看，大部分地区开发的建设用地指标并未在市场上出售，一是因为大多数县市的建设用地指标本就稀缺，仅够自己使用；二是因为目前山东省域内指标出售的价格执行政府指导价，每亩大概在45～48万元，而本县复垦补偿费为35～40万/亩，向外购买指标没有价格优势，并且省内购买的指标不仅有数量限制还有用途限制，大部分都是工业用地指标；三是因为目前指标交易的市场化程度不高，跨省购买指标尽管价格相对较低，但是时间期限较长，程序较为复杂。因此，“合村并居”并未顺应土地要素市场化的需求，仍然恪守了“土地财政”的老路。

（三）返迁房变相突破了现行物权管理制度和土地管理制度的规定

尽管“合村并居”使“一户一宅”变成了“一户一房”，但住房的性质依然属于宅基地上住房，依据《土地管理法》和《物权法》的规定，农村宅基地及住房只能在本集体经济组织内转让，即使在试点地区对这一条件有所放宽，但宅基地使用权也只能在本市行政区域范围内跨集体经济组织转让，其购房对象必须是本市行政区域范围内的村级集体经济组织成员，并未拓宽至城市户籍人口［见《义乌市农村宅基地使用权转让细则（试行）第七条》］。实践中，山东省部分地区的还建房不仅卖给本集体经济组织以外的人员，而且还向城市户籍人口出售。这种做法对乡镇府而言可以尽快收回资金成本，但却扰乱了房地产市场的管理秩序。

三、关于“合村并居”的政策建议

（一）因地制宜开展“合村并居”，避免“一刀切上楼”

宅基地面积不断扩大和宅基地空置率持续提高是宅基地管理的两难问题。也正是基于这样的现实背景，山东省提出了“合村并居”的政策构想。但实践中，“一刀切上楼”安置的方式扭曲了政策目标。我国幅员辽阔，不同地区的农村发展水平差异化显著，山东省也不例外。在山东省域内部分地区土地平坦开阔，农业现代化程度高，而有的山区因地理条件限制或产业发展落后，小农生产仍然是村民的主要生活来源。因此，“合村并居”不能一刀切地以农户集中“上楼”作为安置手段。对于城郊产业发达地区的农户可以结合新型城镇化，采用“一户一房，户有所居”的方式建设农民住宅。在传统农区则要考虑生产与生活需要，采用合理布局、标准控制的方式继续实行“一户一宅”的分配模式，同样能够达到集约利用土地，提高公共服务水平的目的。[①]

（二）“合村并居”要慎重依法进行，程序上应等到宅基地使用条例颁布以后

2019 年中央一号文件提出，“加快推进宅基地使用权确权登记颁证工作，力争 2020 年基本完成。稳慎推进农村宅基地制度改革，拓展改革试点，丰富试点内容，完善制度设计。抓紧制定加强农村宅基地管理指导意见。研究起草农村宅基地使用条例。开展闲置宅基地复垦试点”。目前，宅基地使用权确权登记工作还在进行当中，因试点时间较短，在全国还未形成可复制推广的制度经验，关于宅基地所有权、使用权以及资格权三者的性质与边界还有待进一步研究。因此，在这之前大范围推进“合村并居”容易陷入无序状态。从调研的情况来看，山东省大部分地区并未就宅基地的使用权和合法建筑面积进行确权登记。因此在拆迁补偿时，有的地方有多少补多少，有的地方规定超过 200 平米的农宅一律不予补偿。不以确权登记为前提的补偿，容易造成制度上的不公。因此，课题组建议，“合村并居”要稳慎推进，最好在《宅基地使用权条例》颁布实施以后。

（三）明晰产权，坚持土地要素市场化方向，构建公平合理的土地增值收益分配机制

前文提到，山东省大部分地区都是采用农民集中“上楼”腾退宅基地——乡政府复垦宅基地——县政府对置换的建设用地指标给予补偿——节余建设用地指标由本县自用或者转卖的模式开展“合村并居”工作。在整个环节中，县政府的主要财政支出就是对乡政府复垦的耕地进行补偿，而其获得的收益包括土地出让金收入以及土地开发后的税费收入。在“合村并居”的参与主体中，县级政府无疑是最大的受益者，但这种模式存在“权、责、利”不匹配的问题。“合村并居”与征地拆迁不同，新房建设用地

---

① 韩松：《宅基地立法政策与宅基地使用权制度改革》，载《法学研究》2019 年第 6 期。

依然是在集体土地上修建，也就说农民是用自己的地建自己的房，按照农村土地集体所有的原则，宅基地复垦后的耕地所有权以及建设用地指标仍归集体所有。而实际上县政府通过向乡政府补偿，乡政府负责复垦土地的方式，直接将建设用地指标据为己有了。

同样的土地增减挂钩，在重庆则采用了另一种模式：农民集中居住后，村集体对腾退的宅基地自行整治，然后由国土部门负责验收评级，符合标准的耕地给予村集体地票，然后可在地票交易所挂牌买卖，减去复垦成本，剩余收益的85%归村民所有，15%归集体组织所有，做到了“取之于民，用之于民”。使农民增加了财产性收入还收获了耕地，同时还保障了充足的建设用地指标和耕地的总面积与质量。用重庆市原市长黄奇帆的话讲，正是通过这套地票制度使重庆的房地产价格一直维持在合理水平，而成功的关键就在于改革过程中要捍卫集体所有权这一底线，改革中产生的利益要还给农民，因为这个土地的用益物权是农民的。

事实上，山东模式与重庆模式鲜明地指出了问题的核心，即节余指标所得收益的归属问题，这就不可避免的涉及对土地开发权的定性。这也正是目前学术界争议的焦点问题。① 具体而言，可以大致分为两种观点，一种观点认为土地开发权源于土地所有权，因此土地增值收益分配应采取一次分配归私（集体），二次分配归公的分配模式。另一种观点认为土地发展权源于国家对土地的管制，因此在增值收益分配时应坚持一次分配归国家，二次分配适当提高农民的补偿安置水平。无论是私有（集体）论还是国有论，这两种方案实际上都表达了土地增值收益要向集体和农民倾斜的内在诉求。实践表明，过去在土地开发权问题上是默认了土地开发权归国有的政策倾向，这种制度选择不利于土地要素的市场化，同样也不符合集体经营性建设用地不经征收直接入市的改革方向。

---

① 温铁军：要是城市化率真的超过50%，中国危矣，来源于乡村振兴促进会网站和学术那些事微信公众号。https://mp.weixin.qq.com/s?_biz=MzI0MTA1ODAxOQ。访问日期2020年7月11日。

课题组认为，从山东省“合村并居”的实际情况和重庆、义乌等市集体土地入市的经验来看，土地发展权归私更有助于平衡土地规划权与所有权之间的关系。制度上应当正视土地发展权的财产属性和民事权利的属性，将土地开发权作为一种新型用益物权来推动其落地生根。不可否认，农地置换的建设用地指标，其价值的高低与政府的规划用途有直接的因果关系，可以说没有土地使用权管制，土地开发权就无法从土地所有权中分离出来。土地规划权对土地用途和容量的调整为土地创造了增值空间。因此，土地指标交易创造的财富政府可以通过土地增值收益税的方式予以平衡。

四、从民法和长远看宜居式住宅法律制度改革

从山东省“合村并居”中所反映的典型问题看，遵从《民法典》和《土地管理法》，制定《农村宅基地使用条例》及其相关立法工作，建议重点关注宅基地有偿退出制度设计中的以下几个方面：

一是要用《宅基地使用条例》界定清楚宅基地有偿退出的主体和主体意愿的认定。依据中央文件精神，宅基地有偿退出的重要前提是农民自愿，而农民自愿是指农民个人的房屋必须全家100%的同意才能拆迁。[①] 农村独立产权的房屋和城镇小区的“区分所有权”建筑不同。区分所有权形式的房屋才涉及“多数决”的法律条款。农村“一户一宅”家庭共有，只要全家同意，在法律上不需要征求其他邻居的意见。为切实保护农民的宅基地权益，建议参照新《土地管理法》对征收程序的从严要求，在制度设计中，除对农民自愿退出签字及公告公示地点、时间等形式要件进行明确要求外，还可引入社会稳定风险评估、听证程序等，一定程度上抑制政府的“卖地”冲动。

---

① 不能适用《民法典》关于小区区分所有权投票百分比的规定。也不能适用一些地区所说95%同意，因为农民个人所有的房屋是自己完全拥有100%的产权。

二是要用《宅基地使用条例》界定清楚宅基地有偿退出的客体范围。从调研情况看，因历史原因形成的宅基地面积超占或“一户多宅”情形在农村较为普遍。在不影响农民基本生活居住条件的前提下，建议将宅基地有偿退出的客体范围优先限定在该部分“违法”用地，将其作为有偿退出及资源盘活的重点，避免出现因在农村大拆大建所导致的一系列负面效应。

三是要用《宅基地使用条例》界定清楚宅基地有偿退出中的具体内容。调研发现，各地对“有偿”的理解与执行存在较大差异，有的参照征收补偿标准（除社保费用），有的参照政府文件确定的宅基地基准价格，有的则引导村民自治确定补偿标准。上述补偿标准的不统一，反映了对农民财产权益科学认定基础的混淆。为显化农民财产价值，建议在立法中明确宅基地有偿退出的价格认定原则，即参考当前各地正在制定的区片综合地价，同时结合临近区位的集体经营性建设用地入市价格综合确定。通过有偿退出补偿价格的提高，不仅可以起到增加农民财产性收入的作用，同时也可压缩政府“赚取差价”的空间，从而抑制其推动“合村并居”的冲动。

四是要用《宅基地使用条例》界定清楚宅基地有偿退出后形成建设用地指标的归属及交易。各地政府大力推动“合村并居”等类似项目的原动力，在于项目实施完毕后所形成的建设用地指标具有一定稀缺性与交易价值。对建设用地指标的归属及交易制度的设计，关系到权利主体认定及后续利益分配等核心问题。目前，自然资源部门拥有空间规划权及指标计划管理职能，而农业农村部门作为宅基地管理部门，两者之间的职责界限如何清晰划分，应在《农村宅基地使用条例》中有所明确。建议农业农村部门重点在宅基地有偿退出组织实施、宅基地复垦、建设用地指标交易后的收益分配等方面加强指导与监督职能。

只有进一步统一城乡住宅产权形式和住宅用地的各种产权的归属和交易形式，才能进一步建立行稳致远的城乡一体化的房地产市场制度和运行机制。

参考文献

杨遂全. 中国之路与中国民法典——不可忽视的100个现实问题［M］. 北京：法律出版社，2005.

韩松. 宅基地立法政策与宅基地使用权制度改革［J］. 法学研究，2019（6）.

杨遂全. 论宅基地资格权确权及其法律依据［J］. 中国土地科学，2020（6）.

浅析决议民事法律行为的效力

李　岩①

摘要：《民法总则》第一百三十四条新增设了一款关于决议行为的规定，该款规定了决议行为的成立但并未涉及决议行为的性质、效力等问题。关于决议行为的性质理论界有很多不同的学说，通说认为决议属共同行为，有些学者采团体法行为说即决议行为系法律行为的一种，是具有团体法性质的法律行为。关于决议行为的效力瑕疵素有二分说与三分说之争，本文从团体法行为说的观点出发认为三分说较为合理而这一点也符合最高人民法院关于公司法解释（四）的规定。我国关于决议行为的规定仍有许多不足，期望本文能对立法的完善有所帮助。

关键词：法律行为　决议行为效力　共同行为　团体法行为

《民法总则》第一百三十四条第二款规定："法人、非法人组织依照法律或章程规定的议事方式和表决程序做出决议的，该决议行为成立。"这一款的增加虽体现立法者对决议这一极具团体法

① 李岩，辽宁师范大学法学院2019级硕士研究生，专业方向：民商法。

色彩的行为类型的重视，但仍然未扭转我国民法注重个人表示，轻视团体决议的局面[①]，该款仅仅规定了决议行为的成立而丝毫未涉及决议行为的效力等问题，难为司法实务提供明确的参照准则。本文拟结合国外立法例、判例学说，对决议行为效力加以论述，以满足司法实践的需要。

一、决议行为的性质

在论述决议行为的性质之前，有必要对决议行为加以定义。德国著名学者拉伦茨认为，决议是人合组织、合伙、法人或法人之由若干人组成的机构通过语言形式表达出来的意思形成的结果。[②] 由定义可知决议具有以下特征：1. 机构是决议做出主体；2. 决议以语言形式表现出来；3. 决议对全体成员有约束力；4. 决议是意思形成的结果。韩国学者李哲松指出决议乃是通过股东们的表决而形成的股东大会的意思表示。[③] 这两个概念相比较，后者较优。前者之概念虽凸显了决议行为乃社团意思之性质但后者似更符合民法法律行为理论的特征。本文拟采用李哲松有关决议行为的定义，即决议行为系法人或非法人组织依照法律或章程规定的程序所做出的对全体成员均有拘束力的意思表示，对相关问题展开论述。

关于决议行为的性质，学说不尽一致，具体有共同行为说、独立多方法律行为说、团体法行为说、意思形成说（意思决定说）。以下将分别就这几类学说加以阐释。

首先，关于共同行为说。德国学者依据法律行为所需的意思

① 如此的原因诸多，比如近代以来个人本位思想、团体发展未受到应有的重视等。

② ［德］卡尔·拉伦茨：《德国民法通论》（下册），王晓晔译，法律出版社2003年版，第433页。

③ ［韩］李哲松：《韩国公司法》，吴日焕译，中国政法大学出版社2000年版，第380页。

表示数量将法律行为分为两类[①]：第一类为单方法律行为即基于一方当事人的意思表示即可成立的法律行为，设立遗嘱，抛弃动产所有权等。第二类为多方法律行为即须两个以上当事人的数个意思表示一致才能成立的法律行为。契约、合伙等，而多方法律行为又可依据意思表示分为共同行为和契约行为。日本、中国台湾地区等学者以及中国大陆部分学者均认为决议系由多方主体基于平行意思表示一致而作出，只要对决议表示赞同的数量满足法律规定或章程约定的比例即为成立，而是否有反对意见在所不问，性质上属共同行为。

其次，关于独立多方法律行为说。德国学说认为决议行为从决议的形成过程和效力来看与单方法律行为、共同行为、契约行为成并列关系是一种独立的多方法律行为，理应独立于共同行为[②]。原因在于：其一，共同行为约束表意人本人，决议行为则约束作为整体的社团。亦即共同行为发生拘束力的范围仅限于当事人之间而决议行为对表意人之外的第三人也发生拘束力。以公司为例，股东大会做出的决议不仅对股东发生效力，对于公司执行机构董事会的董事、高级管理人员也发生效力。其二，决议重视程序性。共同行为效力审查的重点在于意思表示是否一致，意思表示内容是否真实、自愿。决议行为效力审查的核心在于决议的内容的合法性以及程序的正当性。

第三，关于意思形成说。该说与上述学说有本质不同，即认为决议行为并非法律行为，相反仅仅是公司或社团的意思形成（意思决定）。以公司为例，股东（大）会为公司的最高权力机关，其形成的决议仅仅是公司内部意思的形成过程，尚未通过执行机关表示于外，尚非意思表示（法律行为）。学者陈醇力挺此学说[③]，

① ［德］迪特尔·梅迪库斯：《德国民法总论》，邵建东译，法律出版社 2000 年版，第 165 页。

② 吴飞飞：《决议行为归属与团体法—私法评价体系—构建研究》，《政治与法律》2016 年第 6 期·主题研讨第 13 页。

③ 陈醇：《意思形成与意思表示的区别：决议的独立性初探》，载《比较法研究》2008 年第 6 期，第 54 页。

亦认为决议行为是团体意思形成的制度，法律行为是以意思表示为核心的制度，二者之间有着本质的差别。例如法律行为理论的诸多原则并不能完全适用于决议行为；决议行为解决的问题是在意思表示冲突的情况下哪一方的意思表示优先的问题，其核心原则是民主和程序原则。相反，法律行为的核心原则在于意思自治。叶林教授在其股东会决议形成制度一文中认为决议事实上并非“合意”的产物，而是依照公司决议的独特程序所拟制的公司意思。[①]

最后，关于团体法行为说。学者吴飞飞主张该说，认为法律行为的核心在于私法自治，而私法自治同团体法的私法自治共同形成了私法自治的内涵，具体来说决议行为属法律行为项下的团体法行为，应与合同行为、共同行为相区分。

在比较上述学说后，本文更加倾向于第四种学说，即决议行为是法律行为项下的团体法行为。其一，决议并非共同行为。正如学者吴飞飞所说：决议行为系团体法行为，而共同行为系个人法行为，二者的本质区别在于是否产生或涉及共益权，即决议行为是社员行使共益权的途径，[②] 而共同行为如婚姻缔结行为、对共有物的处分均不涉及共益权从而应将决议行为与共同行为相区分。王雷亦认为决议行为并非共同行为，在决议中单个意思表示失其独立性，而共同行为下单个意思表示不失其独立性。[③] 其二，决议并非独立的多方法律行为。该理论虽认识到决议的独立性较共同行为说有所进步，但其并未真正地从内涵及外延将共同行为与决议进行区分[④]，此种做法仅仅是为了给决议行为在民法理论中找一个坐标，意图解释决议行为的含义，维护民法的概念体系，从而

---

① 叶林：《股东会会议决议形成制度》，《法学杂志》，2011年第10期，第32页。

② 吴飞飞：《决议行为归属与团体法—私法评价体系—构建研究》，载《政治与法律》，2016年第6期主题研讨，第13页。

③ 王雷：《论民法中的决议行为——从农民集体决议、业主管理规约到公司决议》，载《中外法学》2015年第1期，第84页。

④ 吴飞飞：《决议行为归属与团体法—私法评价体系—构建研究》，载《政治与法律》2016年第6期主题研讨，第13页。

抹杀了决议行为的团体性。[①] 其三，决议并非团体的意思形成，民法总则将决议行为的成立规定于法律行为成立的条款之下，根据体系解释方法可理解为立法者认为决议行为亦属法律行为之一种而非意思形成。其四，决议行为具有团体法色彩并且符合团体法的特征：（1）团体法中团体的范围不仅包括营利团体也包括非营利主体，公司是典型的营利团体自然符合此项特征。（2）团体法中成员具有同质性即有着共同利益和目标。自然人之所以愿意出资设立公司而成为股东是为了利用股东的有限责任更好地谋取利益，由此，股东大会的成员符合团体法的此项特征。（3）团体法主要由团体或其机关自主制定并且仅在团体内部发生效力。笔者认为决议行为是法律行为中极具团体法色彩的团体法行为。

根据团体法行为说的观点，我们不能从成员的意思表示的角度出发认定决议行为的效力，相反应充分认识决议行为作为法律行为的特殊性而从决议的形成过程和结果入手[②]。从形成过程看团体法有两项最为重要的价值理念即民主和正当程序，民主即意味着决议必须实现各方主体的利益平衡而采取资本多数决原则甚至一致决原则，但为满足决议的效率性我们认为多数决更可采。与此同时，为防止民主原则滥用而导致多数人的保证应采取累计投票制完善表决权回避制度。程序是团体意思形成的核心，是团体意志形成合法性的保障。这意味着决议的形成要关注决议的程序是否被遵守。就结果入手即决议作为团体法律行为应符合法律和团体的自治之法（公司章程），否则该决议行为便具有瑕疵。

二、决议行为的成立与生效

（一）决议行为的成立

在进一步讨论决议行为生效与效力瑕疵之前必须先讨论决议

① 李志刚：《公司股东大会决议问题研究—团体法的视角》，中国法制出版社 2011 年版，第 15 页。

② 李志刚：《公司股东大会决议问题研究—团体法的视角》，中国法制出版社 2011 年版，第 15 页。

行为的成立要件，原因在于根据传统法律行为理论，探讨某一行为的效力的前提是该行为存在，否则将会陷入逻辑关系的混乱。法律行为成立需满足：当事人、标的和意思表示。而决议的成立要件须满足：第一，由召集权人召集。第二，召集通知。第三，决议内容限于通知的事项。第四，赞成表决权与行使表决权数之比达到简单多数或绝对多数。如果决议行为缺乏成立要件之一种，则构成决议行为效力瑕疵之一种即决议行为不存在（不成立）。

日本是世界上第一个明文规定决议不存在制度的国家，故本文拟主要介绍日本的立法例及学说以供借鉴。

根据日本学说、判例，决议不存在主要包括两种情形：第一，决议本身不存在，这一情形如无股东大会的召开事实、利用虚构记载的方式捏造决议。第二，决议本身存在但程序存在严重瑕疵，在法律评价上不存在，这一情形包括：（1）召集通知严重遗漏；（2）决议方法上的严重瑕疵；（3）无召集权人召集的股东大会；⑷未经召集的股东集会。

日本以立法的形式认可决议不存在这一效力瑕疵类型的原因在于：其一，决议不存在类型具有其自身的独立性。决议无效是因决议的内容违反强制性规定或善良风俗而对决议行为作出的最为彻底的否定性评价并无补救余地，相反，决议不存在是因决议违反程序，并且可以通过合法的、内容相同的新决议弥补决议不存在的后果，因此决议不存在与无效有着本质的差别。另外，决议不存在虽然也属于程序瑕疵但却属于最严重的程序瑕疵，并且决议不存在并不受诸如诉讼期间、权利主体等专门针对决议撤销的限制。其二，公司决议效力来源于正当程序而非股东意思表示，此为承认决议不存在瑕疵类型的内在法理。其三，在司法实践中存在大量的决议不存在争议，二分法无法提供有效救济，设置新的诉讼类型实有必要。

关于决议不存在诉讼制度。首先，关于决议不存在诉讼的性质，日本通说认为系有着特别法依据的确认之诉。其次，关于决议不存在诉讼的当事人，日本通说认为原告有确认利益即可，而具有确认利益的人原则上系公司内部人员，故公司以外的如债权人并非该诉的适格原告，而被告则为公司。最后，关于决议不存在确认之诉的判决效力，日本学者认为具有对世效力和溯及力。其中所谓溯及力，是指确认决议不存在后，该决议将自始无效。若决议事项是已经登记的事项时，需依据法院判决向公司登记机关申请撤销或变更登记。

韩国的决议不存在瑕疵类型，其立法例系仿照日本的规定并且成为韩国股东大会瑕疵之诉使用频率最高的诉讼类型，究其原因系韩国和我国一样存在着大量的以家族为中心的家族企业，商法规定的公司治理结构和运行规则并未得到真正的执行，这便导致大多数的决议符合决议不存在的要件。[①] 关于决议不存在诉讼的性质韩国学者有两种观点，即部分学者认为系形成之诉，部分学者认为系确认之诉。关于决议不存在诉讼的当事人，韩国与日本有所不同，韩国学者认为原告有确认利益即可。因此在股东会决议侵犯其权益或法定地位并造成实际影响的情况下，公司债权人亦可提起决议不存在诉讼，被告则为公司。

我国《公司法》采二分说，并无决议不存在的明文规定，在司法实践中各地法院的判决不统一，甚至部分案件出现了同案不同判的情况。而学者意见却较为统一，认为决议不存在这一效力瑕疵在立法上有加以明确的必要，让人欣喜的是 2017 年 9 月 1 日正式实行的关于公司法的司法解释（四）首次对决议不存在作出了详细的规定，这也意味着我国的决议行为效力瑕疵也由传统的二分法转为三分法的效力模式。不过笔者认为将来修订《公司法》时可以总结司法实践的成果，从立法层面进一步完善决议不存在这一效力瑕疵类型。首先，关于决议不存在诉讼的当事人问题。

① 李志刚：《公司股东大会决议问题研究—团体法的视角》，中国法制出版社 2011 年版，第 210 页。

通过前述司法解释（四）第二条、第三条[①]的类推，可知我国决议不存在之诉的原告亦应仅限于起诉时具有股东资格的人，被告仅限于公司。有学者认为应当以提案股东或股东会召集人为被告，笔者不赞同此种观点。因既判力所涉及的法律关系甚广，如果将公司以外的人作为被告，将会导致公司法律关系转为他人间的诉讼问题。况且法院的判决针对的对象是决议而决议属于公司的行为，故判决的对象也应是公司，如果以公司为被告会起到毕其功于一役的效果。相反，如果以其他主体为被告则会导致公司内部法律关系无法得到解决。所以笔者认为应支持司法解释的观点以公司为被告。其次，关于决议不存在之诉的主要情形，根据司法解释，可以概括为：（1）未召开会议。（2）未对事项进行表决。（3）出席人数或表决权不符合要求。（4）表决结果未达比例要求。司法解释的明确规定有利于限制认定决议不存在的范围，统一法律适用，防止同案不同判的现象发生。最后，关于决议不存在之诉的性质问题，我国学者多认为属于确认之诉，更准确地说属于否定的确认之诉或消极的确认之诉。

解决决议行为成立要件之后则需解决其效力问题。决议行为须符合：（1）决议机关有相应的权限；（2）决议或社团意思真实（代表多数成员意志）；（3）不违反社团规约（公司章程等）；（4）决议符合法律法规规章规定的程序；（5）决议内容合法；（6）不侵害成员合法权益。由生效要件出发决议行为的效力产生了二分说与三分说的分歧。二分说主张决议行为效力根据内容或程序的违反而认定决议无效或可撤销。三分说则主张应根据决议瑕疵的严重程度将其效力分为决议不存在、决议可撤销和决议无效。根

① 依据《公司法》第二十二条第二款的规定，请求撤销股东会或者股东大会、董事会决议的原告，应当在起诉时具有公司股东资格。原告请求确认股东会或者股东大会、董事会决议不成立、无效或者撤销决议的案件，应当将公司列为被告。对决议涉及的其他利害关系人，可以依法列为第三人。一审法庭辩论终结前，其他有原告资格的人以相同的诉讼请求申请参加前款规定诉讼的，可以列为共同原告。

据我国《公司法》第22条[①]，对决议效力瑕疵采取二分法即根据内容或程序的违反而认定决议无效或可撤销，但笔者认为三分法较为可采，原因在于：(1) 决议行为系法律行为中的团体法行为，而根据法律行为理论法律行为的效力可分为不成立、无效和可撤销。决议行为理应有此三种不同的效力形态。(2)《民法总则》第134条增设的关于决议行为成立的规定事实上是承认了决议不存在这一效力瑕疵。(3) 二分法立法模式在逻辑上限入混乱（行为不成立则无法探讨其效力问题），并且其无法囊括司法实践中的新型诉讼类型，从而无法更好地维护当事人的权益。

三、决议行为的效力瑕疵

根据上文我们可知决议行为的效力瑕疵理应包括三种样态即决议不存在、决议可撤销和决议无效。在上文已经探讨了决议不存在，接下来将采取比较法的方法分析各国（地区）关于决议可撤销和决议无效的立法例，以图为我国立法完善有所帮助。

（一）决议可撤销

从决议可撤销的事由的角度来看各国规定不尽一致。虽然如此我们仍可从中找到某些共同之处，即召集程序或决议方法违反法令是各国（地区）公认的决议撤销的事由。笔者拟先介绍主要国家或地区关于决议撤销事由、决议撤销之诉的当事人等问题的立法例，之后再对我国的规定试加阐述。

根据《德国股份法》第243条规定，大多学者认为德国决议可撤销的事由大致包括以下三点：(1) 决议的内容、程序违反法律或章程；(2) 决议损害公司和其他股东的利益；(3) 拒绝股东合理的要求答复的询问。其中第三点可谓是德国立法的一大特色与优势。之所以称之为特色，原因在于将其明定为撤销事由系德

① 公司股东会或者股东大会、董事会的决议内容违反法律、行政法规的无效。股东会或者股东大会、董事会的会议召集程序、表决方式违反法律、行政法规或者公司章程，或者决议内容违反公司章程的，股东可以自决议作出之日起六十日内，请求人民法院撤销。

国首创并且此项规定也为股东质询权的行使提供了立法上的保障。关于决议撤销之诉的诉讼当事人问题，德国对原告资格的认定采用所谓的利害关系人主义，即撤销之诉的原告除了股东之外尚有利害关系的董事、监事。以公司为被告但应由董事会、监事会代表公司应诉。关于撤销之诉性质及效力问题，德国通说认为决议撤销之诉为单纯的形成之诉，只能以诉讼的方式进行并且受一个月除斥期间的限制，期间经过则不得撤销，除此之外德国通说亦认为撤销之诉的形成判决之效力及于公司所有股东、组织机构而不以参加诉讼为前提。需特别提出的是决议撤销之诉可能会给公司的法律关系带来不确定性，故德国学说创设了瑕疵治愈制度，认为公司股东可以通过一个内容和程序符合法令、章程的决议来确认因程序瑕疵而被要求撤销的决议，如此一来可撤销的决议便转化为有效决议了。

根据韩国《商法》第 376 条规定可知韩国立法关于决议可撤销的事由大致包括三种情况：（1）决议召集程序、决议方法违反法律、章程；（2）召集程序、决议方法明显不公正；（3）决议内容违反章程。应特别注意的是韩国学者认为股东个人意思表示无效并不能成为撤销的事由。关于决议撤销之诉的诉讼当事人，就原告资格认定而言韩国与德国采取同样观点——利害关系人主义即撤销之诉的原告除了股东之外尚有利害关系的董事、监事。在此应特别强调的是韩国学者认为撤销之诉系维护整体利益，故在董事、监事等原告丧失在公司的职位时仍可由其他董事、监事继续诉讼。关于撤销之诉的性质韩国通说亦认为系形成之诉。

根据日本《公司法》规定可知日本立法关于决议可撤销的事由大致包括三种情况：（1）决议内容违反章程；（2）决议程序不公正或违反法令，比如召集程序决议方法违法违章以及会议程序严重违反公平正义；（3）违反表决权回避制度，利害关系人参与表决导致决议严重不公等。关于决议撤销之诉的诉讼当事人，就原告资格认定而言日本学说认为原则上仅限于股东、董事、监事、清算人、执行官。其中股东尚包括决议之后成为股东的人但须满足一项条件即自起诉至判决均享有股东资格。关于撤销之诉的效力，日本通说认为一旦判决确定即溯及自始无效并且及于诉讼当事人与第三人，至于如何处理决议无效之后的诸多问题，日本学者认为应分情况处理：首先，是内部关系（免责决议、薪酬决议等），不能认为决议会因撤销判决而失去意义，究其原因乃在于溯及力的产生不会危害交易安全。其次，就公司内部组织而言亦不会使决议失去意义，原因在于日本《公司法》规定决议无效会向将来发生效力不致危害交易安全。最后，关于董事选人决议被撤销前所对外实施的行为效力，学者认为可通过表见代理、事实上董事理论使该董事对外行为对善意第三人有效。

值得一提的是由于撤销具有溯及力，为维护法律关系之稳定，日本、韩国特为轻微瑕疵被诉请撤销的决议创设了所谓的裁量驳回制度。根据日本《公司法》，若决议瑕疵仅为召集程序或决议方法违法违章且不重大不足以影响决议的结果的，可以裁量驳回。韩国学者亦认为在利益衡量的过程中团体法律关系的稳定优先，即使原告有充分的理由法官亦可以驳回起诉①。至于日韩两国立法、学说为何创设此制度，笔者认为，乃在于维护公司法律关系之稳定及经济效率原则，正如李志刚法官在其著作中所说：决议倘因轻微的程序瑕疵即撤销无疑会造成资源的浪费，故赋予其裁量驳回的权利。但亦有部分学者认为法官自由裁量来认定团体意思不足采纳。

在我国，根据《公司法》第 22 条规定，我国决议可撤销的事由具体包括以下两种情况：（1）召集程序违法违规违章；（2）内容违反章程。

首先，关于决议召集程序违法违规，正如前文所述程序乃决议之根本特性而程序本身具有双重价值，一方面程序具有保障实体正义的工具价值，程序亦有秩序价值和效率价值。没有正当程

---

① 李志刚：《公司股东大会决议问题研究—团体法的视角》，中国法制出版社 2011 年版。

序保障下的实体正义不是真正的正义，即一个程序上不合法的决议，不管其实体上如何合法也是缺乏公平、正义的。故违反程序必然导致该决议的效力瑕疵，但是程序违法与损害股东大会决议的实体正义之间并无所谓的必然因果关系，与股东、公司或债权人的利益遭受侵害之间亦无必然的因果关系。因程序违法而权益遭受侵害的股东是自己利益的最佳判断者，其对决议程序违法可能带来的损害最有发言权，可以根据损害的大小来决定是否行使否定决议效力的权利，而法律难以对程序违法的决议是否以及在多大程度上侵害股东、公司的利益作出最佳的判断。无效是法律对某一行为效力价值最严厉的否定。而无效一般仅适用于直接损害实体正义的瑕疵行为。因此，倘若使程序违法的决议效力归于无效，则难免过度干预当事人的意思自治。值得注意的是最高人民法院关于《公司法》的司法解释（四）第4条①就借鉴了日本、韩国关于裁量驳回制度的规定。

其次，关于决议内容违反章程。章程乃是公司的基本行为准则，故决议的内容必须符合章程的规定，否则将构成效力瑕疵。但是，决议内容违反公司章程的性质不同于违反强制性法律规定，不宜使其归于无效。而章程是公司股东一致决议通过的自治性规则，股东大会决议违反章程亦可视为公司股东对其章程的修改，是否使其归于无效应视股东的态度而定即效力为可撤销，从而尊重股东自治和公司自治。

需要另行说明的是决议撤销之诉的诉讼当事人问题。就原告而言，根据最高人民法院关于《公司法》的司法解释（四）第2条，仅将提诉权赋予起诉时具有股东资格的人（即纯股东主义），相反，德、日、韩均采利害关系人主义即将撤销之诉的原告扩大至董事、监事。那么，我国是否就此否认了董事、监事的提诉权

---

① 股东请求撤销股东会或者股东大会、董事会决议，符合《公司法》第二十二条第二款规定的，人民法院应当予以支持，但会议召集程序或者表决方式仅有轻微瑕疵，且对决议未产生实质影响的，人民法院不予支持。

呢？笔者认为《公司法》及司法解释（四）虽未明文肯定董事、监事之提诉权，但根据我国《民事诉讼法》可知，认定原告资格采取的是利害关系主义即只要与案件有利害关系便具备原告资格，董事、监事与股东大会有着直接的利害关系，故应当认为我国立法并无不妥。有学者认为应将董事会、监事会、职工列入原告资格范围。笔者认为，董事会、监事会的性质为公司内部机构，不具备民事诉讼权利能力即不具备抽象的原告资格而不应纳入原告范围。另外，职工乃公司之雇员，其与公司并非成员与团体的关系，属于外部关系（劳动合同关系），故也不具备原告资格。就被告而言，依司法解释，应以公司为被告。关于撤销之诉的性质通说认为系形成之诉。

（二）决议无效

关于决议无效这一效力瑕疵，德国《股东法》决议无效事由包括：(1) 召集瑕疵；(2) 决议制作瑕疵；(3) 内容瑕疵且任何人得以任何方式主张无效。日本亦认为决议无效事由包括内容违法且任何人得以任何方式主张无效不以诉讼为必要。

我国《公司法》第 22 条规定，决议内容违反法律法规的无效，在此应作限制解释，即违反法律法规的强制性规定的决议无效，此点最高人民法院有关《公司法》的司法解释（四）征求意见稿第 6 条中有所体现。至于何为强制性规定则应以立法目的、宗旨为判断基准。笔者认为《公司法》应以列举的方式限制决议无效的情形从而达到维护私法自治的目的。此点在上述司法解释（四）征求意见稿第 6 条①中也有一定的体现即股东滥用权利通过决议损害公司或其他股东利益、决议过度分配利润进行不当关联交易等导致公司债权人利益受损的决议无效。值得注意的是以列举方式既可限制无效的适用也为各地法院的裁判提供了方向。

---

① 股东会或者股东大会、董事会决议存在下列情形之一的，应当认定无效：（一）股东滥用股东权利通过决议损害公司或者其他股东的利益；（二）决议过度分配利润、进行重大不当关联交易等导致公司债权人的利益受到损害；（三）决议内容违反法律、行政法规强制性规定的其他情形。

关于决议无效之诉的当事人问题。通说认为原则上董事、股东、监事均得提起。公司为被告。在此需探讨的是决议无效之诉的性质问题，德国、日本的学者以及我国大部分学者均认为系确认之诉，正如韩国学者李哲松所说，决议效力在非公司的第三人之间的诉讼中成为先决问题时，具有确认之诉的性质。

笔者不赞同上述观点。笔者认为决议无效之诉为形成之诉，理由在于：（1）确认决议无效之诉事实上是在否认已有决议的效力，是在消灭原决议的效力，这更符合形成之诉的特征。（2）认为决议无效之诉为形成之诉有利于团体法律关系的认定。（3）决议行为效力制度应符合自治性、稳定性的原则，决议效力未经合法程序否定前应尊重其效力，若任何人以任何方式否定将会使决议行为有关的所有法律关系趋于不稳定的状态，这为法律所不允许。

综上所述，本文认为决议行为的性质应属于法律行为项下的团体法行为，因而法律行为理论在决议行为成立、生效以及效力瑕疵方面均有适用余地。司法解释增加决议不存在这一效力瑕疵使得决议行为更符合了法律行为的基本理论，适应了司法实践的需要。值得注意的是近期我国司法实践频繁出现请求决议行为有效的案件，为适应裁判需要，笔者认为应在以后的司法解释或修改《公司法》时明确增加决议不存在之诉与确认决议有效之诉的诉讼类型，以填补立法与实践的漏洞。

参考文献

卡尔·拉伦茨．德国民法通论（下册）［M］．王晓晔译，北京：法律出版社，2003．

李哲松．韩国公司法［M］．吴日焕译，北京：中国政法大学出版社，2000．

迪特尔·梅迪库斯．德国民法总论［M］．邵建东译，北京：法律出版社，2000．

吴飞飞．决议行为归属与团体法—私法评价体系—构建研究［J］．政治与法律，2016（6）.

陈醇. 意思形成与意思表示的区别：决议的独立性初探［J］. 比较法研究，2008（6）.

叶林. 股东会会议决议形成制度［J］. 法学杂志，2011（10）.

王雷. 论民法中的决议行为从农民集体决议—业主管理规约到公司决议［J］. 中外法学，2015（1）.

李志刚. 公司股东大会决议问题研究－团体法的视角［M］. 北京：中国法制出版社，2011.

新冠疫情的民法透视

夏 平*

摘要：新冠疫情在具体合同履行障碍中既可构成不可抗力免责，亦可构成情事变更事由。二者的法律规范功能并不相同，在法律适用上也不相互排斥。就合同履行层面而言，法律可通过排除实际履行请求权、解除和变更合同来消灭原给付义务。是否排除债权人的实际履行权与合同是否履行不能有关，与合同履行不能的事由无关。新冠疫情导致合同履行艰难，不能通过履行不能规则免除原给付义务，只能通过情事变更规则变更或解除合同。就合同损失而言，构成情事变更的，法院通过公平原则合理分担损失，并无损害赔偿适用空间。未构成情事变更的只有在符合不可抗力免责事由方可免除损害赔偿请求权。

关键词：不可抗力　情事变更　履行不能

前　言

2003 年非典期间，因 SARS 疫情导致各种各样的合同履行障

---

* 夏平，华东政法大学博士研究生。本文是 2017 年度国家社科规划基金项目“意思表示解释的原理与方法研究”（项目批准号：17BFX192）的阶段性成果。

碍问题，积累了大量围绕“疫情”法律定性研究资料。有些资料认为非典疫情构成不可抗力。① 有些资料认为非典疫情构成情势变更。② 当时文献之所以要辨别“疫情”在法律体系上究竟属于不可抗力，还是情势变更，皆因学术界认为，情事变更若作为一个独立的制度需与不可抗力制度进行区分。这样的立场及观点也影响着后来最高人民法院司法解释的态度。如 2009 年《最高人民法院关于适用〈中华人民共和国合同法〉若干问题的解释（二）》（法释［2009］5 号，以下简称《合同法司法解释二》）第 26 条就明确将不可抗力排除在情势变更之外。司法解释的出台进一步导致不可抗力与情势变更规则之间在法律适用上相互排斥。那么 10 年之后，在 2019 年的新冠疫情面前，有关“疫情”的法律性质是否已有定性？不可抗力与情事变更规则在法律适用上是否依然泾渭分明？

在笔者撰写本文之际，各大公众号、新闻媒体就疫情定性的讨论，亦不下 20 余篇。全国人大常委会法工委于 2019 年 2 月 10 日就疫情防控有关法律问题答记者问时，发言人臧铁伟作出表态：当前我国发生了新型冠状病毒感染肺炎疫情这一突发公共卫生事件，对于因此不能履行合同的当事人来说，属于不能预见、不能避免并不能克服的不可抗力。③ 实务机关也多有表态，比如上海高级人民法院对此也作出同样认定。立法机构和司法机关的表态，使得疫情的法律定性不再是争议焦点。真正的现实问题是如何应对因新冠疫情可能出现的合同违约纠纷，以及如何正确理解并适用《合同法》第 117 条等不可抗力相关法律规范。

---

① 蒋长芸：《非典时期，如何履行合同》，载《律师世界》，2003 年第 6 期。北京市第二中级人民法院课题组：《正确处理“非典”疫情构成不可抗力免责事由案件》，载《法律适用》，2003 年第 6 期。

② 欧歆：《非典属不可抗力还是情势变更》，载《广西政法报》，2003 年 10 月 16 日；高鸿宾：《SARS 并非不可抗力—兼论情势变更原则》，载《法律适用》，2003 年第 7 期。马永双：《合同法中的情事变更原则适用研究》，载《河北大学学报》，1999 年 6 月，第 24 卷第 2 期。

③ 参见中国法院网：https://www.chinacourt.org/article/detail/2020/02/id/4795063.shtml，检索日期：2020 年 3 月 11 日。

在《合同法司法解释二》出台之前，因为早期《合同法》并无明文规定情势变更规则，有关情势变更规则的法律适用曾有三种民法解释路径：一是通过司法解释的方式确定情势变更的法律效力，但需报最高人民法院核准；二是扩大不可抗力的适用范围和适用方式，使之成为合同变更和解除的事由；三是利用诚实信用原则作为情势变更的上位概念，继而扩大解释诚信原则来弥补情势变更在合同法中的缺位。三种路径相比，支持第二种解释路径的学者较多。因为第一种情形效率过低，第三种情形虽可较好解决问题，但在司法技术上适用过多的诚实信用原则恐不合时宜。虽然不可抗力与情势变更具有一定的共同性，但是2019年《民法典草案》发布之后，情势变更规则被明确纳入民法典中成为独立的制度，无须在通过第二种解释路径进行法律适用。那么在法律适用上不可抗力规则与情势变更规则究竟属于何种关系？亦有待厘清。

在具体案件中分析不可抗力事件对法律行为的影响，如果单讲客观现象本身的特征而不将其与法律行为联系起来，就会失去其应有的法律意义。所以本文在对新冠疫情涉及的法律问题进行分析时，重点探讨的是疫情对合同履行的影响。申言之，我们需在具体违约纠纷中分析三大违约救济方式：一是实际履行请求权，二是损害赔偿请求权，三是解除权。然后厘清其与不可抗力和情势变更的关系。因新冠疫情、疫情防控及其应急处置措施事件导致的合同不能履行，是否应排除债权人的实际履行请求权，涉及《合同法》第110条的履行不能规则；债务人是否承担因该事件导致的合同损失，涉及的是《合同法》第117条的不可抗力免责条款；有时还需判定疫情事件导致合同不能履行时，是导致合同目的不能实现，还是合同履行艰难。这涉及究竟适用《合同法》第94条第1款的法定解除权，还是情势变更条款。笔者于本文中从此点切入，就上述问题逐一分析，以期裨益于司法实践，并就教于方家。

一、新冠疫情构成不可抗力的法律效果

三大违约救济方式主要承担的是合同领域中的风险分配问题。德国法律通过三个层次分配履行障碍风险。第一个层次为原给付义务是否消灭，第二个层次为是否产生损害赔偿请求权，第三个层次为是否产生解除权。在德国违约责任体系中，履行不能制度是给付障碍的核心，其处理的是第一层次的履行障碍风险分配问题，即原给付义务是否消灭问题。根据德国给付障碍法中的二重理念，债之效力分为原给付义务请求权和次给付义务损害赔偿请求权。原因路径下的违约责任体系处理履行不能时，由风险负担规则①处理原给付义务消灭问题。质言之，给付风险负担规则处理给付义务的消灭问题，对待给付风险负担规则处理对待给付义务的消灭问题。给付风险与对待给付风险均属于给付不能范畴，致力于给付不能后，恢复合同当事人的利益平衡。

我国《合同法》中虽未承认履行不能违约样态②，也无明确将原给付义务视为债之效力，但部分保留了履行不能规则中的强制履行规则（《合同法》第 110 条）。虽然该条款与德国民法典中处理给付风险的履行不能条款颇为相似，但在规范功能划分上并未承认其给付风险功能，而仅将其功能视为强制履行之界限。即便如此，该规范目的在于协调合同违约纠纷中的风险分配问题。虽然我国的给付障碍法不承认大陆法系传统给付二重理念，将债权效力分为原给付请求权和损害赔偿请求权。但原定给付之强制履行在我国依然为首要救济路径。《合同法》第 107 条的“承担继续履行、采取补救措施”及第 111 条“修理、更换、重作、退货”

---

① 普通法上将风险负担中的风险分为物之风险（periculum rei）及债权之风险（periculum obligationis），基于在后者无法辨识其到底指给付风险或对价风险，已为德国学者所扬弃。参见 Fikentscher，Schuldrecht，7. Aufl.，1985 年版，第 67 页。

② 《合同法》扬弃了履行不能、履行迟延及不完全履行的债务不履行三分体系，而以不履行合同义务或者履行合同义务不符合约定为违约责任构成的基本内涵，以强制履行、赔偿损失、违约金等违约责任为违约之救济（第 107 条）。参见韩世远著：《合同法总论》，法律出版社，2018 年，第 477 页。

等违约救济方式，笔者认为以上方式均属于原定给付履行的方法，目的无不在使债权人取得原约定之给付，乃实际履行问题。

在笔者看来，将新冠疫情认定为不可抗力在总体上是妥当的。《合同法》第117条不涉及强制履行问题，其仅涉及免除损害赔偿责任。那么第117条和第110条在法律适用上是何关系？又因法律未明确规定第110条下合同不能履行时的法定解除权问题，那么在不可抗力导致合同不能履行时，是否必须达到合同目的不能实现方能解除合同？下面将分别予以探讨。

（一）不可抗力下的实际履行请求权

我国《合同法》吸取了《联合国国际货物销售合同公约》（以下简称CISG）的立法经验，建立了“以结果为导向”的客观违约责任体系。所以，《合同法》第107条使用的是“不履行”概念，其应包括履行不能等给付障碍类型。比如CISG虽仅在相关条款中使用了“不履行”概念，并无明确的“履行不能”规定，但并不排除履行不能问题应受到CISG的管辖。那么原履行不能规则是否在CISG体系中依然有法律适用空间？德国学界对此存有争议。少数观点认为，法院可以通过CISG第28条的规定来适用国内法第275条。主流观点则认为，CISG本身已就履行不能问题提供了两种解决方案，无须适用履行不能规则。具体方案如下：一是，第79条的适用范围不限于损害赔偿请求权，其也可以适用于实际履行请求权。因为若不排除履行请求权，则与第79条的规范意旨相矛盾。因为该条的意旨表明，债务人并无义务克服障碍事由。质言之，在主观履行不能时，即当给付障碍的克服对债务人（出卖人）来说是不可苛求或不成比例时，债务人可以豁免自己的给付义务。二是，也有立场认为，除了第79条的解决方案之外，债务人也可以通过诚实信用原则（第7条）或禁止权利滥用的思想来豁免自己的给付义务。就客观不能而言，主流观点认为，实际履行请求权本身已失去意义，自无须履行。实务中在处理实际履行问题时，既有适用第79条的判例，也有适用诚实信用原则的判例。就这两种解决方案而言，一直没有富有成效的定论。除此以外，也有学者认为，即便不能直接适用第79条，根据第7条第2款的规定，我们可以从第79条的规范意旨中引申出一条CISG的一般原则：再磋商义务，以此填补CISG的体系漏洞。申言之，在免除债务人的给付义务问题方面，可以通过主张再磋商请求权解决实际履行不能或实际履行艰难之问题。

相比于CISG体系内部提供的解决方案，我国《合同法》体系显然无须适用不可抗力免责条款（第117条）处理实际履行请求权问题。因为《合同法》规定的有排除履行请求权一般条款（第110条），其适用范围包括不可抗力导致的合同不能履行。从学理上分析，我国学者也多认为，《合同法》第117条不可抗力免责仅指损害赔偿免责。[①] 不可抗力若得免除所有违约责任，则无待合同解除，原定给付义务当然消灭，《合同法》第94条第1项及第110条但书均为画蛇添足之规定。所以，无论从规范功能上还是从体系安排上，第110条与第117条二者并不发生规范竞合，在具体违约纠纷案件中可以同时适用。比如因新冠疫情导致的合同履行障碍，若并非导致合同永久履行不能，债权人完全可以主张继续履行，但不得主张损害赔偿责任。债务人若想排除债权人的实际履行请求权，需满足《合同法》第110条履行不能的构成要件。排除债权人的实际履行请求权不以可归责于债务人为要件，只要债务人的原给付义务不能履行，无论不能履行是否可归责于债务人，债务人均可以免除自己的给付义务。不可抗力作为免责事由，乃免除违约损失赔偿责任，不影响其他违约责任，债权人之其他违约救济是否丧失，取决于相关规定或约定。简言之，新冠疫情虽可被认定为不可抗力，但并不意味着疫情期间所有的合同都可以不履行。

（二）不可抗力下的损害赔偿请求权

就损害赔偿责任而言，我国《合同法》受到CISG的影响。而

---

① 韩世远、朱广新等均持这种观点，参见韩世远：《中国合同法与CISG》，载《暨南学报》2011年第2期，第11页；朱广新：《合同法总则》，中国人民大学出版社，2012年，第635页。

CISG中规定的损害赔偿请求权所基于的原理是担保思想，即债务人担保其对合同义务的履行。这里的损害赔偿责任并非基于过错、而只是由于不履行合同义务而产生的责任。如果不履行是由于第79条所谓的无法预见的客观障碍，则不产生损害赔偿义务。[①] 有学者认为，CISG就违约方损害赔偿责任的发生，不以过错为要件，但有免责的可能，这种规定在中国被称为“严格责任”，并认为是《合同法》的发展趋势，进而影响到了中国《合同法》的起草。严格责任法律体系下的违约风险分配的正当性基础是意思自治，即合同约定。债务人基于自己的给付允诺，一旦违反约定，不要求具备可归责性事由——过错，即可构成违约责任。那么有疑问的是我国的《合同法》第107条的违约责任和第117条的免责模式是否采CISG模式？不可抗力在我国的损害赔偿责任中又扮演着什么样的角色？

首先，就CISG第79条中的免责事由而言，其内涵不同于我国的不可抗力。韩世远教授认为，相比于CISG的免责障碍事由，我国不可抗力免责条款较严，因为CISG第79条所使用的文义不是and，而是or。而我国《民法典》中对不可抗力的定义是，不可预见、不可避免且不可克服，即三者同时具备方可免责。其次，从笔者考察的学术文献中，自严格责任提出以来一直遭受学者的质疑。有人从《合同法》的适用范围加以反驳，认为严格责任对于国际货物买卖是适宜的，但并不一定完全适用于国内的各种交易情况。因为国内法适用于一切民事主体，各类主体的交涉能力、注意能力并不一致，如果像公约那样用商人的标准要求劳动者、消费者，时常会产生不公平的结果。有人从归责原则的历史发展方面加以反驳，认为严格责任并非国际合同法的立法趋势。我国《合同法》弃过错责任而选严格责任，实际上是逆流而上，完成了

① See Huber in: Peter Schlechtriem ed., Commentary on the UN Convention on the International Sale of Goods (CISG), 2nd Edition (in Translation), translated by Geoffrey Thomas, Clarendon Press Oxford 1998, Art. 45 Rn 37—38. 转引自韩世远：《中国合同法与CISG》，载《暨南学报》2011年第2期，第7—13页。

向古典意义上严格责任的回归。有人从严格责任体系与过错责任体系比较上加以反驳，认为即使继受一个完整的严格责任体系，严格责任相比于过错责任并不具有显而易见的优点。一个完整的严格责任体系和一个完整的过错责任体系在法律适用的结论上几乎是相同的。也有人从我国司法实务中的判例入手还原违约归责原则的实际适用状态加以反驳，认为真实的裁判逻辑正在向过错归责原则回归。总之，无论从学理上还是实践中，严格责任不具有很强的说服力。无论是从司法实践、法律意识还是我国的法律传统来看，笔者认为，过错责任原则仍有适用空间。

合同法中的违约责任承担着风险分配的功能。从目前合同法的国际发展趋势来看，并不存在单一的合同风险分配因素。[①] 合同订立后，因新冠肺炎疫情导致合同不能履行的，如何判断疫情对合同履行的影响，正确裁判部分或全部免除责任，是摆在各级人民法院和当事人面前的现实问题。履行不能的原因是基于不可抗力的影响抑或该客观风险由债务人所致，往往需要法院综合衡量以确定损害赔偿的范围。我国司法实务中，法院在适用不可抗力免责规则时，立足于对债务人是否“不可预见”“不可避免”与“不可克服”的主观状态，即债务人是否履行了注意义务、是否采取了合理措施。申言之，即便“疫情”符合不可抗力的构成要件，债务人也不必然免责。审判实务中若要免除债务人的损害赔偿责任需辨别“不能履行合同”是在多大程度上因不可抗力影响所致，而非债务人原因。

从贸易法委员会就 CISG 历年的判例总结来看，第 79 条第（1）款中所谓的障碍可以指：（1）当事人不履行义务是非他所能控制的障碍；（2）一方当事人不履行义务必须是由于“没有理由预期”该当事人“在订立合同时能考虑到……”的障碍；（3）不

---

① 《最高人民法院关于适用〈合同法〉若干问题的解释二》第 29 条规定，当事人主张约定的违约金过高请求予以适当减少的，人民法院应当以实际损失为基础，兼顾合同的履行情况、当事人的过错程度以及预期利益等综合因素，根据公平原则和诚实信用原则予以衡量，并作出裁决。

履行义务必须是由于没有理由预期该当事人能避免或克服的障碍。具体而言，上述所列的障碍事由需与债务人不履行义务之间存在因果关系。申言之，疫情期间的不履行合同义务必须是由于新冠疫情、疫情防控及其应急处置措施所致。若无此因果关系，法院可以拒绝当事人损害赔偿免责的请求。法院在认定损害赔偿范围时，应结合当事人的过错、不可抗力、合同的履行情况及预期利益等综合因素，在当事人之间根据公平原则和诚实信用原则予以损失分配。

（三）不可抗力下的解除权

《合同法》第94条是法定解除的基本规范，其主要目的是让债权人免除对待给付义务。前文已述，对待给付义务豁免有两种方式：一是自动解除模式。自动免除规则也称当然免除，是指通过对待给付风险负担规则来免除对待给付义务。其背后的法理是双务合同中给付义务与对待给付义务的牵连性理论。不过需要注意的是，《德国民法典》第275条和第326条第1款是关于履行不能时给付义务和对待给付义务的自动免除规则（Ipso－iure－Erlöschen），该规则并无合同自动消灭之意。二是通知解除模式。即当事人通过行使法定解除权解除合同，应当通知对方。在解除的方式上，CISG并没有追随其前身《国际货物买卖统一法公约》，换言之，不采法律上当然解除的做法，而是规定，“宣告合同无效的声明，必须向另一方当事人发出通知，方始有效”（第26条）。

因CISG无明确的自动免除规则，那么如何用CISG规则处理合同中履行不能时的对待给付义务问题，在德国学术界存在争议。不过主流观点认为，买方（债权人）的支付义务并非自动消灭（即依据德国民法典第326条规定，履行不能时对待给付义务自动消灭），而是适用CISG第45条及其以下的一般法律救济措施，主要适用第49条的解除权。按照此种模式，债权人于履行不能时，可以主张损害赔偿请求权或法定解除权加以救济。我国学者也认为，就不可抗力导致合同目的的无法实现的合同解除，CISG和中国《合同法》均采由当事人行使解除权的模式，不采自动解除模式。

有疑问的是，在单一通知解除模式下若无法将履行不能纠纷纳入第 94 条第 1 项“因不可抗力致使不能实现合同目的”，或第 4 项“当事人一方迟延履行债务或者有其他违约行为致使不能实现合同目的”，合同履行是否会陷入合同僵局？有学者认为，我国《合同法》第 110 条存在立法漏洞，容易产生所谓“合同僵局”，即在违约的债务人不能履行合同的情况下，债务人虽然可以援引该条来对抗债权的实际履行主张，但合同关系并不因此消灭，债务在合同预定的期限内始终存在。因此主张在规范构造上，增加违约方申请解除合同权，具体类型有“合同不能履行致使合同目的不能实现”与“守约方不解除合同构成滥用权利对对方明显不公平”。针对该问题，在《民法典合同编（草案）》二审审议稿第 353 条第 3 款中曾增加“合同不能履行致使不能实现合同目的，有解除权的当事人不行使解除权，构成滥用权利对对方显失公平的，人民法院或仲裁机构可以根据对方的请求解除合同”，但是在最终的《民法典草案》中却删除了该条款。因为有学者对此提出质疑，法律不能通过确认违约方享有解除权的方式打破僵局，但有必要确认司法解除制度，允许违约方申请司法解除，由人民法院决定是否解除。虽然《民法典》最终未承认违约方的法定解除权，但是在 2019 年的《全国法院民商事审判工作会议纪要》中明确肯定了司法解除方式，即允许违约方通过起诉方式由人民法院决定是否解除合同，以打破僵局。违约方通过起诉主张解除合同的，法院审查认为符合合同解除条件的，应当进行释明，告知守约方可以直接要求损害赔偿，也可另行起诉主张损害赔偿。

双务合同多通过合同解除、风险负担规则来调整不可归责于债务人的履行不能，其实质是在当事人之间进行风险分配。虽然我国《合同法》未规定对待给付义务自动免除规则，但是笔者认为，其不是导致合同僵局的主要原因，也不能通过增设违约方享有解除权的方式打破僵局。因为风险负担规则中的自动免除本无合同消灭之意，自然也不会因法律未规定“合同自动消灭规则”

而陷入合同僵局。另外，即便德国民法典中有明确的风险负担规则，但在CISG体系中其也并未使用该规则处理对待给付义务消灭问题，更未因通知解除模式而陷入合同僵局。因为，除了自动解除模式、通知解除模式之外，审判实务中尚有裁判解除模式，即司法解除。笔者认为除了债权人可以通过法定解除权来突破契约严守原则外，也可以在债权人滥用权利、有违诚实信用原则时，法院可以通过诚实信用原则允许违约方申请司法解除，突破契约严守原则。① 在司法纠纷中，若因新冠疫情、疫情防控及其应急处置措施，导致合同履行不能，而债权人又不行使解除权的情况下，债务人可以起诉主张解除合同，请求法院司法裁决。

二、新冠疫情构成情势变更的法律效果

在新冠疫情下，如何适用《民法典草案》第533条的情势变更规则？可以从以下三点入手，一是情势变更中的障碍事由与不可抗力中的障碍事由之间是否必然相互排斥？二是第580条（《合同法》第110条）履行不能规则中的“不能履行”是否包括情势变更中的履行艰难类型？三是在对不可预见风险的分配上，情势变更规则的风险分配功能与不可抗力有何不同？

（一）情势变更与不可抗力中的障碍事由

1999年的《合同法》之所以未规定情势变更规则，主要理由就是情势变更可被不可抗力包含。既然法律规定了不可抗力，就没有再规定情势变更的必要。此观点很有可能受到CISG的影响，因为CISG第79条中的免责障碍事由完全可以包括不可抗力和情

---

① 通过诚实信用原则解除合同并非孤例，比如《德国民法典》第321条第2款先给付义务的债务人行使不安抗辩权后，面对债权人的不作为，债务人可以设定适当的期间，在此期间内债权人应当根据自己的选择提出给付或者提供担保。在期间届满而无结果时，债务人可以解除合同。债务人在该实定法规定以前，则是通过诚实信用原则来解除合同。参见［德］迪尔克·罗歇尔德斯：《德国债法总论》，沈小军、张金海译，中国人民大学出版社2014年版，第125页。另外，除了诚实信用原则之外，我国也有学者主张情势变更原则。参见崔建远：《合同法总论》中卷，中国人民大学出版社，2016年，第642—645页。

势变更两种客观事实。① CISG 第 79 条中的障碍事由不限于不可抗力，只要是合同缔结后，因不可预见的外在因素影响到债务人的给付能力，那么债务人就享有第 79 条的豁免责任。德国学者认为这里的外在因素需满足三个要件：一是其不在债务人的可控制领域；二是事件发生在合同订立以后方值得考虑，即外在因素需在合同订立时不可预见；三是债务人即使采取合理措施亦不可避免。以上三要件缺一不可，具体而言可以是自然事件、自然灾害、疫情、战争、恐怖袭击，除此以外，由政府颁布的国家政策亦属之。

比利时终审法院的态度是，CISG 第 79 条第（1）款提及的“障碍”包括：由于环境变化，一方履约遇到经济困难，尽管履行义务并非完全不可能；另外，该法院强调，为了具有“障碍”资格，环境变化不应在订立合同时已合法预见，并且履行合同必须涉及在这种情况下异乎寻常的过重负担。② 之前的裁决表明，CISG 第 79 条规定的免责要求满足某种具有“不可能”标准。③ 其中德国法院的一项裁决将 CISG 第 79 条规定的免责标准与不可抗

---

① 国际上的主流观点对此持肯定意见，参见［德］英格博格·施文策尔：“国际货物销售合同中的不可抗力和艰难情势”，杨娟译，《清华法学》2010 年第 3 期。国际货物销售合同公约贸易法委员会亦持此观点。参见 CISG－AC Opinion no 7，Exemption of Liability for Damages under Article 79 of the CISG，12 October 2007. Rapporteur：Professor Alejandro M. Garro，New York，USA，paras 26 et seq.（at http：// www. cisg－ac. org），转引自韩世远：《情势变更若干问题研究》，载《中外法学》2014 年第 3 期，第 657－675 页。

② 比利时最高法院，2009 年 6 月 19 日（Scafom International BV 诉 Lorraine Tubes S. A. S.），英文译本可查阅因特网网址：www. cisg. law. pace. edu. 法院还认为，依据 CISG 第 7 条第（2）款所适用的一般规则，经济困难的法律后果包括双方当事人有义务重新就合同进行谈判。转引自尾注［15］第 379 页，注释 3。

③ 德国汉堡地方上诉法院，1997 年 7 月 4 日，Unilex；比利时哈瑟尔特商事法庭，1995 年 5 月 2 日，Unilex；《法规判例法》判例 277［德国汉堡地方上诉法院，1997 年 2 月 28 日］（说明只有在市场上不再销售合适的货物时，才可以免除卖方不交付货物的赔偿责任）；《法规判例法》判例 54［意大利蒙扎民事法院，1993 年 1 月 14 日］。另见德国夏洛滕堡初级法院，1994 年 5 月 4 日，可查阅因特网网址：www. cisg－online. ch，英文译本可查阅因特网网址：www. cisg. law. pace. edu，其中法院暗示，CISG 第 79 条中要求免除责任的标准比“不可能”标准更为宽松：法院裁定买方应免付延迟付款的利息，即使及时付款显然是可能的——虽然法院认为，在这种情形下没有理由期望买方这样做。转引自尾注［15］第 379 页，注释 4。

力、财力不可能和负担过重等法律学说规定的原谅标准进行比较，[①] 但是也有裁决明确反对，如意大利法院则主张，CISG 第 79 条与“过重负担突然出现”这一意大利国内艰难学说的性质有所不同。[②] 该裁决还声称，在 CISG 适用于一项交易的情况下，CISG 第 79 条具有优先权并且取代类似的国家学说，如德国法律中的“交易商业基础”的丧失[③]和意大利法律中的“过重负担突然出现”等。

各国法院之所以对 CISG 第 79 条有不同的理解，是因为 CISG 起草人有意避免使用带有某一法律传统特征的法律概念。这些概念往往以大量的公认判例法和相关文献为依据，不易在不同的法律制度下移植。CISG 第 79 条是这种风格的一个实例，因为该款并未使用具有各种国内制度特色的术语，例如“艰苦条件”“不可抗力”或“天灾”，而是对有可能成为不履约理由的情形作了客观描述。CISG 通过这种中性的概念，客观的事实描述，更有利于各国法院在适用本国法律时，可以灵活地协调本国实体法。比如就 CISG 第 79 条性质而言，其属于我国的不可抗力免责条款，但是就其文义而言，也包括情势变更中的履行艰难问题。

CISG 将不可抗力和情势变更统一纳入第 79 条免责条款中的障碍事由中，此规范模式我们称为“一元规范模式”。而我国《民法典草案》则在规定不可抗力免责条款之后，又规定了情势变更规则，可谓“二元规范模式”。那么在对不可抗力免责条款（《合同法》第 117 条，《民法典草案》第 590 条）进行解释时，是否依然可以将情势变更作为免责事由？从我国的规范模式来看，立法者有意区分不可抗力免责规则和情势变更规则。这种二元规范立法模式意味着二者的规范意旨并不相同。上文已述，新冠疫情作

① 《法规判例法》判例 166［德国汉堡商会仲裁庭，1996 年 3 月 21 日、6 月 21 日］。转引自尾注［15］第 379 页，注释 5。

② 《法规判例法》判例 54［意大利蒙扎民事法院，1993 年 1 月 14 日］（见裁决书全文）。转引自尾注［15］第 379 页，注释 6。

③ 《法规判例法》判例 47［德国亚琛地区法院，1993 年 5 月 14 日］（见裁决书全文）。转引自尾注［15］第 379 页，注释 7。

为突发的公共卫生事件，是人类无法预见、不可避免、不能克服的客观存在，其性质属于法律规定的不可抗力事件。但该观点并非把疫情本身作为普遍意义上的不可抗力，是否构成不可抗力损害赔偿免除事由，还需要考察疫情与合同履行障碍之间是否存在因果关系。新冠疫情及其疫情防控措施必须对合同履行障碍产生直接影响，即其是直接导致合同不能履行的原因。法院可以根据原因力的大小，就具体合同不能履行部分或全部免除损害赔偿责任。

但是在借款合同和租赁合同中承担金钱给付义务的一方当事人，其违约行为与不可抗力之间是否具有法律因果关系则面临较大的困扰。一般意义上来说，金钱给付义务不会因不可抗力而陷于履行不能或者其他履行障碍。但受新冠疫情影响，负有金钱给付义务的一方当事人可能在特定时间内遭遇严重经济困难和经济损失，使其难以履行金钱给付义务。比如承租铺面的饭店经营者在疫情发生后长期歇业，但仍要负担铺面租金。再比如向银行借款的企业因疫情经营业绩大幅下滑，但也需要继续向银行承担还本付息义务。在这种情况下，合同虽可继续履行，但该履行对债务人来说会产生显失公平的后果。笔者认为，此时将新冠疫情认定为情势变更事由也未尝不可。因为情势变更中的障碍事由也强调客观事实的“不可预见性”，其与不可抗力规范的事实存在一定交集。《民法典草案》第 533 条明确排除了可预见的风险，即可预见的客观情势不构成情势变更。除不可预见性特征以外，情势变更更关注债务人履行合同时的“不可承受性”，即不可苛求性。韩世远教授认为，应对“可预见性”作限制解释，即可预见的风险限制于可预见的且可承受的风险，质言之，当可预见的风险超过当事人的承受限度时，则不应再作为可预见的风险，而应归入不可预见的风险行列。如此限制解释可以更好地与下文阐述的相关规定保持一致。也说明法院在适用情势变更规则时，其司法裁决的功能，不在于区分交易风险类型，而在于合同利益有无妥当分配。

（二）情势变更下的解除与变更

合同因新冠疫情而履行艰难，此时不论是继续履行还是解除，都可能导致利益严重失衡。又因为给付承诺，债务人需承担计划外的给付困难之风险，那么在给付困难的情况下如何协调债务人和债权人的利益平衡？除了通过情事变更规则（《民法典草案》中的第533条）变更或解除合同之外，履行不能规则中因履行费用过高而排除实际履行请求权（《合同法》第110条第2项，《民法典草案》第580条第2项）亦是对此问题的关注。

从债权债务关系的层面分析，依法成立的合同，对当事人具有法律拘束力，非经对方同意或有法定依据，不得擅自变更或者解除，此乃契约拘束应有之义。在合同履行上，一方面债务人应当根据合同内容与合意，就约定的初始给付义务做出实际履行；另一方面，从债权人的角度来说，债权人亦有权针对合同约定的初始给付义务提出履行要求，甚至在履行障碍场合，债权人借助于公权而强制实现合同上的实际履行请求权。依据契约严守原则，即便是履行困难之类的风险，也应由债务人方面承受，这是从债权债务关系层面的规范所得出来的原则性的评价。申言之，《合同法》第110条第2项后半句履行费用过高规则意在保障初始义务之实际履行的本旨，则适用效果上，难免呈现出有利于债权人的倾向。具体而言，债权人于实际履行上可得期待的经济性或物质性利益，当然是处于首位和最为重要的利益内容。而情事变更或hardship，则担负着推翻上述制度上的原则性评价的、极其例外的变更债权债务关系的功能。①

从比较法上分析，情势变更规则规定的“过于苛求”和履行费用过高规则中的“重大的关系不对等性 Missverhältniss”，二者标准并不相同。德国立法理由书就二者的法律适用关系做出如下

① 参见韩世远：《情势变更若干问题研究》，载《中外法学》2014年第3期，脚注1。也有学者认为，情势变更原则同样属于契约履行中的外部情势变动，从而构成契约信守原则之例外的制度。参见刘洋：《履行费用过高作为排除履行请求权的界限》，载《政治与法律》2018年第2期，第105—120页。

表述：如果事实要件既满足情势变更规则，又满足排除实际履行请求权，应当优先适用排除实际履行请求权。

我国立法者通过《合同法》第 110 条确立了实际履行原则[①]，是对契约信守原则的贯彻。从功能上考察，《合同法》第 110 条相当于德国民法典上的履行不能规则中的给付风险负担规则。履行不能规则与情事变更规则均涉及原合同的给付义务。但就可预期外费用之风险的分配上而言，一个是通过履行费用过高来排除原给付义务，一个是通过继续履行明显不公平为由，否定原合同的拘束力（通过变更或解除手段），进而否定原给付义务。前者属于特别设置的法定风险分配规则，后者需要双方重新协商风险分配，双方协商不成的需交法官进行风险分配。相比于情事变更规则，履行不能规则并未否定原合同的拘束力，只是赋予了债务人抗辩权，以排除债权人的实际履行请求权。有学者依据额外履行费用是否溢出债务人的牺牲界限，而将履行费用过高导致的合同无法继续履行分为对待额外费用溢出牺牲界限之前与之后两种案型。额外费用溢出牺牲界限之前，可适用《合同法》第 110 条第 2 项，由履行费用过高规则调整。溢出牺牲界限之后，情势变更原则因其法律效果上的相对弹性而应优先适用。

（三）情势变更下的损害赔偿请求权

就解除权与损害赔偿请求权的关系而言，《全国法院民商事审判工作会议纪要》认为两者并不相互排斥。但就不可抗力场合的合同解除效果而言，由于《合同法》第 117 条第 1 款规定的免责效果，排除了第 97 条规定的赔偿损失责任，因而与一般违约场合解除的效果并不相同。因此，当新冠疫情、疫情防控及其应急处置

① 相关论述参见崔建远：《合同法》，北京大学出版社 2013 年版，第 117 页；韩世远：《合同法总论》，法律出版社 2011 年版，第 602—603 页。

措施构成不可抗力之时，免除债务人的损害赔偿责任。[①] 在情事变更场合，当事人主张变更合同或解除合同之后，当事人是否还能主张损害赔偿请求权？

我国学者多认为，情势变更之事由不可归责于双方当事人，如果可归责于当事人，则应由其承担风险或违约责任，而不适用情势变更制度。虽然情势变更不涉及损害赔偿，但其涉及的是合理补偿问题。所谓合理补偿，不同于损害赔偿责任。其系指法院依据公平原则，将合同双方缔约时无法预见的不利损害、风险在双方当事人之间合理分摊。具体而言，情事变更规范的目的在于纠正利益失衡现象，从而平衡当事人之间的利益关系，最终实现公平正义。不可抗力规范的目的在于减免损害赔偿责任来减轻一方当事人的利益损失。若合理补偿已经充分顾及当事人之间的利益平衡的话，在实践中也不会有损害赔偿的适用空间。

在对合同风险进行分配时，行为后果的妥当性比判定行为中有无过错更重要。如传统合同法中的风险分配规则，无论是过错规则还是风险负担规则，均是将相应的不利益归咎到单个合同主体负担。情势变更规则作为现代合同法理论的发展成果，与此并不相同。法院在情势变更规则中考察的并不是某单个当事人行为过错，或某单个当事人的风险责任，而是如何在双方当事人之间进行风险分配。法院根据公平原则，将合同中的不利益平均分配到合同主体身上。这主要是因为，情事变更破坏了交易基础，交易基础的变化导致一方给付义务的显著增加，那么负担增加一方可以基于情事变更规则，以调和给付失衡之关系。综上可知，即便新冠疫情未构成不可抗力，在情势变更规则下，也无损害赔偿

① 因不可抗力解除合同，当事人一般可以免责。但根据我国《合同法》第117条、第118条的规定，在下述情况下仍存在赔偿责任：第一，在当事人迟延履行期间发生不可抗力，造成合同不能履行；第二，当事人应尽量减少不可抗力造成的损失，否则应对扩大的损失负责赔偿，因第三人的行为造成合同不能履行导致合同解除，根据合同相对性原理，债务人应承担赔偿责任，债务人因此受到的损失应视为由第三人的过错所致，该债务人取得向第三人追偿的权利。参见最高人民法院民事审判第二庭编著：《全国法院民商事审判工作会议纪要》，北京：人民法院出版社，2019年，第324页。

适用空间。

三、结论与建议

无论是情势变更规则还是不可抗力规则，法律制度本身不再拘泥于评价当事人的行为是否有无过错。而是如何从制度上作出最佳的安排，合理地分配风险。新冠疫情、疫情防控及其应急处置措施，适用不可抗力规则还是情势变更规则，关键不在于疫情事件本身的法律性质，而在于该事件导致合同处于何种履行障碍。就客观障碍事由本身而言，它们均阻却了合同的履行，但引起的法律效果并不相同，因为有的导致合同履行不能，有的导致合同履行艰难，有的导致合同目的不能实现。

不可抗力直接作用于合同的要素，如合同主体死亡或解散、使合同标的物灭失，或债务的标的不适于强制履行或者履行费用过高，导致合同履行不能。债权人之利益，在债务人主张履行不能而排除其实际履行请求权时，可通过损害赔偿、解除等其他救济途径获得保障。情势变更是作用于合同交易的基础要素，因交易基础发生变化，导致合同履行艰难。这里的合同履行艰难不是合同不能履行，而是继续履行合同，导致双方当事人的利益极度不均衡。换言之，情势变更规则的宗旨在于消除一种利益上的极度不均衡状态，使合同权利义务回复为平等、平衡。

关于违约的风险分配并非只有过错损害赔偿规则、风险负担规则。我国司法实务在处理合同履行障碍时，并不局限于单一的合同风险分配因素。在客观违约责任体系下，违约的风险分配因素具有多元性，既有无过错责任，也有过错责任，还有不可抗力免责及情势变更下的公平分担责任。在新冠疫情期间，如何分配合同损失，应就具体合同综合考察。比如《最高人民法院关于在防治传染性非典型肺炎期间依法做好人民法院相关审判、执行工作的通知》（法［2003］72号）[1]，并未给出十分明确的依据，而是需具体情况具体分析。情势变更原则是履行不能规则下的风险分配的补充规定。因为，情势变更是实质公平原则的体现。

参考文献

崔建远．合同法［M］．北京：北京大学出版社，2013.

韩世远．合同法总论［M］．北京：法律出版社，2011.

刘洋．履行费用过高作为排除履行请求权的界限［J］．政治与法律，2018（2）.

① 该文件针对民事案件中的合同纠纷，规定“由于‘非典’疫情原因，按原合同履行对一方当事人的权益有重大影响的合同纠纷案件，可以根据具体情况，适用公平原则”。“因政府及有关部门为防治‘非典’疫情而采取行政措施直接导致合同不能履行，或者由于‘非典’疫情影响致使合同当事人根本不能履行而引起的纠纷，按照《中华人民共和国合同法》第117条和第118条的规定妥善处理”。

人身权探析

性自主权的民法体系化构建研究

田岱月*

摘要：性自主权是性骚扰行为侵害的基本权利，是一项独立的具体人格权，然而我国民事立法却未将其进行有名化的规定，导致刑法与民法的衔接不到位，民法人文精神未得到切实贯彻，司法的法律适用不统一。如何借鉴国内外构建基础，在民法中体系化构建性自主权以及如何实现与现有民法内容的协调，是个体性利益得到民法充分保护的重要层面，是推进民法人文关怀目标实现的重大课题。

关键词：性自主权　性利益　性骚扰

性自主权是人类的性道德理念和性权利意识发展到一定程度的产物，其立足于人文主义的立法理念，以权利为本位，主张在法律层面对人类性利益进行保护。然而，我国对性自主权的构建和保护目前仍主要集中于公法层面。《中华人民共和国民法典》（以下简称《民法典》）所涉与性利益保护有关的条文仅有第191条有关未成年人遭受性侵害诉讼时效的规定和第1010条有关性骚扰者承担民事责任的规定，尚未将性自主权作为一项独立的权利

* 田岱月，四川大学法学院2019级硕士研究生，研究方向：民商法。

进行构建。当代民事立法以凸显人文主义关怀为主线，性自主权该如何界定，是否应在民法中构建性自主权，以及该如何构建性自主权，构建后与现有立法如何协调皆是日后立法需要回应的问题。

一、性自主权的界定

（一）性骚扰行为侵害的基本权利——性自主权

性骚扰作为法律案件第一次进入法律程序是2001年的西安女职工童某诉总经理性骚扰纠纷案。在此之前，性骚扰现象虽屡见不鲜，但并未进入法律领域，而是仅涉道德伦理范畴。进入21世纪，公众的权利意识不断增强，自2001年中国首例性骚扰案公布后，涉及性骚扰的案件不断增多。截至2020年5月，性骚扰民事案件数达到600余件。性骚扰侵害的是自然人合法的性利益，这点已经达成了共识。但性骚扰侵害的最基本权利究竟该如何定义，学界还未有统一定论。在讨论性骚扰侵害的最基本权利之前，有必要先界定何为性骚扰。性骚扰作为法律术语第一次出现在我国的法律文本中是2005年的《妇女权益保护法》，后在其他法律中也有涉及，但都未全面界定何为性骚扰。有学者认为性骚扰是除强奸等暴力性犯罪之外，与性有关的情节较轻的行为。将性骚扰和性侵害根据情节的严重进行区分。笔者认为这种将性骚扰和性侵害根据情节区分的观点，虽在确定责任轻重时具有一定的合理性，但它割裂了所有与性有关的案件所共同保护的最基本的权利，故而应将性骚扰做广义的理解，认定为只要与性有关的，且不受接受者欢迎的行为皆为性骚扰，至于采取的是何种行为方式，暴力还是非暴力，情节严重与否，这些都不影响性骚扰行为的成立，只需在成立性骚扰的基础之上进一步划分即可，如刑法上的猥亵、强奸，其最基础的行为都可以统称为性骚扰。

性骚扰侵害的基本权利究竟为何，学界未有一致观点。主要包含以下三种观点：贞操权说、性权利说、性自主权说。贞操权说认为性骚扰侵害的基本权利为贞操权。贞操权的客体是人的贞操。在中国古代，贞操强调的是对女子单方性忠诚的约束，维护的是夫为妻纲的纲常伦理。虽现代贞操权的含义超越了历史范畴，不再是对女性单方性道德进行约束，其性质也转化为积极的权利而非消极的义务，但笔者认为考虑到中国传统的贞操观对现代仍有一定的影响力，贞操一词的世俗性无法根除，且贞操这一含义因具有很强的文化属性，所涉范围的认定具有不确定性，实不宜作为法律术语，故而不应认定其为性骚扰侵害的基本权利。性权利说认为性骚扰侵害的基本权利为性权利。国际性学会通过的《性权宣言》对性权利下所包含的具体十一项权利进行了明确的列举和阐释，[①] 内容极其丰富，涵盖面广，与一般人格权、精神性人格权和物质性人格权的保护的内容皆有所重合，因其内涵外延过于宽泛而导致边界模糊、界定不明，与法定权利所要求的具体明确格格不入，故而亦不适合定义为性骚扰所侵害的基本权利。性自主权说则认为性骚扰侵害的基本权利是性自主权，性自主权不仅保护性行为的自我决定，也保护性意愿的自主表达。笔者赞同这一观点，将性骚扰侵害的基本权利定义为性自主权，一方面能够摆脱贞操权定义下所具有的世俗性的困扰；另一方面，其内容界定明确且为中性名词，不会造成理解时的误解，具有客观性，更符合法律术语的要求；更为重要的是一切以暴力或非暴力方式所施加的与性有关且不受接收者欢迎的行为都是对性自主权造成侵害的行为，这与性骚扰的界定完全吻合。故而，性自主权是法律保护性利益所必须确立的基本权利，也是性骚扰行为侵害的最基本权利。

（二）性自主权的应有内涵

性自主权是一项独立的人格权。笔者将性自主权定义为自然人依法普遍享有的自主表达性意愿和自主决定性行为，且不有违

---

① （1）性自由权；（2）性自治权、性完整权与性身体安全权；（3）性私权；（4）性公平权；（5）性快乐权；（6）性表达权；（7）性自由结合权；（8）自由负责之生育选择权；（9）以科学调查为基础之性资讯权；（10）全面性教育权；（11）性保健权。

法律和公序良俗原则的权利。该定义主要包含以下几个层面：第一，性自主权享有的主体是自然人，该权利具有自然属性，为自然人生而所具有的基本权利。第二，性自主权包含两方面的内容，即性意愿的自主表达和性行为的自主界定。这两方面的内容可能会造成与其他人格权或一般人格权的竞合，性意愿的自主表达主要涉及与一般人格权中的人格尊严、人格自由以及精神性人格权的竞合，性行为的自主决定主要涉及与物质性人格权的竞合。在处理竞合关系时应当注意，尽管发生权利的竞合后可以采取其他迂回的方式保护性利益，但与性自主权竞合的这些权利始终不能表达性利益保护的这一特殊价值意蕴，其保护的力度有限，并且从司法的角度考量，增加了法律适用的成本和不确定性。所以，在发生权利的竞合时，应以性自主权的适用为基础，其他人格权和一般人格权可以做相应的补充保护。第三，性自主权虽然是绝对权，但其也不能超越法律与公序良俗的范畴。

学术界的通说认为性自主权具有三大权能，分别是：选择权、承诺权和反抗权。其中，选择权和承诺权属于积极权能，反抗权属于消极权能。选择权是指权利主体有权选择是否发生、与谁发生以及以何种方式在何时何地发生性行为的权利；承诺权是指权利主体有权根据自己独立的意志，对他人提出的有关性的请求是否同意的权利；而反抗权则是对他人提出的性要求拒绝，并且当他人对其进行性骚扰时予以反抗的权利。笔者认为这三大权能主要的聚焦点在于性行为，并且有被动性的含义在内，忽略了主动的自主表达性意愿之权能。故而，笔者主张增加性表达自主权作为第四项权能，性表达自主权是权利主体依据自己的意愿，通过主动交流、情感表达等方式主动自由地表达性意愿的权利，其强调的是权利人作为主动方表达性意愿。如此，便更能体现性自主权作为一种绝对权的积极性，有利于构建全面的性自主权保护体系。

二、性自主权之民法体系化构建的必要性和可行性

（一）性自主权之民法体系化构建的必要性

1. 刑法与民法有效衔接的需要

民法被认为是公民权利的宣言书，核心在于保护公民的权利和自由，其对权利的确定具有基础性，对刑法法益的保护具有直接的影响。这也就意味着，在确认权利方面，民法应先行，刑法理应在民法确认权利的基础之上对该权利给予更高强度的保护。但在性自主权方面，民法未将性自主权作为一项独立的基础权利而构建，而对性自主权的侵害行为，刑法在侵害人身权利、民主权利的犯罪一章中规定了强奸罪等罪名来进行保护和惩罚。一项生而为人应当普遍享有的权利却在被称为权利宣言书的民法中没有明确规定，这与上述民法和刑法之间对权利进行保护的内部逻辑不相符，也是民事立法方面的一项重要缺失。因此，为了保持民法与刑法在权利的基础确认和更高强度的保护层面的关系，为了维护法律体系所具有的内部逻辑，应当在民法中体系化构建性自主权。

2. 民法人文关怀的要求

民法的发展经历了从以财产的保护为重心转移到以人的保护为重心的过程。民法作为公民权利的基本法，其最高的目标是服务人、关注人，促进人的发展。民法的终极价值目标是对人的关怀。王利明教授指出，人文关怀以对人的权利的保护为手段，旨在实现人的尊严和自由。杨立新教授认为，21 世纪的民法应该是体现人文主义的民法。将性自主权作为一项独立的权利在民法中构建，是民法的人文关怀价值的要求，其主要体现在两个方面：第一，在民法中构建性自主权，平等地保护不同性别的人的性利益，能够有效地弥补刑法对男性性利益保护的不足，也是人文关怀的价值之下实现平等保护的应有之义；第二，人文关怀价值在民法中最直接的体现就是人格权的保护完善与否。将性自主权作为一项具体人格权予以有名化，能够促进人格权保护体系的完善，

使民法朝着终极价值目标更进一步。综上，为了实现民法所追求的终极价值目标，理应在民法中体系化构建性自主权。

3. 统一司法的需要

立法的缺失往往导致司法的不确定，在民事立法未将性自主权作为一项独立的权利予以确认和保护时，所导致的后果就是司法实践中法官判案时，对性自主权的保护适用法律不一，出现“同案不同判”的现象。笔者通过对有关裁判文书的分析，发现在司法实践中出现侵害性自主权的行为时，由于法律没有明确的规定，法院审判通常采用以下五种方式：第一，以“生命权、健康权、身体权”受到侵害为由对权利人的权利进行救济和保护。其原因是，有些侵害性自主权的行为采取的是暴力方式，在侵害性自主权的同时也造成了对权利人的生命权、健康权、身体权的侵害，这时就会发生权利的竞合。由于没有性自主权这一基础的对性利益进行保护的权利的规定，而法院审案必须有法可依，所以只能采取这种替代方式对权利人的权利进行救济。[①] 第二，以侵害“一般人格权”为由对权利人的权利进行救济和保护。其原因是，一般人格权具有补充具体人格权的功能，当某项权利受到损害却无具体人格权加以救济，有违人格权法的立法宗旨，对此法院都会采取迂回的策略，启用一般人格权对权利人进行保护。此处的一般人格权主要是指人格尊严。[②] 第三，法院直接以“贞操权”受到侵害为由进行裁判。法院以此为由进行裁判时，所采取的策略是：先找出贞操权受法律保护的基础法律依据，即《民法通则》规定的公民合法的民事权益受保护，任何组织和个人不得侵犯，而后阐明贞操权的定义，最后再对贞操权是否应受法律保护进行说理。[③] 但因我国立法并无明确的规定，所以这种裁判方式实际上是超越了立法的。第四种方式是法院以违背公序良俗为由进行裁

① （2015）温苍民初字第311号。
② （2014）沪一中民一（民）终字第2315号。
③ （2014）浦民一（民）初字第11151号。

判。《民法总则》第8条明确规定了公序良俗原则，法院在进行裁判时以此为依据，将某些侵害性自主权的行为认定为行为明显有悖于我国公序良俗，从而让侵权人承担相应的侵权责任。[①] 第五种方式则是当事人以“贞操权”或“性自主权”受到侵害为由起诉时，法院主张我国法律未有贞操权或性自主权的规定，原告主张于法无据，不予支持。[②] 以上五种方式都出现在我国的司法实践之中，造成这种适用法律不一，同案不同判的原因归根结底是性自主权民事立法的缺失。统一司法裁判是司法改革的重要一环，也是维护法律权威和司法公信力的重要保障，性自主权的民法体系化构建在消除司法不一、统一司法的过程中必然扮演着不可或缺的作用。

（二）性自主权之民法体系化构建的可行性

1. 性自主权之民法体系化构建的法理可行性

随着人们权利意识的不断加强，各种新型的权利逐步出现，新型权利的研究成为近年来法理学领域的研究热点。有学者提出：为了防止权利的泛化，一项新型的权利若要得到法律的确认，必须要满足以下几个条件：第一，该项新型权利具有被保护的合理性。首先体现为该权利所保护的利益是正当的，其次还必须要证明对个人的保护是重要的；第二，该项新型的权利能够为既有的法律体系所容纳，即该项新型权利可以从法律已有明文的基础性权利中推导出来；第三，还要考虑到该项新型权利所产生的社会成本。[③] 笔者赞同该学者关于法律确认新型权利的标准，并且认为性自主权作为新型权利的一种，完全符合该学者提出的法律确认标准。首先，性自主权保护的是权利人的性利益。美国芝加哥教授 Stephen J. Schulhofer 明确地说明了性自主权的正当性和重要性。他认为，性自主权是人生而为人就具有的自然权利，法律只

---

① （2018）京0102民初7614号。

② （2018）粤0105民初4000号。

③ 雷磊：《新兴（新型）权利的证成标准》，载《法学论坛》2019年第3期。

需将其加以确认而已，任何一个自然人，除了生存权之外，没有任何一项权利和自由能比性自主权更为重要，因此，任何一个声称保护人的基本权利的法律体系，都应当将性自主权置于法律的核心位置加以直接保护。不仅如此，从我国古代经典文化名句中也可以看出性利益的重要性和正当性，诸如“饮食男女，人之大欲存焉”，“食色性也”等。饮食主民生，男女主康乐，都是对人类天性的尊重。由此，性自主权满足上述新型权利能够被法律确认的第一项标准。其次，我国《宪法》明确规定国家尊重和保护人权以及公民的人格尊严不受侵犯，《民法典》中又规定了自然人的一般人格权受法律保护。所谓人权是人之为人所必须具有的权利，性自主权便具有这一属性，且性利益包含有精神利益，这一精神利益很大程度都与人格尊严有关，至于一般人格权则是对具体人格权的补充，也反映出人格权的保护是一个发展的过程。故而性自主权的构建符合宪法保护人权和人格尊严的要求，也符合民法对一般人格权进行保护的立法目的，从法律已有明文的基础性权利中完全可以将其推导出来，满足第二项标准。最后，社会成本这一标准主要是从法律的经济效益方面做出的考量，任何一项权利的确认和实施都代表着对某些人行为的约束，新型权利的无限制确认会造成对法律资源的浪费。在民法中确认性自主权虽需要立法、法律传播方面的成本，但不会造成法律资源的浪费。相反，其还有利于节约司法成本，提高司法的效率。因此，立足长远，确认性自主权的民法地位，效益高于成本，故而也符合第三项标准。除了符合新型权利构建的法理标准之外，性自主权的民法构建也是法哲学中的社会平等原则的体现，社会平等原则的第一部分内容就是实现基本人权的完全平等，有关人权的内涵上述已有提到，性自主权作为基本人权的一种，在民法上的体系化构建能够弥补刑法上有关性利益平等保护的不足，能够实现性利益的完全平等。综上，性自主权在民法上的构建具有法理可行性。

2. 性自主权之民法体系化构建的实践可行性

（1）国外经验可资借鉴

性自主权的法律保护在世界范围内都首先偏向于公法层面的保护，然而性自主权本质是一项具体人格权，属于民法调整的范畴，性自主权在民法领域理应构建一套完整的保护体系。世界范围内，最早以民法的方式对性自主权进行救济和保护的是德国，先是在理论层面有所构建，后直接将理论入法，2002 年修改的《德国民法典》第 253 条第 2 款明确规定了侵害性的自我决定可以主张赔偿，这表明了对性自主权的直接确认和保护。美国在 2002 年明确把男性纳入了强奸的对象，对男性的性自主权也进行同等的保护，并且将强奸的适用范围也进行了扩大，将“强迫口交”“鸡奸男性”等行为也纳入了强奸的范畴。据学者观察，英美国家的法官对侵害性自主权的行为在民事层面倾向于做出高额的精神损害赔偿的判决。由此可见，性自主权的保护，已有诸多立法经验能够借鉴和参考。这些经验包括：第一，对性利益的保护实行公法救济和私法保护相结合；第二，注重对两性性利益平等的保护；第三，扩大侵害性自主权的方式认定范围。这些经验为我国性自主权的民法体系化构建提供了充分的比较法层面的依据，能够使我国的性自主权民法保护体系的构建更加具有科学性。

（2）我国性自主权民法体系化构建已有的现实基础

尽管性自主权在我国民法中并未有明确的规定，但其在理论、立法、司法层面的发展已经为其在民法中的构建提供了充分的依据和基础。首先，在理论层面，最早主张对性利益进行法律保护的是张俊浩教授，其在《民法学原理》一书中明确将性利益的保护提升至法律领域；而郭卫华教授则是对性自主权进行系统化论述的第一人，其从性自主权的概念、性质、权能、民法的构建以及特定群体的特殊保护等方面进行了深层次的研究。其他大多数学者的研究则集中于对性利益的保护如何进行概念的界定以及权利的性质层面。目前，对性利益进行保护的权利定义为性自主权以及该权利是一项独立的具体人格权已经成为理论界的主流观点，这为性自主权的民法构建提供了理论基础。其次，在立法层面，纵观我国的法律体系，其对性自主权的保护采取的是间接保护的方法。先有作为万法之母的宪法保护公民的人格尊严不受侵犯的规定，后有刑法、行政法、民法具体化的规定。刑法中规定强奸罪、强制猥亵罪、强迫卖淫罪对性自主权进行保护，治安管理处罚法中规定对猥亵他人进行处罚，民法典中规定对自然人的一般人格权进行保护，并且最高人民法院的司法解释也规定违反社会公共利益、社会公德侵害公民其他人格利益可主张精神损害赔偿。不论是人格尊严，还是对犯罪的处罚，抑或是一般人格权及其他人格利益，其中都蕴含着性自主权的保护，为在民法中构建性自主权提供了立法依据。最后，在司法层面，前述曾提到司法实践中存在五种裁判方式，虽适用法律以及裁判结果不尽相同，但从侧面也可以反映司法实践中对性利益进行保护和承认的态度以及迫切需要性自主权立法的需求，这为性自主权的民法构建提供了司法基础。由此可见，在民法中构建性自主权并非无源之水，其已具备了相应的现实基础，万事俱备，只差明文构建这关键一步。

三、性自主权之我国民法体系化构建

民法作为民事权利的基本法，理应全方位地凸显对个体权利的尊重和保护。《民法典》的制定以维护人的尊严、促进人的发展为目标。性自主权在我国民法体系中的构建，对于达成《民法典》的制定目标以及保护个体的合法权益具有重大意义，虽我国《民法典》刚通过且未涉及性自主权的构建，但这一问题仍旧具有现实的研究意义。

（一）性自主权在《民法典》总则部分的构建

《民法典》在“总则”部分第110条第1款将自然人的民事权利进行了列举，又以“等权利”将未列举的民事权利进行概括，该“等”字体现的便是民事权利的发展性和灵活性，不仅为未来新的民事权利留有余地，也为存留已久而立法并未予以法定化确认的权利留有余地。性自主权便属于后者，但仅仅概括于“等权利”之中不利于对性利益的充分保护，故而笔者主张在第 110 条列举中加入性自主权，且鉴于其对于人的生存与发展的重要性程度，将其位置放于生命权、身体权、健康权之后。另外，《民法典》总则部分第 191 条规定了未成年人遭受性侵害的诉讼时效期间，旨在重点保护未成年人的性利益。笔者认为仅此规定不够全面，成年人性自主权受到侵害的诉讼时效也应当予以特别规定，不能适用于普通的诉讼时效期间，其原因是考虑到性具有“隐私”性，很多受害人在性自主权受到侵害时难以启口，不会像其他人格权受到侵害一样积极主动地寻求法律救济，通常会有一段过渡期，若规定性自主权受侵害也适用普通的诉讼时效期间，则不利于对民事主体性自主权的保护，故而笔者主张应当适度延长性自主权受侵害时的诉讼时效期间。

（二）性自主权在《民法典》分则部分的构建

1. 性自主权在人格权编的构建

《民法典》人格权编的构建是我国《民法典》的一大特色，突出体现人文关怀的价值目标，主张对人的尊严和发展的全面保护。《民法典》将性骚扰的民事责任规定在人格权编中的生命权、身体权、健康权一章中，这是《民法典》对实践中频发的性骚扰做出的回应，具有重大意义。但问题是，此种体例安排容易导致对个体性利益保护的性质存疑，且上述三项权利不足以涵盖性自主权的全部内容，不具有可替代性，再者，仅仅从消极的层面规定性骚扰的民事责任，对个体性利益的保护也不充分。故而，笔者主张应当在人格权编将性骚扰侵害的基本权利——性自主权有名化，且放置于生命权一章之后来突出性自主权的重要性。在具体的内容构建方面：第一，明确规定自然人享有性自主权，并对性自主权的含义进行界定。第二，明确规定性自主权的四大权能，且就 14 岁以下的未成年人享有的性自主权的积极权能予以特别规定。这种安排设计是基于未成年人对性的认知尚不成熟，防止成年人通过引诱、欺骗等方式使得未成年人做出“自愿”意思表示，以此来作为规避责任的借口。这一特殊规定并不是对 14 岁以下未成年人性自主权的限制，而是指在未成年人的性自主权受到侵害时，未成年人可以主张自己当时没有行使性自主权的积极权能的能力来要求侵权人承担责任，侵权人不能以未成年人“自愿”而作为免责事由。第三，将《民法典》第1010条有关性骚扰的民事责任移至性自主权的章节中。第四，明确列举侵害性自主权的行为方式，规定禁止以强奸、鸡奸、猥亵等暴力或非暴力方式侵害他人的性自主权。

2. 性自主权在侵权责任编的构建

2009年通过的《侵权责任法》第2条列举了民事权益，列举式的规定中并没有性自主权。《民法典》在侵权责任编改变了列举民事权益的做法，直接统称为民事权益，这种做法更有利于保护民事主体的各项合法权益。笔者认为，该民事权益的概括性规定中应当包含性自主权，这是与《民法典》总则以及人格权编呼应的必然选择。另外，侵害性自主权也必然要遵循过错归责原则以及侵权行为构成的四要件。其中，有关过错要件，理论界有不同观点：杨立新教授主张侵害性自主权的过错要件只包括故意，不包含过失；张新宝教授则认为过错要件包括故意和重大过失，一般过失不构成。笔者认为侵害性自主权的过错要件应当既包括故意，也包括过失，这主要是基于《民法典》第1010条第2款规定的机关、企业、学校等单位对性骚扰所承担的责任，这类主体责任的承担往往是由于过失造成的，如其没有采取合理的预防、没有及时地受理相关投诉等，在此种情况下这些机构也应当在其过错的范围内承担相应的侵权责任。其他的构成要件并无特殊之处，在此便不再多加赘述。最后，在侵害性自主权的责任承担方面，笔者认为应当以损害赔偿为主。首先应当以精神损害赔偿来弥补受害人性自主权受到的侵害，因为性自主权本身更多的是精神性利益，其受到侵害会给受害人带来长期的恐惧和羞耻感。除此之外，还应当赔偿因侵害性自主权的程度严重而造成的人身健康甚至生命损失以及因侵害性自主权而造成的其他损失。因侵害性自主权程度严重造成人身健康甚至生命损失通常是指采取暴力手段侵害性自主权，这种侵权行为不仅仅侵害了性自主权，同时也侵害了生命权、健康权、身体权。在此种情况下，笔者主张既要赔偿人身健康、生命损失，又要赔偿精神损失，精神损失中包含生命权、健康权、身体权受到的精神损失以及性自主权本身受到侵害的精神损失，应当赋予受害者以选择权，择一申请精神损害赔偿。因侵害性自主权而造成的其他损害结果的损失是指因侵害性自主权所导致的其他具有高度盖然性的损害结果，诸如因侵害性自主权而导致怀孕所产生的费用，以及怀孕期间误工辞职或被动失业而产生的费用等。这种情况下不仅仅要赔偿其他损害结果的经济损失，受害人也可以主张性自主权受到侵害的精神损害赔偿。如此，便能够对性自主权给予全面的保护和救济。

四、性自主权体系化构建后与现有民法内容的协调

（一）性自主权的行使与婚姻家庭编相关内容的协调

性自主权的行使与婚姻家庭编的相关内容的协调，主要涉及性自主权的行使与同居、忠实义务的关系，这是性自主权在婚姻家庭领域的特殊体现。婚姻家庭编为维护一夫一妻制以及和谐的家庭关系，明确规定了禁止有配偶者与他人同居以及夫妻之间的忠实义务。关于同居，其本意是夫妻之间共同生活，至于其性质是权利还是义务，立法未明确，学界观点不一。但笔者认为，此处同居的性质与性自主权的行使无涉，因为夫妻共同生活并不当然包括发生性关系，发生性关系可能是夫妻共同生活的一部分，但夫妻之间不发生性关系并不会导致夫妻共同生活不成立；关于忠实义务，忠实义务的本意是指性对方只能是配偶一方，而不能是配偶之外的其他人，但忠实义务并不意味着夫妻双方的性权利依附于另一方。因此笔者认为不论是忠实义务还是同居，都与性自主权的行使不相冲突，性自主权属于绝对权的范畴，绝对权就意味着其效力及于除权利人之外的任何人，当然也包括配偶，且婚姻家庭编所规定的同居和忠实义务都并未强制要求配偶之间必须发生性关系，因此，在配偶一方不愿意的情况下，另一方应充

分尊重其性自主权。这是性自主权作为绝对权的体现，也是婚姻家庭编中主张夫妻之间应当相互尊重的体现，更是解决婚内强奸问题的突破点。

（二）性自主权的行使应遵循现有民法的相关限制

性自主权是对个体性利益进行维护的核心权利，也是个体生存和发展的基本权利之一。因此，不得随意对民事主体的性自主权进行限制，但任何权利都有其行使的边界，性自主权也当如此。郭卫华教授将性自主权行使的边界称为性自主权的半克减性。《民法典》总则部分第8条规定了公序良俗原则，第132条规定了禁止权利滥用原则，这两个原则便构成对性自主权行使的限制。公序良俗原则对性自主权行使的限制主要表现在禁止乱伦以及公共场所应当有所节制方面。禁止乱伦是对家庭伦常最基本的尊重，也是对未成年子女性利益的保护，更是对生育秩序的维护。公共场所方面的限制则是禁止在大庭广众之下进行性行为，特别是在庄严的场合。禁止权利滥用原则对性自主权行使的限制主要体现在禁止权利主体在行使性自主权时，突破限度对其他主体的合法权益或社会公共利益造成侵害。例如没有经过其他主体的同意便强行发生性行为，这属于自己性意愿的表达却侵害了他人的性自主权，就构成权利的滥用。因此，性自主权虽为独立的具体人格权，但仍应遵循现有民法的相关限制性规定，这与前文中对于性自主权的含义的界定要求一致，也是人作为群体性动物理应做出的让步。

五、结语

性自主权是人生而为人理应具有的一项权利，民事立法的缺失导致个体性利益保护不足，人文关怀的民法精神也未得到落实，司法实践中关于性自主权保护的法律适用也不尽一致。故而，性自主权理应在民法中占有一席之地，其在现实中已经具备了体系化构建的基础。国外经验可资借鉴，国内学术界、立法界、司法界也都有相应的基础可供支撑。虽《民法典》业已施行，但《民法典》本身就是辩证发展的，所以在民法中去构建一套完整的性自主权保护体系仍有其价值意义。通过《民法典》总则的规定体现性自主权的重要性；通过《民法典》人格权编的规定明确其内容与性质，体现权利主体行使权利的积极性；通过《民法典》侵权责任编的规定保证民法对性自主权的充分救济。当然，性自主权在民法中构建后，也要注意与现有民法相关内容的协调，其与婚姻家庭法领域的同居和忠实义务的关系必须理清，并且在行使时不得有违公序良俗原则和禁止权利滥用原则。如此，才能真正实现性自主权在民法中系统化、具体化的构建，才能离民法所追求的人文精神更近一步，才能真正实现对个体性利益的充分保护。

参考文献

马特. 人格权法案例评析［M］. 北京：对外经济贸易大学出版社，2012.

齐云.《人格权编》应增设性自主权［J］. 暨南学报，2020（01）.

高珊珊. 论性自主权［D］. 桂林：广西师范大学，2015.

张建文. 新兴权利保护中利益正当性的论证基准——以约为婚姻诱使他人与自己发生性关系的裁判立场为基础［J］. 河北法学，2018（07）.

卢青. 试论贞操权的民法保护［D］. 广州：华南理工大学，2015.

刘海明. 性自主权研究［D］. 哈尔滨：黑龙江大学，2010.

王初坚. 未成年人性自主权的特殊保护［D］. 福州：福建师范大学，2010.

魏晓玄. 从“隐性”到“显性”：性自主权的民法保护［D］. 大连：辽宁师范大学，2019.

高慧铭. 论基本权利的滥用禁止［J］. 清华法学，2015（01）.

物权实证探析

不动产抵押合同未经登记的法律后果

赵　铁*

摘要：在实践中，因未办理不动产抵押登记而引起的纠纷屡见不鲜。未办理登记的原因不同，承担责任的合同当事人及责任性质也有所区别。由于我国现行立法并未就上述情形作出明确规定，司法实践中难免会出现同案不同判的情况。简而言之，就未登记时抵押合同当事人的责任认定而言，存在缔约过失责任、债权担保责任与违约责任三种观点；就具体的赔偿责任范围而言，又存在补充清偿责任与连带清偿责任两种观点。因抵押人的原因未办理不动产抵押登记的，债权人可以选择抵押人承担继续履行或者赔偿损失的违约责任。在继续履行不能或债权人要求债务人赔偿损失时，抵押人首先应当遵照双方的合意进行赔偿，在未明确约定赔偿范围和赔偿方式时，应当在抵押物的价值范围内就债务人不能清偿的部分承担补充清偿责任。

关键词：未登记　不动产　抵押合同

* 赵铁，四川大学法学院法学硕士，研究方向：民商法。

一、问题的提出

（一）立法上的模糊与空白

关于未办理登记的不动产抵押合同之效力问题，我国现行的立法规定存在冲突。其中《担保法》[①] 规定未经登记，不仅抵押权未设立，不动产抵押合同亦不发生效力。而《物权法》[②] 规定在不存在其他影响合同效力的事由时，不动产抵押合同自成立时生效，但抵押权因未登记而不能设立。在《担保法》与《物权法》就同一事项的规定存在不一致时，根据“新法优于旧法”的法律适用原则，应当适用《物权法》的相关规定。这一点在司法实践中已无大的争议，本文在此不做过多阐述。

此外，关于具体的责任划分及赔偿范围问题并没有在立法上有所体现。一方面，现有的司法解释并不能从根本上解决纠纷。《最高人民法院关于适用〈中华人民共和国担保法〉若干问题的解释》（以下简称《担保法解释》）[③] 规定，抵押人违背诚实信用原则拒绝办理登记的，应当承担相应的赔偿责任。但是《担保法解释》是在承认合同登记生效主义前提下，为弥补《担保法》之不足而作出的规定，在实务普遍优先适用《物权法》的情况下，这一司法解释并不能真正解决纠纷。另一方面，《全国法院民商事审判工作会议纪要》（以下简称《会议纪要》）对未办理登记的不动产抵押合同的效力作出了规定，但该《会议纪要》不是司法解释，不

① 《担保法》第 41 条规定，当事人以本法第四十二条规定的财产抵押的，应当办理抵押物登记，抵押合同自登记之日起生效。

② 《物权法》第 15 条规定，当事人之间订立有关设立、变更、转让和消灭不动产物权的合同，除法律另有规定或者合同另有约定外，自合同成立时生效；未办理物权登记的，不影响合同效力。

③ 《担保法解释》第 56 条第 2 款规定，法律规定登记生效的抵押合同签订后，抵押人违背诚实信用原则拒绝办理抵押登记致使债权人受到损失的，抵押人应当承担赔偿责任。

能作为裁判依据。《会议纪要》第 60 条[①]规定债权人有请求抵押人办理登记手续以及在不能办理登记时要求其以抵押物的价值为限承担责任的权利。这一规定对统一裁判思路，增强审判的可预测性具有重要意义，但其内容简单，并没有区分未登记的原因，也未能解决抵押人所承担责任的性质问题，更未从正面回答抵押人究竟是否享有顺位利益等。与《全国法院民商事审判工作会议纪要（最高人民法院民二庭向社会公开征求意见稿）》（以下简称《征求意见稿》）相比，《会议纪要》删除了债权人怠于履行协助义务时减免抵押人责任，以及未约定时抵押人承担补充责任的内容，可见《会议纪要》第 60 条规定较保守，仅凭该条规定仍然难以合理说明不动产抵押合同未经登记下的责任承担问题。

（二）实务中的分歧与差异

不动产抵押合同因未办理登记可能会引起的纠纷主要表现在三个方面：第一，当事人的责任划分；第二，当事人的责任性质；第三，责任人的赔偿范围。正如上文所述，由于立法存在模糊与空白，法院基于不同的裁判思路可能会导致“同案不同判”的结果。笔者通过中国裁判文书网民事案件下的高级检索模式，以“未登记”“不动产”“抵押合同”进行关键词检索，检索到相关民事裁判文书共计 3775 篇。[②]

从法院的裁判文书来看，虽然具体的裁判路径可能有所差别，但实践中对于以下两点的态度基本一致：第一，未经登记的，债权人对不动产抵押物无优先受偿权；第二，无论抵押合同的效力如何，抵押合同的当事人（主要是债务人）需要承担一定的责任。

首先，抵押合同的效力认定不同，相应地当事人承担的责任亦不同。具体而言，如果抵押合同被认定为无效或未生效，法院

---

① 《全国法院民商事审判工作会议纪要》第 60 条规定，不动产抵押合同依法成立，但未办理抵押登记手续，债权人请求抵押人办理抵押登记手续的，人民法院依法予以支持。因抵押物灭失以及抵押物转让他人等原因不能办理抵押登记，债权人请求抵押人以抵押物的价值为限承担责任的，人民法院依法予以支持，但其范围不得超过抵押权有效设立时抵押人所应当承担的责任。

② http://wenshu.court.gov.cn/，2020 年 3 月 18 日访问。

通常判决当事人依据《担保法解释》承担赔偿责任；如果抵押合同被认定为有效，则依据不同的情况可能产生不同的责任承担。正如前文所述，虽然现行立法在效力认定方面存在冲突，但目前实践中的观点较为一致，即登记与否并不影响抵押合同的效力。

其次，即使抵押合同被认定为有效，不同法院在具体的判决上还是有所区别。主要分为两种，一种观点认为应当由当事人承担担保责任，但具体的裁判理由并未达成统一，如有的法院认为，双方当事人签订抵押合同的行为就表明了抵押人具有为债务人的债务履行提供担保的意思，即使抵押权未设立，也不影响抵押人承担担保责任，[①] 而有的法院认为未办理不动产抵押登记的，当事人既可以继续履行补办登记手续，也可以通过“民法解释上的转换这一方式救济其法律效力的瑕疵”，将涉案的抵押合同转换为连带责任保证合同。[②] 另一种观点认为应当由当事人承担违约责任，但具体争议体现为其下的损失赔偿问题，有的法院判令债务人在其担保的抵押物价值范围内对未清偿的主债务承担连带清偿责任，[③] 也有法院判决由债务人承担补充责任。[④] 上述责任承担问题在理论界也存在诸多争议，责任性质方面存在“缔约责任说”“担保责任说”与“违约责任说”三种观点，承担方式上还存在“补充责任说”与“连带责任说”两种观点。

综上所述，在以不动产为标的物设立抵押的实践中，因未办理登记手续而引起的纠纷时有发生。一方面，在抵押权未设立的情况下，对于抵押合同当事人的责任承担以及债权人的法律救济途径等问题，尚不能从我国现行法律中得出明确答案。另一方面，我国实务界和理论界也未就此形成统一的论断，基于不同的裁判思路，审判中难免会出现同案不同判的现象。因此，对不动产抵押合同未经登记的法律后果这一存有争议的问题进行梳理，并探

① 参见济南市中级人民法院（2012）济民五终字第201号民事判决书。
② 参见最高人民法院（2015）民申字第2354号民事判决书。
③ 参见最高人民法院（2015）民申字第3299号民事判决书。
④ 参见江苏省无锡市中级人民法院（2011）锡民终字第0767号民事判决书。

讨相关的责任承担与救济路径选择具有一定的研究价值。

二、未经登记的不动产抵押合同当事人的责任

未办理登记的原因不同，承担责任的合同当事人及责任性质也有所区别。具体而言，导致未办理登记的原因主要有四种：第一，抵押人的行为；第二，债权人与抵押人[①]协商一致不办理登记；第三，债权人的行为；第四，因登记部门的原因致使无法办理登记。应当注意的是，本文所探讨的抵押人，限于抵押人为第三人的情形，若债务人与抵押人为一人的，则抵押合同所产生的责任当被主合同的债务清偿责任所吸收。此外，本文主要着眼于因当事人的原因导致未办理登记时的责任分析，故第四种情形——因登记部门的原因致使无法办理登记的法律后果不在下文论述范围内。

（一）抵押人的行为导致未办理登记

因抵押人一方原因导致未办理登记的相关责任认定是学界及司法实践中最具争议的部分，主要存在三种观点，一种观点认为抵押人应当承担缔约过失责任；另一种观点认为应当由抵押人承担担保责任，具体的理由又有基于抵押合同的合同义务和基于法律行为的转换之分；还有一种观点认为应当由抵押人承担违约责任，具体的责任承担依照《合同法》的相关规定。

1. 缔约过失责任说

《物权法》实施前，由于当时的《担保法》规定抵押合同采取登记生效主义，依照《担保法司法解释》的规定，未登记的抵押合同不生效，抵押人应当承担缔约过失责任。根据通说，缔约过失责任的要件主要包括四项：第一，在合同订立过程中；第二，有违反诚实信用原则及有可归责的事由；第三，相对人受到损害；

---

① 严格来说，本文所指的抵押人应该称之为“抵押合同的债务人”。因为不动产抵押采登记生效主义，未办理登记的抵押权未设立，债权人与抵押合同债务人之间也未成立不动产抵押法律关系。

第四，损害结果与侵害行为之间有因果关系。而《物权法》颁布实施后，抵押人拒绝或怠于办理登记手续的，已无适用缔约过失责任的时间要件——“在合同订立过程中”。应当注意的是，缔约过失责任是当事人违背诚实信用原则、违反先合同义务而引起的责任，我国《合同法》和《合同法司法解释（二）》具体规定了违背诚实信用的行为类型，其中依照法律、行政法规的规定经登记才能生效的合同成立后，有义务办理申请登记手续的一方未登记的，属于违背诚实信用原则的行为。但该强制性规定是出于行政管理的需要，旨在规范涉及国家利益或社会公共利益的合同，而不动产抵押登记体现的是物权法的公示公信原则，旨在保护财产动态交易中善意第三人的利益和维护交易秩序。因此，不动产抵押登记产生的最终效力是私法上的效力，登记机关仅有登记的义务而并不能左右登记的效力，[①] 故不动产抵押登记并不属于上述“经登记才能生效的合同”，也就更无缔约过失责任的适用余地。

因此，笔者认为因抵押人的原因未办理登记导致抵押权未设立时，不应由其承担缔约过失责任。理由主要有以下三点：其一，法律适用错误，根据新法优于旧法的原则，不应当适用《担保法司法解释》。其二，造成逻辑混乱，抵押合同的生效与办理登记存在逻辑上的先后关系，应当是抵押合同生效在先，不动产抵押登记在后，而缔约过失责任的要件之一为“合同正在订立中”，此时已不符合其时间要件。其三，不动产抵押登记并不属于经登记才能生效的合同，抵押登记是公示公信原则的要求，性质上应当属于公法行为干预下的私法行为。[②]

2. 担保责任说

因未办理不动产抵押登记，抵押权未设立，债权人对抵押物无优先受偿权，相应地抵押人也无担保责任，但下文所述的“担

① 范利平：《不动产抵押登记之效力》，载《云南大学学报法学版》，2001年第2期，第52页。

② 王卫鹏：《不动产抵押未办理抵押登记问题研究》，上海社会科学院硕士学位论文，第5页。

保责任”指的是债权担保责任，不具有对抗物权的效力。另外，虽然结果均指向债权担保责任，但具体的理由并不相同，其下又分为两种观点。

第一，基于抵押合同的合同义务。抵押人基于合同义务应当承担担保责任这一观点实质上是源自对合同的解释。实践中，有法院认为根据区分原则，只要抵押合同有效，债权人就可以请求抵押合同的债务人履行抵押合同上的担保义务。在未办理登记的情况下，债权人与抵押人之间就创设了一种介乎保证与抵押权之间的不规则担保。[①] 这一观点的解释思路具体表现为：债权人和抵押人订立抵押合同表明了抵押人同意以特定标的物的变价来清偿债权，登记仅影响债权人行使权利的方式（即办理了登记的情况，债权人可以直接行使抵押权，而未办理登记时，债权人只能请求抵押人履行有限的债权担保义务），[②] 抵押权因未登记而未生效，但抵押合同当事人之间存在担保的真实意思表示，且抵押合同已生效在当事人之间产生拘束力，故可以视作抵押合同当事人之间成立一种非典型担保法律关系。

但笔者认为上述解释过于牵强，由抵押人承担非典型担保责任并不合理。理由主要有以下两点：其一，可能违背当事人的内心真意。抵押合同仅表明双方当事人就设定抵押权达成合意，抵押人并未就非典型担保作出承诺，即使在抵押合同生效但抵押权未设立的情况下，也不应当然地认为抵押人会自愿承诺提供比抵押权效力更弱的债权担保。其二，使抵押合同项下的义务复杂化，违背社会一般常识。按照上述解释，抵押人在抵押合同项下则存在至少两项义务，即办理抵押登记的义务（关于抵押登记义务的性质及正当性将于下文进行阐述）和提供有限债权担保的义务，但这两者的关系却十分复杂。比如二者能否并存的问题，在债权

① 参见辽宁省朝阳区中级人民法院（2015）朝民一初字第00026号民事判决书。

② 刘延杰、王明华：《未办理抵押权登记时抵押人应承担何种责任》，载《人民司法》，2013年3月，第56页。

人要求抵押人履行债权担保义务时，办理抵押登记的义务是否还存在？办理登记后实现抵押权前，上述非典型担保义务又是否还存在？

第二，基于法律行为的转换。无效法律行为转化是指无效法律行为如具备其他法律行为的生效要件并依具体情形可以认为当事人若知晓行为无效，则愿意作出该其他法律行为的，应允许当事人以该其他法律行为产生相应后果的情形。① 虽然我国现行立法中并无该制度的规定，但仍有很多大陆法系国家在民法典中作出了相关的规定，其中最为典型的立法例是《德国民法典》第140条，该条规定无效的法律行为具备另一法律行为要件时，如当事人知道该项无效性时则会愿意另一法律行为有效的，则另一法律行为有效。② 根据这一理论，有学者认为在未进行不动产抵押登记的情况下，虽然缺乏公示，但当事人之间的抵押担保合意是客观存在的，“此时可将具有优先权和绝对权的物的担保意思转换成不具有优先权和绝对权的人的担保意思”。③ 具体而言，则是将未能设立的抵押权转换为有效的保证，但转换后的保证责任是在抵押物价值范围内的清偿责任，不同于通常意义上的保证责任。

不可否认的是，这种观点确实在彰显当事人意思自治和节约交易成本方面有着显著的优势，但笔者认为在此种情形下并不宜适用无效法律行为转换制度。理由主要有以下两点：其一，不具备适用无效行为转换的前提条件——存在无效的基础行为。在物债区分的模式下，抵押法律关系中包含债权行为和物权行为两者。就债权行为来说，我国《物权法》已明确规定登记不影响抵押合同的效力，此时若不存在其他影响合同效力的事由，不动产抵押合同自成立时生效，此时债权合同已无转化之余地。然而，就是

① 陈厉辛：《论无效法律行为的不正和转换》，载《政治与法律》，2006年第6期，第60页。

② 陈卫佐：《德国民法典》，法律出版社2010年版，第50页。

③ 徐蓓：《不动产抵押未经登记之“无效”转换的适用探析》，载《河北法学》，2018年第5期，第165页。

否存在独立的物权行为，我国学界存在较大的分歧：持债权形式主义观点的学者认为，物权变动的要件包括交付和登记属于事实行为，而非法律行为，否认存在独立的物权意思和物权行为；[①] 坚持物权行为理论的学者认为，登记和交付是物权独立意思的外在表现，物权合意必须经这些外观予以表达才可能生效，承认存在独立的物权意思和物权行为。[②] 笔者赞同前者的观点，物权行为的概念是法律的拟制，在当事人未办理不动产抵押登记的情况下，客观上并没有物权行为的存在，将登记理解为物权行为的生效要件与我国现行的物权变动模式并不相符，也难以为一般人所接受。退一步讲，即使承认存在物权行为，在未办理登记的情况下，也应当是物权行为不成立或不生效，而不应当是无效，同样无无效法律行为转换的适用空间。其二，解释色彩过重，可能违背当事人的内心真意。根据抵押合同，抵押人仅承诺以特定的抵押物向债权人提供担保，并没有承诺以自己的其他财产向债权人提供债权担保。不能仅因为抵押人承诺愿意提供物权担保，就推定物权未成立时就自然存在一个比物权担保功能更弱的债权担保，在这一点上，无效法律行为转换路径与合同解释路径有着相同的弊端。无效法律行为转换制度在我国于法无据的情况下，依靠法官迂回的解释即认定抵押人应当承担债权担保责任难以为一般人所接受，且过分依赖法官的自由裁量，更易造成同案不同判的现象。

3. 违约责任说

除了缔约过失责任及债权担保责任外，不少学者主张应当由抵押人承担违约责任，笔者也认为，因抵押人的行为导致未办理登记的，应由其承担违约责任较为合理，具体阐述如下：

首先，不动产抵押合同具有债权合同属性。适用违约责任的前提在于当事人违反债权性的合同，但抵押合同并未出现在我国

---

① 梁慧星：《民法总则立法的若干理论问题》，载《暨南学报（哲学社会科学版）》，2016 年第 1 期，第 32—33 页。

② 孙宪忠：《中国物权法总论》，法律出版社 2014 年版，第 302—304 页。

的《合同法》中，而是受《物权法》和《担保法》的调整，因此关于抵押合同的性质存在一定争议。有学者认为，当事人签订抵押合同的目的在于设立抵押权，因此抵押合同为物权合同；[①] 也有学者认为抵押合同本身并不能导致抵押权的直接设立，只是在当事人之间产生了登记的请求权和相应的义务，因此抵押合同当然为债权合同。[②] 笔者认为不动产抵押合同应当为债权合同，理由在于：其一，没有必要将抵押合同认定为物权合同。有学者认为，设定抵押权之约定与抵押权之设定在概念上应予区别。前者为债权契约（负担行为），后者为物权契约（物权行为或处分行为）。[③] 但是，当事人之间既然已成立了设立不动产抵押权的债权合同，抵押合同的债务人即负有配合登记的义务，若其怠于履行该义务则构成违约，债权人即可以诉请法院，那么将抵押合同认定为物权合同除了满足物权行为理论外，并没有太大的实践意义。其二，作为设权合同的抵押合同，本身并不能直接导致物权的变动。虽然当事人的缔约目的在于以特定之物为特定的债务提供担保，但成立并生效的抵押合同本身并不能导致抵押权的设立。根据我国《物权法》的规定，不动产抵押权以登记为生效要件，在未登记之前，抵押合同只能产生要求抵押人配合办理登记的请求效力。因此，抵押合同的缔约目的并不影响其债权合同的属性。

其次，符合违约责任的构成要件。根据我国《合同法》第107条[④]的规定，当事人承担违约责任应当符合两个构成要件：存在合同义务；存在违反合同义务的行为。因此，判断抵押人是否承担违约责任的关键在于其是否有办理抵押登记的义务。笔者认为，抵押合同的债务人负有办理登记的义务，并且该义务为其应然之义务。具体而言，实践中可能会存在三种情况：当事人在抵押合

① 孙宪忠：《论物权法》，法律出版社2008年版，第134页。
② 尹田：《物权法》，北京大学出版社2013年版，第548页。
③ 王泽鉴：《民法学说与判例研究》，中国政法大学出版社1998年版。
④ 《合同法》第107条规定，当事人一方不履行合同义务或者履行合同义务不符合约定的，应当承担继续履行、采取补救措施或者赔偿损失等违约责任。

同中明确约定了办理登记义务；当事人未就登记事项作出明确约定；当事人协商一致排除登记义务。第一种情况则无须多言，抵押人未履行办理登记之约定义务的，当然应当承担相应的违约责任。第三种情况属于后述当事人协商一致未办理登记的情形，在不涉及其他利害关系人时，这种约定在当事人之间具有拘束力，具体内容将在下文展开。在第二种情况下，关键在于如何认定办理抵押登记行为的性质。虽然我国现行立法并未将办理登记手续明确规定为抵押人的义务，也未规定登记请求权，但仍然可以从当事人订立抵押合同的行为中解释该义务。当事人订立抵押合同的目的在于设立抵押权从而担保债务的履行，登记是不动产抵押权的生效要件，不进行登记则无法实现当事人欲追求的法律效果。而抵押登记是在抵押财产上设立的权利负担，作为对抵押物享有处分权的抵押人，其对能否办理抵押登记进而担保债权人的债权起着决定性的作用。因此除非当事人协商一致排除登记，无论是否就抵押登记进行明确约定，该义务均应作为抵押人当然之义务。正如有的学者所言，此种登记请求权为物权变动之必须，故即使当事人未约定，仍当然存在为合同的法定条款。[①]

最后，适用违约责任不违背合同当事人的预测可能性，且既有合同依据又有法理依据。无论当事人是否在抵押合同中明确约定办理抵押登记，进行抵押登记的义务均是抵押人应有的义务，抵押人应当知道自己拒绝或怠于进行登记的行为是违背缔约目的的行为，要求其承担违约责任符合一般认知。比起债权担保责任依赖于法官的解释而言，适用违约责任可直接依照《合同法》的相关规定进行，更加简洁明快。

（二）债权人与抵押人协商一致不办理登记

实践中可能存在一种特殊情况——债权人与抵押人基于各种原因约定无须办理抵押登记，债权人仍对抵押物享有“优先受偿

① 于飞：《论抵押合同的性质及其与抵押登记的关系》，载《商丘师范学院学报》，2001 年第 3 期，第 17 页。

权”，即双方签订非典型的抵押合同的情形。对于这种情形，有观点认为可以视为双方当事人将以设定抵押权为目的的合同变更为新型担保合同，[①] 即在不存在其他利害关系人的情况下，这种特殊的债务履行安排在当事人间具有效力。

笔者认为，因双方合意未办理登记的，虽然抵押权未设立，但非典型“抵押合同”所安排的债务履行在债权人与抵押人之间具有当然的拘束力，在债务人不能清偿债务或发生约定情形时，抵押人应当依照非典型“抵押合同”的约定，以抵押财产清偿债务。根据契约自由原则，契约当事人享有缔约的自由、对象选择的自由、内容的自由以及方式的自由，双方当事人协商一致不以登记方式设定“抵押权”的，是契约自由下内容自由的应有之义。虽然我国法律对此并无相关调整性规定，但也无法律、行政法规的禁止性规定，因此依照“契约必守”以及“法无禁止即自由”的精神，应当认可双方当事人对自己合同履行的安排。但是，依据物权法定原则，这种非典型的“抵押合同”并不能设立抵押权，且不具备对抗物权的效力，法律对当事人债务履行安排的认可仅在当事人内部有效，即抵押人向债权人提供的是一种债权担保，债权人对抵押人享有的非典型担保权利并不能对抗善意第三人。

（三）债权人的行为导致未办理登记

在我国现行不动产登记规则下，不动产抵押登记采共同申请原则，即须由债权人和抵押人共同提出申请。由于不动产抵押登记需要双方的配合，如前所述，即使债权人和抵押人未在抵押合同中作明确约定，抵押人仍负有办理登记的义务，那么债权人是否也负有登记的义务呢？对此，司法实践中存在争议：有的法院认为，在共同申请原则下，债权人和抵押人均有登记义务，二者就未办理登记的过错相当，债权人应当承担同等违约责任；[②] 有的

---

① 范小华：《办抵押登记的不动产抵押合同中抵押人责任研究》，载《法律适用》，2015年第4期，第114页。

② 参见山东省高级人民法院（2016）鲁民终1076号民事判决书。

法院认为，二者均负有登记义务，但抵押人在办理登记的过程中处于被催促的地位，应由债权人承担主要责任；[①] 还有的法院认为，仅抵押人负有登记义务。[②]

笔者认为，协助或配合办理登记仅是债权人的不真正义务，债权人违反该义务并不产生损害赔偿责任，是仅使自身遭受抵押权减损或丧失后果的义务。首先，共同申请原则并不意味着债权人和抵押人在实体法上均有登记义务。不动产抵押权是在不动产上的权利负担，不仅限制抵押人处分抵押财产，更会影响到不动产交易的稳定，不动产抵押登记采共同申请原则的目的就在于确保登记的真实与准确，以免损害当事人及第三人的权利，因此要求由当事人共同提出申请以减轻登记部门的审查负担。故程序法上要求债权人和抵押人共同提出申请并不旨在施以双方登记义务。其次，就抵押权的设立而言，债权人和抵押人并不处于相同的地位。债权人是否能获得抵押财产的担保，取决于是否办理了登记，而登记会限制抵押人对其财产的处分，作为抵押财产权利人的抵押人是否办理了登记，对能否实现抵押合同的目的起着关键性的作用。因此，登记义务是抵押人的主给付义务，而债权人应予以配合，即受领给付。[③] 因此，债权人不配合或不协助申请的，不构成违约行为，而应当适用受领迟延规则，自行承担不利后果。当然，还有一种解释是，只要抵押人对未办理登记不存在过错，而债权人怠于行使自己的权利的，应当视为债权人主动放弃了抵押权，[④] 其不得向抵押人主张赔偿损失或要求其承担清偿责任。因为作为设权合同的抵押合同以设定抵押权为目的，而抵押权是为了担保主债务的履行，因而债权人是抵押合同的最大受益人，其放弃办理登记或怠于配合办理登记的行为是对自己利益的维护不周，

---

① 参见最高人民法院（2017）最高法民终436号民事判决书。

② 参见最高人民法院（2017）最高法民终718号民事判决书。

③ 高圣平：《未登记不动产抵押权的法律后果——基于裁判分歧的展开与分析》，载《政法论坛》，2019年第6期，第164－165页。

④ 史智军：《未办抵押登记的不动产抵押合同中抵押人的责任认定》，载北京市第三中级人民法院官网。

最终导致无法获得抵押权的结果系对自己之过失。[①]

综上所述，抵押人与债权人协商一致不办理登记的，这种非典型的债权担保约定在当事人之间具有约束力，但不得对抗其他利害关系人，不具有对抗物权的效力；因债权人一方原因导致未办理登记的，视为债权人放弃抵押权或受领迟延，其不得向抵押合同的债务人主张损害赔偿或要求其承担清偿责任；因抵押人一方原因导致未办理登记的，抵押人应当向债权人承担违约责任。

三、违约责任下的具体承担方式

如上所述，因抵押人一方原因导致未办理登记，抵押权未设立的，由其承担相应违约责任于法有据、于理应当。根据《合同法》的相关规定，上述违约责任下的具体承担方式分析如下。

（一）继续履行

债权人可以要求抵押人承担继续履行的违约责任，即向抵押合同的债务人行使登记请求权，要求其履行登记义务或协助履行登记义务。当然，无论双方当事人是否就登记请求权进行约定，依照订立抵押合同的目的，抵押人均有义务协助债权人办理抵押登记，若其拒绝或怠于履行的，债权人仍可要求其承担继续履行的义务。要求抵押人继续履行的优点在于，在一定程度上可以保证债权人真正获得抵押权，使得实际权利与登记状态相统一，实现抵押合同的目的。

但是，要求抵押人承担继续履行的违约责任可能会面临一系列现实障碍：其一，抵押人可能存在法律上或事实上不能履行的情况，比如抵押人可能已经依法转让抵押物的所有权，或者抵押物已经毁损、灭失等。其二，可能会受到清偿顺序的限制，即抵押物上可能已经依法设定了其他抵押物权的，此时须遵循《物权法》关于抵押权清偿顺序的规定。其三，可能会存在不适于强制

① 倪龙燕：《不动产抵押合同的效力探析——以实务中法律救济裁判路径为出发点》，载《法治研究》，2019年第1期，第108页。

履行或履行成本过高的情况。由于我国现行立法规定须共同申请登记，如果抵押人仍然拒绝履行不动产抵押登记的，是否能强制抵押人办理登记手续或债权人能否持判决书单独办理均未有明确规定。其四，债权人可能须二次诉讼才能最终实现抵押权。虽然理论上债权人通过办理登记取得不动产抵押权对其债权保护力度最大，但抵押人拒绝或怠于办理登记的行为已经表明了其不愿为债务人清偿债务的态度，实践中当债务人不能清偿债务或发生约定情形时，债权人可能还须提起抵押权实现之诉才能最终实现抵押权，实则低效且成本高，反而不利于保护债权人的利益。

（二）赔偿损失

在主债务已过清偿期或者抵押人无法继续履行登记义务时，或者基于诉累等因素债权人不愿行使登记请求权的，债权人也可以选择要求抵押人承担赔偿损失的违约责任。

1. 损失的确定依据

首先，应当遵循当事人之间的约定，如果抵押合同中对于违约损害赔偿明确约定了计算方式的，则适用之。例如，在“中国建行满洲里分行诉满洲里中欧化工公司和北京伊尔库科贸公司信用证纠纷”一案中，[①] 最高人民法院就根据意思自治优先原则判决违约损害赔偿的范围从当事人之间的约定。其次，如果当事人之间没有约定的，则应当依照《合同法》的相关规定确定损失。

2. 具体的赔偿范围

如前所述，抵押人与债权人协商一致排除登记的情况并不存在损害赔偿的问题，而因债权人一方原因导致未登记的，应当视为债权人放弃抵押权或受领迟延，也不存在损害赔偿的问题，故在此仅阐述因抵押人一方原因导致未办理登记且双方未就损害赔偿进行约定时的赔偿范围问题。

违约损害赔偿范围大致分为两类，即约定赔偿范围和法定赔

① 参见最高人民法院（2009）民二终字第112号民事判决书。

偿范围。就法定赔偿范围而言，主要体现在《合同法》第113条[①]之规定，该条规定确立了认定赔偿范围的两个基本原则，即完全赔偿原则和可预见性原则。具体而言，完全赔偿原则是指违约当事人应当赔偿与违约行为具有因果关系的所有损害。这一规则体现了等价交换和公平的原则，目的在于完全弥补当事人一方因违约人的行为遭受的财产损害，使其得以恢复到遭受损害之前的状态。而可预见性原则则是指违约人赔偿的全部损害不得超过其订立合同时应当预见到的因违约可能造成的损失。关于可预见性的判断标准，通说认为应当以一个抽象的理性人为标准，同时结合公平原则和受害人的举证来确定。以上述两项原则为基础，具体的赔偿范围如下：

首先，确定债权人遭受的实际损失。如果办理了登记，抵押权成立，一旦债务人不履行债务或发生约定情形，债权人可以与抵押人协商以抵押财产折价或者以拍卖、变卖该抵押财产所得的价款优先受偿；如果因抵押人的原因未办理登记，抵押权无法成立，抵押财产就缺失了担保的功能，一旦出现债务人不履行债务或发生约定情形时，债权人的实际损失就表现为债务人未能清偿的合同约定由抵押物担保的债权。

其次，抵押人的赔偿范围以抵押物的价值为限。根据可预见性规则，抵押人在订立抵押合同时，能够预见到自己可能会以担保物的变价替债务人履行未清偿的债务，即抵押人可预见的最基本损失为抵押合同约定的抵押物交换价值的损失，故抵押人仅在不动产抵押物的价值范围内承担损害赔偿责任。

再次，学界还存在补充清偿责任与连带清偿责任两种争议，其本质区别在于抵押合同的债务人是否享有先诉抗辩权。有观点

① 《合同法》第113条规定，当事人一方不履行合同义务或者履行合同义务不符合约定，给对方造成损失的，损失赔偿额应当相当于因违约所造成的损失，包括合同履行后可以获得的利益，但不得超过违反合同一方订立合同时预见到或者应当预见到的因违反合同可能造成的损失。经营者对消费者提供商品或者服务有欺诈行为的，依照《中华人民共和国消费者权益保护法》的规定承担损害赔偿责任。

认为，抵押人未履行登记义务给债权人造成的损失为“抵押权”，而债权人在行使抵押权时本无先后顺序的限制，债务人对抵押权人的损害赔偿应尽可能与抵押合同完全履行后的利益状态相一致，因此损害赔偿不应人为设有先诉抗辩权的限制，抵押人应当承担连带清偿责任。笔者对此持相反的观点，认为抵押人应当承担补充清偿责任，理由主要为以下三点：其一，适用连带清偿责任不符合《民法总则》的规定。我国《民法总则》第 178 条规定，连带责任，由法律规定或者当事人约定，在法律未对此种情形下抵押人的责任作出明确规定，且当事人没有承担连带清偿责任的约定时，法院不应依自由裁量权判由抵押人承担连带清偿责任。其二，可能违背违约责任的本质。在抵押权未成立的情况下，债权人所享有的合同预期利益仅为自己的债权得到清偿，如果将物权担保下债权清偿之优先性也认定为预期利益，则会造成违约责任与担保责任之间界限模糊。其三，最高人民法院亦倾向于认定由抵押人承担补充清偿责任。根据《征求意见稿》第 60 条，最高人民法院认为抵押人不办理抵押登记的，应承担相应的责任，该项责任以抵押合同成立时抵押物的价值为限，在当事人并未特别约定时，抵押人仅在债务人不能清偿的范围内承担补充责任。虽然“补充责任”这一点未被《会议纪要》所最终采纳，但也明确反映了最高人民法院的倾向。

综上所述，因抵押人的原因未办理不动产抵押登记的，债权人可以选择抵押人承担继续履行或者赔偿损失的违约责任。在继续履行不能或债权人要求债务人赔偿损失时，抵押人首先应当遵照双方的合意进行赔偿，在未明确约定赔偿范围和赔偿方式时，应当在抵押物的价值范围内就债务人不能清偿的部分承担补充清偿责任。

参考文献

于飞．论抵押合同的性质及其与抵押登记的关系［J］．商丘师范学院学报，2001（3）．

范小华. 办抵押登记的不动产抵押合同中抵押人责任研究［J］. 法律适用，2015（4）.

倪龙燕. 不动产抵押合同的效力探析——以实务中法律救济裁判路径为出发点［J］. 法治研究，2019（1）.

商标权新探

酒店等经营服务中使用假冒产品的商标规制

孙君苑*

摘要：酒店在其主要的经营服务即住宿服务中使用假冒卫浴产品的行为并非典型的商标侵权行为，处于法律规定中的灰色区域。该种行为兼具消费性与销售性的性质，但销售性性质较弱，因此不宜将该行为认定为销售假冒产品的商标侵权行为。在适用兜底条款的判断上，由于驰名商标与非驰名商标的保护侧重不同，结论会因所涉商标是否构成驰名商标而产生区别。酒店对假冒产品的使用对所涉商标商誉造成不良影响的情况下，酒店可构成对商标权的侵害。此外，在目前经营性服务中的假冒产品愈发泛滥的情况下，有必要在未来立法中明确对此类行为的规制。

关键词：假冒卫浴产品　商标侵权　兜底条款

一、引言

近年来，制售假冒卫浴产品层出不穷，随着酒店业的发展，

* 孙君苑，上海交通大学凯原法学院法学硕士。

不少假冒卫浴产品也将目光转向了酒店业，[①] 大量酒店成为假冒卫浴产品的需求市场。针对此种现象，卫浴商标品牌企业也曾试图追究使用假冒卫浴产品的酒店责任，但由于目前《商标法》对此类现象尚无规定，因此执法人员无处罚酒店的法律依据，只能对涉事酒店进行宣传教育。[②] 也有卫浴商标品牌企业以侵犯其商标权为由起诉酒店[③]，但法院也未支持原告商标权人的诉讼请求。对于这种现象，有观点提出此类行为可能构成新型商标侵权行为。[④] 总体而言，在目前我国《商标法》框架下，酒店住宿服务中使用假冒产品这一行为的性质尚无定论。

从酒店所经营的业务来看，酒店提供的基础服务包括住宿、客房服务，此外还有餐饮、健身房、礼品店、杂货店等其他服务，[⑤] 酒店经营者若在酒店内设的礼品店、杂货店中销售假冒产品，则无疑属于销售型的商标侵权行为。而酒店经营者若在为顾客提供的住宿、客房服务中使用假冒卫浴产品，其性质就产生了争议。观察我国《商标法》可以发现，商标权的规制范围及于假冒产品的销售者及销售者的上游，通常无法触及至销售者的下游即终端的产品使用者。一般而言，商标权人也无法制止终端用户对假冒商标商品的使用。即便在终端的消费者的使用造成售后混淆的情况下，也是假冒产品的销售者承担责任，而不是终端的消费者承担责任。而由于酒店并非直接销售这些假冒卫浴产品，乍

---

① 厨卫头条. 男子销售138套假冒“法恩莎”被刑拘，7月捣毁了这些卫浴制假窝点［EB/OL］. http://www.phouses.com/a/9931766.html,2018-07-30/2020-06-06.

② 厨卫头条. 科勒、TOTO、汉斯格雅等重拳打假，甚至把百度告了［EB/OL］. https://www.sohu.com/a/327465923_269604,2019-07-17/2020-06-06.

③ 如“江门市金凯登装饰材料实业有限公司、佛山市顺德区君美酒店管理服务有限公司美的万豪酒店侵害商标权纠纷案”，参见佛山市中级人民法院（2016）粤06民终5739号民事判决书。此外还有美国科勒公司起诉上海鹿安酒店，一审（2018）沪0115民初37729号，二审（2020）沪73民终46号，目前尚无法查到该案裁判文书。

④ 焦晓冬：《在商业活动中使用侵权商品是否构成商标侵权》，载《中华商标》，2013年第3期，第16-17页。

⑤ 保尔·R·迪特默（著），吴卫、王小兰（译）：《酒店业经营全书》，大连理工大学出版社2002年版，第209页。

看难以对应入《商标法》中所规定的商标侵权行为类型中，这就使得许多商标权人“求助无门”。因此需要通过进一步的分析来厘清酒店行为的性质。

二、酒店行为不能归入“销售假冒产品”

酒店使用假冒卫浴产品的行为与单纯的直接销售假冒产品的销售行为不同，酒店购买假冒产品后没有直接销售假冒产品；酒店行为也与普通消费者使用假冒产品的行为不同。酒店由于具备商业性质，其并非如同消费者那样自己使用购买的产品，而是将所购产品作为酒店提供服务的一部分提供给顾客。顾客入住酒店获得的酒店住宿服务包含了对酒店房间内产品的使用（须另付费的除外），真正使用酒店所购买产品的是顾客。因此无法单纯以“消费”否认酒店行为的侵权性，也无法以“销售”肯定酒店行为的侵权性。在酒店使用假冒产品的行为属于其销售住宿服务（经营性服务）的一部分的情况下，此种行为能否归入“销售假冒产品”，须回到对“销售假冒产品”的内涵的理解。

（一）“销售假冒产品”的内涵

目前《商标法》《商标法实施条例》以及相关司法解释、行政解释中均没有对商标权领域的“销售”明确作出定义。从“销售”的通用文义来看，它是指以出售、租赁或其他任何方式向第三方提供产品或服务的行为。而《商标法》中之所以将销售假冒产品作为一种商标侵权行为，是因为单纯的生产制造假冒产品不会直接对商标权人的利益造成损害，销售行为是商标侵权行为的核心环节，它联结了侵权商品的制造行为与消费行为。[①] 销售行为使得消费者得以接触到侵权产品。也即，使得消费者能够接触到侵权产品、将侵权产品进一步流通扩散并从中受益的行为构成销售。

① 徐棣枫等：《知识产权法——制度·理论·案例·问题》，科学出版社 2005 年版，第 466 页。

（二）酒店并非直接从使用假冒产品行为中获益或获益甚少

酒店行为虽不是直接销售假冒产品，但顾客支付酒店的费用中包含了对酒店内硬件设施（包括家具、卫浴等产品）的使用费用，酒店对于这些假冒卫浴产品是经营性、营利性使用。此外，在酒店使用假冒产品的情况下，酒店购买假冒产品成本较正品低，而具有良好声誉的洁具品牌可能为其吸引潜在消费者，为其带来更多收益。住宿企业之间的差异是由于住宿企业的服务、客房、室内装饰（包括家具档次与风格、布局）、房价、目标客户群这五大要素影响下导致的。[①] 其中酒店使用的包括卫浴产品在内的设施可归入市内装饰的类别中。良好高档的卫浴产品可以让顾客倍感舒适，而标识有顾客信赖的名牌卫浴商标的产品则能使顾客在心理上产生对该酒店的好感，进而有助于扩大酒店的潜在市场。

然而，假冒卫浴产品对于增加酒店商业利益起到的效果可能微乎其微。其一，相对于搭赠情况，搭赠的赠品赠给消费者的同时，商家也得到了对价，其促销目的也就达成了。而在酒店使用假冒产品的情况下，消费者或许会因为名牌产品而被吸引，但体验一次之后这种吸引力极大可能会被假冒产品的低劣质量而抵销。根据学者的实证研究，酒店实体环境与顾客的生理体验之间的路径系数为0.57，与情感体验之间的路径系数为0.30，均达到了显著影响，即酒店业实体环境对顾客的生理情感体验均有显著影响。而顾客生理情感体验也对再回顾意愿具有显著影响。[②] 虚假的名牌往往只有一次性的作用，产品的质量才真正影响了顾客体验以及顾客再惠顾意愿，而再惠顾意愿则真正影响酒店的商业利益。酒店使用假冒产品只能为其带来短期的较小的商业利益，甚至几乎没有带来商业利益。其二，虽然搭赠假冒产品可能增加经营者的潜在商业利益，但假冒产品在两种情况下增加经营者潜在商业利

---

① 保尔·R·迪特默（著），吴卫、王小兰（译）：《酒店业经营全书》，大连理工大学出版社2002年版，第206—207页。

② 刘金岩：《酒店服务接触对顾客体验的影响效应研究》，经济科学出版社2009年版，第162—164页。

益的作用不同。赠品对消费者的吸引力大于酒店中“名牌”家具产品对消费者的吸引力，顾客在入住酒店前不一定能注意到酒店所用卫浴产品的牌子，顾客更注重的是其他顾客对住宿质量的评价。酒店使用假冒产品能够获得的商业利益也非常有限。

（三）酒店行为不会造成侵权产品的进一步扩散

显然，酒店行为使得酒店消费者接触到了这些假冒产品，其行为也架起了假冒产品在生产制造商、销售商与消费者之间的桥梁。

应当注意，在酒店购买假冒产品之后，该假冒产品就已经退出商品流通领域了，消费者也仅能在酒店使用到这些假冒产品，并不会产生假冒产品向他处进一步流通扩散。

（四）针对酒店行为也不宜对“销售”进行扩张解释

我国《产品质量法》第 62 条规定：“服务业的经营者将本法第四十九条至第五十二条规定禁止销售的产品用于经营性服务的，责令停止使用；对知道或者应当知道所使用的产品属于本法规定禁止销售的产品的，按照违法使用的产品（包括已使用和尚未使用的产品）的货值金额，依照本法对销售者的处罚规定处罚。”该规定将在经营性服务中使用缺陷产品与销售缺陷产品同等对待，一定程度上也表明了在经营性服务中使用违法产品与销售违法产品的相似性。

目前已有一些地方性法规已将销售行为的内涵进行了扩张。2010 年《江苏省惩治生产销售假冒伪劣商品行为条例》第 2 条规定：“本条例适用于本省行政区域内惩治生产、销售假冒伪劣商品，以及为生产、销售假冒伪劣商品提供条件和便利，利用假冒伪劣商品提供经营性服务的行为。”第 9 条规定：“将本条例第六条、第七条所列假冒伪劣商品用于经营性服务或者作为经营活动的奖品、赠品的，以及持有、储存本条例第六条、第七条所列假冒伪劣商品明显超过合理自用数量范围的，视为销售假冒伪劣商品。”此外，2018 年《广东省化妆品安全条例（征求意见稿）》第 29 条中规定，将假冒产品“用于经营性服务或者作为促销赠品、有奖销售活动奖品的，视同经营行为”。这些规定中将在经营性服务中使用假冒产品作为销售行为。酒店行为虽非利用假冒产品提供经营性服务，但符合在经营性服务中使用假冒产品的行为模式，虽然地方性法规的效力有限，但这样的规定也在一定程度上表明将此类行为归入销售行为并加以规制的需求。

而实务中，在酒店行为方面，并非法院均认可了此种对“销售”内涵的扩张。有判决中认为，酒店使用被控侵权商品的行为不能与直接销售该商品的行为等同，酒店主要是以其服务和自己的品牌作为核心经营手段。酒店为顾客提供的是自己的标识，以此来识别自己提供的服务，并非以被假冒的卫浴品牌商标来识别其所提供的服务或商品。①

笔者认为，上述法院判决的观点更有道理。酒店行为确非单纯消费性使用，其购入假冒产品的目的是用于酒店经营，具有明显商业目的，但同时也必须认识到，顾客支付酒店的费用获得的对价是整体的住宿服务，酒店中卫浴产品的使用只是其住宿服务中很小的一部分，酒店服务的主要内容并非销售对卫浴产品的服务，加之酒店购入假冒产品对于酒店获益而言起到的作用微乎其微，在目前法律、司法解释没有明确将这一行为纳入“销售侵权产品”范围内时，将酒店行为归入销售行为有过于苛刻的嫌疑。

虽不应将酒店行为归入“销售侵权产品”的范畴，但该行为依然可能产生损害商标权人合法利益的后果。因此有必要进一步分析能否适用兜底条款来规制该种行为。

三、酒店行为能否适用《商标法》第57条兜底条款

我国《商标法》第57条第（七）项对商标侵权行为做了兜底性规定，即“给他人的注册商标专用权造成其他损害的”。这一兜底条款一般认为是为商标法相关司法解释、行政解释等列举出的其他商标侵权行为提供依据，也可以为实践中新出现的商标侵权

① 参见佛山市中级人民法院（2016）粤06民终5739号民事判决书。

行为提供法律依据。在判断适用兜底条款的问题时，应当注意以下两点：其一，我国现行《商标法》提供的救济机制是以普通注册商标的禁止混淆机制和驰名商标的反淡化机制为架构的，不能以这一兜底条款为由，对普通商标的保护突破禁止混淆机制。[①] 其二，在适用兜底条款时，也应当注意《商标法》的立法目的与商标权能够延及的范围。

（一）所涉商标不构成驰名商标时，不宜通过兜底条款认定商标侵权

在酒店行为涉及的商标不构成驰名商标的情况下，对于酒店的行为能否适用兜底条款来规制，要看该种行为是否会使消费者产生混淆。也即，酒店将这些假冒产品投入客房服务时，顾客对这些产品来源的误认是否属于《商标法》意义上的混淆。

《商标法》中之所以将混淆作为构成商标侵权的构成要件，原因在于消费者可能会因为这种混淆误认误购商品，进而使得商标权人的市场利益受损。售前、售中、售后混淆的关键都是消费者误认误购进而对商标权人造成损害。而在酒店使用假冒产品的情况下，顾客对酒店房间中的产品来源产生了误认，此种误认类似于售后混淆，会对商标权人的潜在消费者产生不利影响。但即便认定该种行为构成售后混淆，《商标法》的规制对象仍是销售侵权产品的销售者，而并非酒店。此种情况下，无法通过兜底条款追究酒店责任。

（二）所涉商标构成驰名商标，可以考虑通过兜底条款认定商标侵权

在酒店所使用的假冒产品涉及的商标构成驰名商标的情况下，对于酒店的行为能否适用兜底条款，则要看该种行为是否对该驰名商标造成了淡化。之所以对驰名商标赋予反淡化保护，是因为驰名商标对于权利人与消费者而言已经超越了商标原有的表明商

① 刘维：《中国知识产权裁判中过度财产化现象批判》，载《知识产权》，2018 年第 7 期，第 78—79 页。

品来源的意义，而是与商业信誉和商业利益紧密联系。淡化强调他人的使用导致驰名商标的显著性与吸引力弱化。若该产品质量不佳甚至低劣，消费者因而对该商标所有者持消极看法，此种情况下即便消费者对产品没有混淆，商标权人也有权禁止他人如此使用该商标。① 反淡化理论的依据是商标信誉价值，驰名商标的主要功能不再是对来源的区别，而是体现商标所有者的信誉，这种保护是为了防止驰名商标的声誉受到损害，被冲淡或玷污。在酒店使用假冒产品的情况下，酒店顾客在体验了假冒产品的低劣质量后很有可能会对该品牌产生不良印象，该种不良影响散布开来将损害所涉商标的品牌声誉。因此虽然可以以“酒店基本不能因使用假冒产品中获利”来否认酒店行为构成销售，但酒店行为的另一面影响即造成所涉商标的声誉受损是不容忽视的。

然而，造成商标商誉受损不足以直接推导出须动用兜底条款的结论，毕竟酒店行为也并非传统意义上的驰名商标淡化行为。传统意义上的淡化驰名商标行为是将驰名商标用于与商标权人所在市场不同的市场中，是在市场领域上的扩展，而将反淡化保护延及至酒店行为，是线性的流程上的扩展。这种扩展能否套入驰名商标反淡化保护的框架内仍须结合《商标法》的立法目的、商标权的权利范围（即对商标权的保护可以延及生产、销售、经营性使用中的哪一阶段）进行利益平衡，进一步分析。

《商标法》的立法目的包括两方面，即保障消费者利益以及经营者利益。如上述，酒店行为对于经营者（商标权人）利益会产生消极影响。对于消费者利益而言，消费者利益受损主要包括短期利益受损与长期利益受损。短期利益受损指消费者因假冒产品的存在而使其接受的服务与其所支付费用不对等，未能获得与其支付费用相当的服务。一般而言，制定酒店房价时需要考虑如下因素：产品成本（包括酒店的床等家具、床上用品的成本）；人力

① 吴景明、戴志强等：《商标法——原理·规则·案例》，清华大学出版社2006年版，第264—265页。

成本；企业行政管理费用；竞争对手的价格；价格对潜在客户的影响等。[①] 酒店所购入的假冒产品价格相对经商标权人授权制造销售的产品价格要低，酒店产品成本相应较低，但在没有明确证据证明酒店利用假冒名牌产品提高定价的情况下，不能直接得出消费者未能获得与其支付费用相当的服务的结论。长期利益受损指若酒店该种行为得不到规制对酒店行业可能带来的不良影响。一段时间以来假冒卫浴产品横行市场，[②] 近年来更是有增无减，[③] 且这些产品由原来面向低端市场渐渐开始堂而皇之地登堂入室，其中有经营者因向酒店销售假冒产品，行为性质恶劣而被判处刑罚。[④] 越来越多的酒店明知是假冒产品主动去购买。[⑤] 对于此种现象，不少人都提出了高端卫浴市场被假货侵蚀的担忧。若此种行为不被规制，则可能使得假冒卫浴产品在酒店行业内更加泛滥，长此以往消费者获得的服务质量也会下降，对消费者利益造成损害。

《商标法》的核心内容在于通过调整商标专用权的取得和使用过程中所发生的各种法律关系，达到确认和保护商标专用权的目的，从而促使商品生产者和经营者保证商品质量，努力维护商品信誉，最终保护消费者的合法利益。酒店行为虽非传统意义上的淡化驰名商标的行为，但酒店购入假冒产品并使用的情况下，假冒产品虽退出了流通领域，却没有真正退出广大消费者的视野，假冒产品将在较长一段时间内在酒店市场内被使用，而在这较长

---

① 保尔·R·迪特默（著），吴卫，王小兰（译）：《酒店业经营全书》，大连理工大学出版社 2002 年版，第 299 页。

② 中洁网. 假冒卫浴横行市场，一年销售量近一亿 [EB/OL]. https://www.jieju.cn/News/20160902/Detail791796_2.shtml,2016—09—02/2020—06—02.

③ 厨卫头条. 500 万元假冒“TOTO”产品被查获，1700 套劣质卫浴被销毁，“山寨”卫浴生存空间收窄 [EB/OL]. http://www.eastjiancai.com/xinwen/get1845—2.whtml?from=news,2008—08—07/2020—06—02.

④ 海口新闻. 劣质马桶印上他人商标销售，海南海口一公司老板被判处缓刑 [EB/OL]. http://haikou.hinews.cn/system/2018/07/26/031485065.shtml,2018—07—26/2020—06—10.

⑤ 齐家. 卫浴大牌遭遇“克隆”，假冒产品高调“登堂入室” [EB/OL]. https://zixun.jia.com/article/289650.html,2011—06—17/2020—06—10.

时间内的使用会使商标权人商誉受损，也会助长酒店行业的投机心理，进一步损害商标权人努力保证其产品质量的愿望，最终也会损害消费者的利益。此外，2018年8月2日，国家市场监督管理总局发布《关于加大打击制售假冒伪劣商品违法行为力度的通知》（市监市〔2018〕40号），指出要对生产、销售等相关环节进行全链条调查处理，“全链条”的表述表明我国对待假冒行为态度将转变为“零容忍”，整体倾向于进一步收窄假冒产品的生存空间。通过《商标法》对该种行为加以规制，符合对驰名商标商誉的保护目的，也符合《商标法》保护经营者与消费者的立法目的。

四、结语

酒店在住宿、客房服务中使用假冒卫浴产品的行为尚处于法律空白领域，这一行为能否得到《商标法》的规制也有不少模糊争议之处。在我国《商标法》框架下，酒店行为虽处于消费性使用与销售性使用的模糊地带，但其对于假冒卫浴产品的使用的销售性使用成分更弱一些，不宜认定为构成销售。而在判断能否通过《商标法》第57条的兜底条款将酒店行为认定商标侵权时，应当区分非驰名商标与驰名商标。在所涉商标不构成驰名商标的情况下，不宜通过兜底条款加以规制；在所涉商标构成驰名商标的情况下，可以考虑在主体上进行扩展，对驰名商标加以反淡化保护。

对于其他经营者在经营性服务中使用假冒产品的行为，目前也尚无明确法律定性，是走在法律边缘的“钢丝绳”上的行为。这些行为有时可以认定其构成“销售”，进而将其作为销售者加以规制。但在无法认定其构成“销售”的情况下，这些主体的身份似乎就成了其商标侵权的挡箭牌，特别是在酒店行为的情况下，酒店为这些假冒产品提供了庞大的市场。因此，正如有学者指出[①]，也许需要在未来立法中明确对此类行为的规制，以完善对假冒产品的全链条控制，遏制这些游离于《商标法》规制之外的侵权行为。

参考文献

刘维. 中国知识产权裁判中过度财产化现象批判［J］. 知识产权，2018（7）.

吴景明，戴志强等. 商标法——原理·规则·案例［M］. 北京：清华大学出版社，2006.

刘金岩. 酒店服务接触对顾客体验的影响效应研究［M］. 北京：经济科学出版社，2009.

① 有学者认为在商业活动中使用侵权商品的行为可能构成一种新型侵权行为，须从兜底条款角度进行考虑。

劳动合同新问题

无固定期限劳动合同强制订立法律问题探讨

——《劳动合同法》第 14 条第 2 款第 3 项的展开

周 倩*

摘要：为解决劳动合同短期化问题，《劳动合同法》第 14 条第 2 款第 3 项规定了连续二次订立固定期限劳动合同后的强制缔约义务，这一规定是《劳动法》第 20 条第 3 款的进一步沿革，反映了劳动力市场化改革不同阶段的内在性要求。然而，这一制度在实施之后遭遇了较大的理论争议和实务难题，“劳资双方利益不平衡”“同案不同判”等现象明显。为此，通过深层次剖析理论困境与实践难题的制度成因，就未来无固定期限劳动合同强制订立制度的完善提出建议，实现劳动关系稳定性和灵活性的平衡。

关键词：无固定期限劳动合同　强制缔约　解雇保护　劳动合同法

---

* 周倩，四川大学法学院 2019 级民商法硕士研究生。

一、问题的提出

案例引入

案例1[①]：2009年9月10日，莫某入职东莞某公司，签订固定期限劳动合同，期限从2009年9月10日起至2012年9月9日止。2012年9月10日，双方续订固定期限劳动合同，期限自2012年9月10日起至2015年9月9日止。2015年9月7日，该公司发出“劳动合同到期不再续签通知书”，内容包含“您与本公司的劳动合同将于2015年9月9日到期，经公司考量，以及结合您的表现，双方就续签合同事项未达成一致，本公司决定不与您续签劳动合同，特通知如下：一、双方签署的劳动合同到期后终止……”同日，莫某要求续签无固定期限劳动合同。2015年9月9日，公司以劳动合同期满不同意续签为由终止双方劳动关系。莫某遂提起诉讼。

案例2[②]：刘某在入职上海东浩公司后，与上海东浩公司在2008年1月后连续订立了二次固定期限劳动合同，在双方最后一期劳动合同期满时，东浩公司同样明确告知刘某不再续订劳动合同，没有续订劳动合同的意愿，东浩公司在双方劳动合同期满后终止劳动合同。刘某主张东浩公司未与其续订无固定期限劳动合同而直接在劳动合同期满后终止，属违法终止劳动合同，应承担相应的责任，遂提起诉讼。

案例对比

案例1：经历了一审、二审和再审的审理程序，而在裁判结果上也可谓是“一波三折”。一、二审法院一致认为“莫某与公司已经签订了二次固定期限劳动合同，但在续签之前，公司明确表示不再与莫某续签劳动合同，可见双方并未有续订劳动合同的意愿，

① 莫某、东莞奈那卡斯精密压铸有限公司劳动合同纠纷：（2018）粤民再81号判决书。

② 刘某、上海东浩人力资源有限公司等劳务派遣纠纷：（2014）沪一中民三（民）终字第1699号判决书。

即便莫某提出续签无固定期限劳动合同，公司亦无须与其签订无固定期限劳动合同”，并以此为由驳回了莫某的诉请；而再审法院广东高级人民法院认为，根据《劳动合同法》第 14 条第 2 款第 3 项之规定，在莫某明确提出与公司订立无固定期限劳动合同的前提下，公司应当与莫某订立无固定期限劳动合同，一、二审认为公司与莫某未就续订劳动合同达成合意，从而认定公司无须与莫某订立无固定期限劳动合同，属适用法律错误。而案例 2 的终审法院认为，即使根据《劳动合同法》第 14 条第 2 款第 3 项之规定，公司并无与刘某续订劳动合同的意向，双方应当续签无固定期限劳动合同的前提并不存在，在此情形下，公司以劳动合同到期为由终止双方劳动关系，并无不当。

在案例 1 和案例 2 的案情的基本要素相同的情况下，案件的具体走向和审理结果却呈现较大的不同。通过纵向对比案例 1 的同一地区不同审理层级法院的做法，以及横向对比案例 1 和案例 2 不同地区的终审法院的做法，会发现不同地区法院甚至同一地区的不同层级法院在认定这一问题时呈现出不同的观点。案例 1 终审法院认为即使用人单位并无续订合同的意愿，但由于两次固定合同期满后，符合《劳动合同法》第 14 条第 2 款规定的条件下用人单位无权选择终止合同，而应当签订无固定期限劳动合同；而案例 2 的终审法院认为即使适用该条，是否签订无固定期限劳动合同仍然需要考虑用人单位的意向，也即意味着用人单位有权选择是终止合同还是签订无固定期限劳动合同。

而要回答“在用人单位与劳动者已经连续签订了两次定期劳动合同后，劳动者在符合第 14 条规定的条件下，要求与用人单位签订无固定期限劳动合同的，用人单位能否终止劳动合同并拒绝签订无固定期限劳动合同”这一问题，实则是在研究无固定期限劳动合同的强制订立问题。司法实践中，法官裁判是对法律规范的具体适用。若试图理解为何会出现此种“同案不同判”局面，有必要回归到具体规范本身，沿着是什么、为什么、怎么样的思维路径对无固定期限劳动合同的法律制度的立法背景、理论困境、实践难题以及制度完善展开进一步分析。

二、无固定期限劳动合同强制订立的立法背景与衍变

（一）立法背景：劳动力市场化的阶段性发展

1. 劳动力市场化改革的起点

“固定工”俗称“铁饭碗”，是我国传统的计划经济时期条件下形成的单位用工制度。固定工制度的典型特点就是由国家进行统一的工作单位分配，并对职工自动离职与单位辞退员工都加以严格的限制，企业和劳动者的自主性也受到严格的限制。在这种更多是运用行政手段分配单位的用工制度背景下，劳动者对于国家有着较强的人身依附性，并且劳动关系几乎也是处于停滞的状态，这可以说是极大地限制了劳动力的自由流动。也正是由于固定工制度极大地限制了劳动力的自由流动进而使得企业适应社会主义市场经济建设变得困难，我国开始反思和推进劳动力市场化改革。

2. 劳动力市场化改革的两大阶段

囿于固定工制度的种种弊端，我国在20世纪80年代开始探寻和实行劳动力市场化的改革，并在1994年颁布的《劳动法》中正式确立了劳动力市场化的改革方向。这一时期的改革路径主要是建立以固定期限劳动合同制为常态的用工制度，并进一步规定了固定期限劳动合同采用“劳动者任意解除＋解雇保护＋约定终止＋到期终止”的调整规则。[①] 与此同时，在《劳动法》第20条第3款将无固定期限劳动合同正式予以明确，自此也为我国固定工制度向市场化的劳动合同制的转变铺平了道路。这一阶段的劳动力市场化的特点体现为无固定期限劳动合同的法定化，同时由于固定期限劳动合同在当时是用人单位的普遍性选择，因此无固定期

---

① 王显勇：《无固定期限劳动合同法律制度的完善路径》，载《法学》2018年第12期，第31页。

限劳动合同存在着附随化的特点。[①]

然而，自《劳动法》颁布以来，劳动合同制度尤其是固定期限劳动合同，一定程度上改变了计划经济时期固定工制度的用工方式，但也带来了新的问题。用人单位出于降低诉讼风险和诉讼成本或者是规避解雇保护制度的考量，往往通过将劳动合同分成数个连续的短期劳动合同，“劳动关系长期化与劳动合同短期化”现象明显。[②] 劳动者与用人单位之间的固定期限劳动合同逐渐演变成“一年一签”模式的短期合同，即便是劳动者在同一用人单位从事5年甚至更长时间的职业劳动，劳动合同的期限仍然是短期的1年或2年合同。[③] 2005年劳动法执法检查显示，有60%以上的用人单位与劳动者签订的劳动合同是短期合同。[④] 尽管《劳动法》是基于用工灵活的考虑而规定了劳动合同制度，然而在具体的制度运行中，“劳动合同短期化”的突出问题使得劳动关系处于十分不稳定的状态，这与立法初衷是相悖的。为此，《劳动合同法》“对无固定期限劳动合同进行了重新定位，以期在保持劳动力合理、有序流动的前提下，保持劳动关系的相对稳定”。[⑤]《劳动合同法》为了破解这一难题，选择了将固定期限劳动合同长期化，并建立起强制用人单位与劳动者签订无固定期限劳动合同，以构建和谐稳定的劳动关系。

（二）立法沿革：柔性强制缔约向刚性强制缔约的转变

劳动力市场化改革经历的两大阶段反映了我国无固定期限劳动合同的立法背景变化，而一定时期存在的用工问题进一步推动

---

① 王显勇：《无固定期限劳动合同法律制度的完善路径》，载《法学》2018年第12期，第31页。

② 董保华：《劳动合同制度中的管制和自治》，上海人民出版社2015年版，第230页。

③ 郑尚元：《劳动合同法的制度和理念》，中国政法大学出版社2008年版，第29—30页。

④ 谢增毅：《劳动力市场灵活性与劳动合同法的修改》，载《法学研究》2017年第2期，第98页。

⑤ 信春鹰主编：《中华人民共和国劳动合同法释义》，法律出版社2007年版，第43页。

无固定期限劳动合同的立法沿革，即由《劳动法》第20条第3款向《劳动合同法》第14条第2款的变化。

关于无固定期限劳动合同的强制订立问题。《劳动法》第20条第2款规定了无固定期限劳动合同强制订立的三个要件：一是"同一单位连续工作十年以上"，二是"双方同意续订合同"，三是"劳动者提出订立无固定期限劳动合同"。尽管该条规定的是用人单位强制订立的要件，但条款本身依然在强调劳动者和用人单位的协商一致，遵循合同自由原则。对比《劳动法》第20条第2款与《劳动合同法》第14条第2款，其变化主要在于：首先是扩大了强制缔约的适用范围，具体来说是增加了"连续订立二次固定期限劳动合同"的情形；其次是在"应当订立"的构成要件方面，《劳动合同法》第14条规定在"劳动者提出或者同意续订、订立劳动合同"并且劳动者没有提出订立固定期限劳动合同的情形下，用人单位就应当签订无固定期限劳动合同，双方就无固定期限劳动合同的订立是否达成合意不在考虑的范畴，这也意味着无固定期限劳动合同的法定订立要件经由"三要件说"向"二要件说"的转变。而立法者在《劳动合同法》中取消"双方同意延续劳动合同"这一要件，而通过强制性的规定来保障无固定期限劳动合同的续签，反映了我国无固定期限劳动合同制度从《劳动法》确定的柔性的强制缔约制度向《劳动合同法》确定的刚性的强制缔约制度的转变。

三、无固定期限劳动合同强制订立的理论困境与实践难题

鉴于《劳动法》实施期间出现的劳动力短期化问题严重，《劳动合同法》将连续二次订立固定期限劳动合同纳入强制订立无固定期限劳动合同的范围，从而强化了无固定期限劳动合同及其强制缔约制度对劳动者的保护。然而，这一规定在具体的实施过程中并未得到很好地贯彻，其存在的理论争议和实践难题也是亟待破解。

(一)理论困境——核心分歧

学界针对《劳动合同法》第14条关于强制用人单位订立无固定期限劳动合同的规定，尤其是对于新增的用人单位连续订立二次固定期限劳动合同后订立无固定期限合同义务的规定的存废问题展开了激烈的讨论。

支持的学者认为. 这一规定是对劳动者的倾斜保护，保护劳动者的就业安全权，体现劳动法的社会法理念。[①] 也有学者从我国劳动力市场面临的现实问题出发，主张这一规定可以有效改变当前劳动力市场“用‘新’不用‘旧’，使用黄金年龄段劳动力”的突出问题，克服劳动合同短期化现象。[②] 也有学者指出立法应当将强制订立无固定期限劳动合同的缔约权赋予劳动者。[③]

反对这一规定的学者也提出了自己的观点。以董保华为代表的学者认为这是立法将本应国家承担的社会保障职能向企业的转嫁，不具有正当性基础，应取消劳动者的单方强制缔约权。[④] 更有学者认为该条规定不符合企业生产管理的内生性需求，也即用人单位需要根据生产经营需要来确定用工的数量和期限，并根据市场变化做出适时调整，因而企业多次订立固定期限劳动合同是对激烈的市场竞争的正常反应。[⑤] 还有学者多是从强制用人单位订立无固定期限劳动违反了合同自由原则的角度提出反对的理由。[⑥]

---

① 熊丙万:《论我国劳动合同期限的立法选择——以〈劳动合同法(草案)〉三审稿为中心》,载《延安大学学报(社会科学版)》2007年第6期。

② 陈红梅:《无固定期限劳动合同若干问题的法律探讨》,载《中国劳动关系学院学报》2009年第2期,第81页。

③ 参见姜颖:《〈劳动合同法〉无固定期限劳动合同的不足与完善》,载《法治论坛》2009年第1期,第43－51页。

④ 董保华:《〈劳动合同法〉的十大失衡问题》,载《探索与争鸣》2016年第4期,第10－17页。

⑤ 参见沈同仙:《我国无固定期限劳动合同制度实施困境的成因与出路》,载《学术界》2017年第1期,第37－39页。

⑥ 沈同仙:《我国无固定期限劳动合同制度实施困境的成因与出路》,载《学术界》2017年第1期,第37－39页;赵清玉:《无固定期限劳动合同的订立与法律后果——基于强制缔约理论的分析》,载《山东工会论坛》2017年第3期,第21页。

（二）争论实质

进一步反思关于强制订立无固定期限劳动合同的支持与反对观点，产生分歧的原因主要在于双方对于该规定的解读的立足点存有不同。支持该条的学者多是从劳动者倾斜保护原则的角度进行分析，而反对该条的学者则更多的是从违反合同自由原则的角度切入。笔者认为，尽管支持和反对的观点论证的立足点不同，但实则都是围绕“倾斜保护劳动者的强制缔约制度是否构成对合同自由的合理限制”这一问题做出回答，也即围绕劳资利益平衡问题对不同的价值取向进行取舍。

再进一步，反对的观点认为强制缔约制度是对合同自由原则的背离，一方面劳动合同既然属于合同的一种，就应该适用合同的基本原则——合同自由，既包括缔约自由，又包括内容自由，而强制缔约忽视了用人单位的缔约自由，另一方面，强制缔约制度给用人单位施加了过重的社会保障义务和社会责任，这对于在激烈的市场竞争中的企业来说，实质上是不平等的。而支持的观点认为，在劳资关系中，劳动者天然就是弱势的一方，当然应当获得倾斜的保护。强制用人单位缔约虽然对合同自由、意思自治有所限制，但这种限制是合理的，尽管形式上看是不平等的，但其限制的根本目的是避免处于弱势地位的劳动者与用人单位无法平等协商而面临失业的问题。综上，争论的核心实质在于如何实现和维护劳资关系中的实质平等。

（三）实践难题——地方法院对条款的理解和适用分歧

根据《劳动合同法》第 14 条第 2 款的规定，“应当订立”属于强制缔约义务。加之，2007 年 6 月 29 日全国人大常委会发言人在关于《劳动合同法》的新闻发布会上阐明，立法机关对于该条的意见是，“连续订立两次固定期限劳动合同以后，劳动者没有本法第 39 条和第 40 条规定的情况下，劳动者提出要续订劳动合同的时候，用人单位应当签订无固定期限劳动合同，劳动者提出签订无固定期限劳动合同符合法律规定，应当得到支持，单位提前终止劳动合同没有法律依据”。即用人单位在签订了两次固定期限合同后无权终止合同。但这种说明毕竟不是官方书面的立法释义，不具有法律效力。《劳动合同法》如此规定，对于该条的理解和适用本应该没有什么争议，然而司法实践却并没有呈现第 14 条规定所预设的理想局面，各地法院具体理解和适用该条的裁判却不尽相同，通过进一步梳理各地的规定，会发现存在相对混乱的局面。

北京[①]、浙江[②]、四川[③]等多数省份的地方性立法文件一致认为用人单位在签订了两次固定期限劳动合同后具有和劳动者订立无固定期限劳动合同的强制义务，这和《劳动合同法》第 14 条第 2 款第 3 项的立法宗旨相符，这也是目前司法实践中的主流做法。然而，以上海市[④]为代表的一些法院却认为无固定期限劳动合同的

---

① 北京市高级人民法院、北京市劳动争议仲裁委员会《关于劳动争议案件法律适用问题研讨会会议纪要（二）》（京高法发［2014］220 号）第 34 条：根据《劳动合同法》第十四条第二款第三项规定，劳动者有权选择订立无固定期限劳动合同或者终止劳动合同，用人单位无权选择订立固定期限劳动合同或者终止劳动合同。上述情形下，劳动者提出或者同意续订、订立无固定期限劳动合同，用人单位应当与劳动者订立无固定期限劳动合同。

② 浙江省高级人民法院民事审判第一庭、浙江省劳动人事争议仲裁院《关于审理劳动争议案件若干问题的解答（二）》（浙高法民一［2014］7 号）第 5 条：用人单位与劳动者连续订立二次固定期限劳动合同，第二次劳动合同到期后，劳动者要求订立无固定期限劳动合同的，应否支持？答：用人单位与劳动者已连续订立二次固定期限劳动合同，第二次固定期限劳动合同期满后，劳动者根据劳动合同法第十四条第二款第三项的规定提出续订劳动合同并要求订立无固定期限劳动合同的，应予支持。对劳动合同的内容，双方应当按照合法、公平、平等自愿、协商一致、诚实信用的原则协商确定；对协商不一致的内容，依照劳动合同法第十八条的规定执行。

③ 四川省高级人民法院《关于印发〈关于审理劳动争议案件若干疑难问题的解答〉的通知》（川高法民一［2016］1 号）第 21 条：符合《劳动合同法》第十四条规定的条件，劳动者提出订立无固定期限劳动合同的，原劳动合同期满后一个月内，用人单位即应当与劳动者订立无固定期限劳动合同。用人单位不与劳动者订立无固定期限劳动合同的，劳动者依法请求用人单位与其订立无固定期限劳动合同的，应告知其将诉求变更为确认双方存在无固定期限劳动合同关系。劳动者拒不变更的，仲裁委或人民法院不得直接判令双方当事人签订无固定期限劳动合同，可以依法确认双方当事人存在事实上的无固定期限劳动关系，并参照原劳动合同确定双方的权利义务内容。

④ 上海市高级人民法院《关于适用〈劳动合同法〉若干问题的意见》（沪高法［2009］73 号）第 4 条第 4 款：《劳动合同法》第十四条第二款第（三）项的规定，应当是指劳动者已经与用人单位连续订立二次固定期限劳动合同后，与劳动者第三次续订合同时，劳动者提出签订无固定期限劳动合同的情形。广州市劳动争议仲裁委员会、广州市中级人民法院《关于劳动争议案件研讨会会议纪要》第 15 条：连续订立二次固定期限劳动合同，且双方当事人同意续订劳动合同，劳动者提出订立无固定期限劳动合同的，应当订立无固定期限劳动合同。

订立需要双方有续订不定期劳动合同的合意。这些地区的法院文件中特意注明“双方续订劳动合同的”，就是为了强调这种情况下，若劳动者提出签订无固定期限劳动合同，是否签订需要双方的同意，因为既然是续订劳动合同，就必须遵守《劳动合同法》第三条规定的“平等自愿、协商一致”的原则。由此可知，各地会议纪要等文件并未形成统一定论，仍有部分地区的文件的规定对于用人单位是否有权终止合同存在分歧。各地法院对于该条的理解与适用的不同，进一步导致司法中的不同处理做法，“同案不同判”的现象明显。

（四）条款本身的缺憾

司法实践中法院对法律条款的理解和适用的分歧导致的“同案不同判”，反映了条文本身存有缺憾。这种缺憾体现在含义不明和规定不足两方面。

含义不明具体表现为“连续”的含义和解释不明确。根据《劳动合同法》第 14 条第 2 款规定，劳动者能否主张订立无固定期限劳动合同，首先要判断其是否满足前提性要件，即是否“连续”订立两次固定期限合同。由于立法以及相关司法解释对于“连续”的含义并未明确，两次固定期限劳动合同的签订之间存在间隔是否构成连续的中断，从而导致劳动者主张签订无固定期限劳动合同的条件不成就？司法实践中法院的做法也并未统一，有的法院认为若劳动者未形成新的劳动关系，原用人单位依然为劳动者缴纳社会保险金，前后劳动合同签订即使有一定间隔（有的情形甚至超过一年），此间隔也并不构成连续的中断；[①] 也有一些法院认为“连续”意味着没有间隔。若两次劳动合同的订立期间存在间隔，即使工作性质、工作场所并未变化，也不能认定两次劳动合

① 参见胡桂金与四川省眉山市海龙饲料有限公司劳动争议：（2018）川 14 民终 772 号判决书；甘肃省烟草公司庆阳市公司与张海平确认劳动关系纠纷：（2012）庆中民终字第 605 号判决书；维格娜丝时装股份有限公司与周云劳动争议：（2016）苏 01 民终 9813 号判决书。

同是连续签订的。[①]

《劳动合同法》对于续订无固定期限劳动合同取消了“双方同意延续劳动合同”这一要件，即符合要件的条件下，合同续订无须协商一致，但合同内容在续订时是否可以进行协商？强制缔约是否包含对内容的强制？对此，有学者专门针对《劳动合同法》第 14 条提出，如果用人单位和劳动者在劳动报酬、工作内容、工作地点、休息休假、劳动保护、劳动条件、职业危害等诸多内容无法达成一致意见时，合同应如何强制续签？用人单位可否拒绝？如果不能拒绝，用人单位的劳动管理权如何保障等，[②] 然而这些问题并没有在规定中加以明确。

四、理论困境与实践难题背后的深层次剖析

劳动关系的稳定性和灵活性如何平衡？

无论是理论争议还是司法实践中的实务难题，其背后的实质在于讨论如何实现和维护劳资关系中的实质平等，具体体现为劳动关系的稳定性和灵活性如何平衡？

从价值取向来看，无固定期限劳动合同强制订立制度是利益平衡的产物，无论是否坚持“强制缔约说”都有利益偏袒的一方，而立法正是需要对各方利益进行衡量。一方面，劳动关系的稳定性确有必要，忽视劳动关系的稳定性不利于劳动者的利益保障，可能导致劳动者缺乏职业稳定感和安全感，劳动者频繁失业甚至可能导致严重的社会问题；而另一方面，过于关注劳动关系的稳定性，而令用人单位承担相对较重的社会责任就忽视了用人单位的利益保护，忽视了用人单位用工的灵活性需求。尤其是市场经济不断发展给企业提出新的要求和挑战，若用人单位具有一定的

---

① 参见冉启权与伍尔特电子（重庆）有限公司劳动合同纠纷：（2014）渝三中法民终字第 01082 号判决书；张大华与重庆三峡学院劳动争议：（2016）渝民申 2111 号判决书。

② 董保华：《论我国无固定期限劳动合同》，载《法商研究》2007 年第 6 期，第 154 页。

用工灵活性，就能够根据经营的必要性来调整劳动者的工期长短，才能使自己在激烈的市场竞争中不被淘汰。可以说，绝对的坚持某一方的利益都是不可取的，劳动关系的稳定性和灵活性都应当适度，这就需要完善的制度设计和法律手段来加以均衡。

从制度设计来看，无固定期限劳动合同制度和其他制度，尤其是与解雇保护制度关系密切。无固定期限劳动合同的价值主要通过解雇保护制度体现，且解雇保护的水平高低直接影响无固定期限劳动合同的推行。① 如果用人单位解雇劳动者的难度较低，用人单位订立无固定期限劳动合同的积极性就会提高；相反，用人单位解雇劳动者的难度较大，用人单位订立无固定期限劳动合同的积极性就会下降，甚至会抵制无固定期限劳动合同。② 因此，为了实现劳资关系的实质平等，有必要对无固定期限劳动合同和解雇保护制度通盘考虑。在鼓励企业更多地与劳动者订立无固定期限劳动合同的同时，也应当赋予企业更多的裁减人员的自主权，使得劳动合同制度在运行上有更好的自洽性和平衡性。③ 然而，现实却是我国无固定期限劳动合同制度规定了用人单位的强制订立义务。同时，关于用人单位解雇劳动者的条件采取了单一的列举式规定，对于解雇条件设置了较严格的门槛。可以说，现行的《劳动合同法》使得用人单位无论是在劳动关系的进入还是劳动关系的退出方面都承担了较为失衡的责任。这也是目前理论和实务争议较大的原因。

（二）未来无固定期限劳动合同强制订立制度的完善路径

1. 明确“连续”的含义

根据我国目前的司法实践，有必要在未来通过修改《劳动合同法》或颁布司法解释对“连续”的含义进行明确。尤其是对于

---

① 谢增毅：《无固定期限劳动合同的价值及其规制路径——以〈劳动合同法〉第14条为中心》，载《比较法研究》2018年第4期，第98页。

② 谢增毅：《无固定期限劳动合同的价值及其规制路径——以〈劳动合同法〉第14条为中心》，载《比较法研究》2018年第4期，第99页。

③ 林嘉：《劳动法的原理、体系与问题》，法律出版社2016年版，第179页。

《劳动合同法》第14条第2款第3项规定的“连续二次订立固定期限劳动合同”中的“连续”应当明确是续订合同的意思。至于续订合同中间是否能够有间隔，不能一概而论，若劳动者在前一次劳动关系结束后仍然向同一用人单位提供劳动的，属于无间隔的连续；而劳动者两次固定期限劳动合同之间有间隔，且该间隔较短或者间隔期内劳动者并未与其他用人单位建立新的劳动关系，应视为有间隔的连续，这两种情况下都应该认定为符合“连续二次订立固定期限劳动合同”中的“连续”要件。

2. 立法申明连续两次定期劳动合同后的强制缔约义务

尽管《劳动合同法》第14条第2款第3项规定了“连续二次订立固定期限劳动合同”情形，用人单位“应当订立”无固定期限劳动合同。对于“应当订立”的理解，按照文义解释，属于强制缔约制度，即用人单位负有强制缔约的义务，无须劳动者的单方意思表示即可成立无固定期限劳动合同。[①] 目前理论界和实务界的多数观点都认可这一规定属于强制缔约制度，并在强制缔约的框架内探讨用人单位到期是否有权终止劳动合同，然而理论界仍有少数学者突破强制缔约理论，认为该条属于“法定变更”[②]，司法实务界也有少数法院认为续订合同需要双方合意，即用人单位有权选择到期终止合同。因此，为了保障劳动者的就业安全权，有必要通过立法释义将用人单位两次定期劳动合同后的强制缔约义务予以明确，减少法院对法条规范的不同理解和适用，从而减轻司法实践“同案不同判”的问题。

3. 适当降低解雇保护水平

随着无固定期限劳动合同制度的实施，为了保障劳动者的利益，《劳动合同法》虽然对用人单位的过度灵活用工行为形成了约束，但我国关于用人单位解雇劳动者的条件采取了单一的列举式

---

① 王旭光、王明华：《用人单位的强制缔约义务》，载《人民司法》2011年第21期。

② 王显勇：《无固定期限劳动合同法律制度的完善路径》，载《法学》2018年第12期，第28页。

规定，对于解雇条件设置了较严格的门槛，导致劳资利益的保护不平衡。用人单位解雇劳动者的难度较低，用人单位订立无固定期限劳动合同的积极性才会提高，因此应该适当降低解雇保护的水平，放宽用人单位对无固定期限劳动合同的解雇的限制。

我国《劳动合同法》第38条采用列举式的规定，将用人单位可以立即解雇劳动者的解雇事由限定为六种情形。这种单一的列举式规定的立法缺陷在于不能适应经济和劳动力市场的发展情况，容易“挂一漏万”；同时列举式规定，将用人单位解雇范围限定得过于狭窄。因此为完善我国无固定期限劳动合同制度，有必要在坚持现有的无固定期限劳动合同制度规范基础上，适当放宽用人单位解雇的条件，具体的放宽措施可在列举规定的同时增加“其他合理和正当的解雇事由”这一概括性条款，从而降低正当化解雇的适用难度；或者允许用人单位在基础条件符合且经济补偿合理的情况下，赋予用人单位对无固定期限劳动合同的无因解除权，[①] 减轻用人单位对无固定期限劳动合同强制订立的抵触。

4. 对订立无固定期限劳动合同可否变更合同内容作出回应

《劳动合同法》要求连续两次固定期限合同后符合条件的情况下应当订立无固定期限劳动合同属于对用人单位订立合同行为规定的义务，但对于合同条款和内容并未作出规定，即续订合同时用人单位和劳动者对于劳动报酬、工作内容、工作地点、休息休假、劳动保护等内容没有达成一致时如何处理？是否同样适用强制缔约？立法并未作出规定。对此，笔者认为不能一味地强调保护劳动者而不区分对待不同的情形。

如果是劳动者在续订无固定期限劳动合同时，提出的较原来的劳动合同内容明显提高要求时，属于对合同内容做出了实质性修改，视为劳动者对于劳动合同的新的要约，考虑到用人单位的正当经营利益，应当赋予用人单位选择是否作出承诺的权利。此

---

① 周军等：《完善我国无固定期限劳动合同制度的若干思考》，载《学习与实践》2017年第1期，第83页。

种情况下用人单位拒绝订立无固定期限劳动合同不属于不当解雇。如果是用人单位在续订无固定期限劳动合同时，提出的合同条件低于原劳动合同的条件，劳动者因此拒绝而导致无固定期限劳动合同未能成功订立，应当视为用人单位不当解雇，应当承担相应责任。因此，判断的核心在于无固定期限劳动合同的内容是否低于原劳动合同约定的劳动条件，是否会导致利益的不当保护。为此，法律也应当加以明确规定。

五、结语

无固定期限劳动合同强制订立制度的立法初衷在于解决劳动力合同短期化问题，从而保障劳动者的就业安全权，从而构建和谐稳定的劳动关系。然而，这一制度虽然保护了相对弱势的劳动者，但却忽视了用人单位的用工灵活性需求，加之我国立法对于解雇保护的严格限制，使得用人单位承担较重的责任和义务，劳资利益处于失衡的状态，这也是无固定期限劳动合同强制缔约制度备受理论界和实务界争议的重要原因。针对目前出现的理论争议和实务难题，有必要在强制续签和解雇保护两方面完善制度设计，使二者保持平衡适度；同时修改和完善相关的法条，使得无固定期限劳动合同强制订立制度更具操作性和科学性，实现劳资利益的平衡。

参考文献

邓雪．无固定期限劳动合同强制签订问题研究——基于《劳动合同法》第 14 条第 2 款第 3 项的分析［J］．昆明学院学报，2019，41（5）．

谢增毅．无固定期限劳动合同的价值及其规制路径——以《劳动合同法》第 14 条为中心［J］．比较法研究，2018（4）．

王显勇．无固定期限劳动合同法律制度的完善路径［J］．法学，2018（12）．

沈同仙．我国无固定期限劳动合同制度实施困境的成因与出路［J］．学术界，2017（1）．

赵清玉．无固定期限劳动合同的订立与法律后果——基于强制缔约理论的分析［J］．山东工会论坛，2017（3）．

周军等．完善我国无固定期限劳动合同制度的若干思考［J］．学习与实践，2017（1）．

钱叶芳．论我国无固定期限劳动合同的教义学偏离和制度调整［J］．浙江学刊，2016（6）．

董保华．《劳动合同法》的十大失衡问题［J］．探索与争鸣，2016（4）．

陈红梅．无固定期限劳动合同若干问题的法律探讨［J］．中国劳动关系学院学报，2009（2）．

董保华．论我国无固定期限劳动合同［J］．法商研究，2007（6）．

婚姻家庭与继承问题探讨

《民法典》视域下夫妻共同债务的认定及举证责任

杨　洋*

摘要：《民法典》婚姻家庭编对夫妻共同债务的规定，基本沿用 2018 年 1 月最高人民法院《关于审理涉及夫妻债务纠纷案件适用法律有关问题的解释》的内容，但该规定实质上并没有完全解决夫妻债务的核心问题，即夫妻共同债务的认定规则及举证责任分配问题，如“为家庭日常生活需要所负的债务”的认定，没有规定举证责任的承担方，且什么是“夫妻共同生产经营”，在司法实践中争议很大。建议增设举证责任条款，即夫妻合意或为夫妻共同生活所负债务的举证责任，由主张属于夫妻共同债务的一方承担；同时明确“夫妻共同生产经营”的范围，补充“但仅以动用共同财产之资金或将收益归入了共同财产者为限”条款。

关键词：夫妻共同债务　认定规则　举证责任　民法典　共同生产经营

* 杨洋，四川大学 2018 级法学硕士，民商法方向。

一、问题的提出

（一）案例解说

1. 案例一："为家庭日常生活需要所负的债务"由谁举证？

甲某和乙某系夫妻。丈夫甲某单独在外对不同的债权人各举债8000元用于赌博，且债权人分别在不同的法院起诉，债权人和甲某都一口咬定该借款用于"家庭共同生活"，同时甲某出示了自己向数个债权人分别借款8000元的借条（总计120000元），并要求确认该债务为夫妻共同债务，由妻子乙某承担连带清偿责任。而乙某称对甲某借款一事一无所知。在这种情况下，如果单纯根据各个数额，法官可能会认为数额不大而认定为"家庭日常生活"所负债务直接作为夫妻共同债务处理。由于债权人分别在不同的法院起诉，有可能均被不同的法院判决为夫妻共同债务。推而广之，总数120000元的借款都有可能被认定为夫妻共同债务。

2. 案例二：什么是"夫妻共同生产经营"？

2019年6月28日，最高人民法院在（2019）最高法民申2302号民事裁定书中认为：认定为夫妻共同生活所负的债务应具备两个基本特征，一是须发生在夫妻婚姻关系存续期间；二是须用于夫妻共同生活或共同生产经营活动。本案中，案涉贷款发生于姬某和赵某婚姻关系存续期间，虽然姬某系以其个人名义为该笔贷款提供担保，但该笔贷款系用于青岭公司，而姬某时任该公司法定代表人，且持有该公司50%的股权，二审法院据此认定姬某为青岭公司提供担保不仅为了公司经营，也为个人收益，并无不当。因青岭公司系赵某与姬某婚后设立的公司，所得收益已形成夫妻共同财产，二审法院认定青岭公司的经营状况同时与赵某、姬某的夫妻共同财产有直接关系，亦无不当。……姬某虽非从事个体经营或者承包经营，但其经营青岭公司的收入已形成夫妻共同财产，其为经营青岭公司所产生的债务承担方式应参照该规定。故在赵某未提供证据证明青岭公司的收益未形成夫妻共同财产的情况下，本案债务应以赵某与姬某的夫妻共同财产以及姬某的个人财产清偿。……如前所述，本案可以认定青岭公司的经营收益已形成夫妻共同财产，而债务又系为青岭公司的经营所负，二审法院综合认定案涉债务属于夫妻共同债务，适用法律并无不当。[①]

（二）由案例引申的问题

“为家庭日常生活需要所负的债务”的认定，法律和司法解释没有规定举证责任的承担方。没有明确当事人的举证责任，谁也不必举证，法官就无法给予准确认定。如果只根据法官的自由心证，单靠举债数额而不问用途来认定是否为家庭日常生活需要所负债务，那将出现判决错误的问题。同时，什么是“夫妻共同生产经营”，在司法实践中争议很大。由于“夫妻共同生产经营”所负债务并没有用于夫妻共同生活，导致不知情、未受益的配偶负债。将在实践中存在争议的“夫妻共同生产经营”之债直接列入夫妻共同债务是不妥的，不符合立法要求。

本文针对当前这一司法困境，对我国现行夫妻共同债务的认定规则和举证责任分配制度做必要的探索和研究，同时从立法层面和制度运行层面提出完善夫妻共同债务的认定规则及举证责任分配制度的具体建议，以期进一步健全和完善我国的婚姻制度，促进我国司法制度的进步与发展，维护社会的公平与正义。

二、实践中夫妻共同债务案件的审判困境

由于我国关于夫妻共同债务的认定规则及举证责任制度的法律规定不够完善，相关的司法解释不到位，导致实践中的审判困境。

（一）夫妻共同债务案件在审判中呈现的特点

涉及夫妻共同债务认定问题的案件在审判中呈现出以下几个方面的特点：1. 案件的被告方普遍存在消极应诉、回避或逃避应诉的情况。具体表现为案件缺席审理的比例较高，主要原因有以下两个方面：(1) 被告下落不明而导致缺席审理；(2) 因为配偶

① 参见最高人民法院（2019）民申第2302号民事裁定书。

一方抗拒心理较重拒绝出庭应诉而导致缺席审理。上述两个原因导致夫妻共同债务认定的案件在审判过程中缺席审理率高，进而导致诉讼各方不能充分举证质证，无法围绕争议焦点形成有效辩论，不仅降低庭审效能，而且增加查明案件事实的难度。2. 该类案件中以男方名义对外举债的比例较高，约占该类案件总数的79.8%。3. 该类案件中，夫妻双方在借据上共同署名的情况极低，仅占该类案件的5.71%。[①]

（二）《婚姻法》司法解释（二）第24条在审判实践中被大量援引

据中国裁判文书网多重关键词检索显示，在审判实践中，从2013年到2016年，援引《婚姻法》司法解释（二）第24条判定的夫妻共同债务案件占比约在六成以上，且占比逐年上升。与此同时，援引《婚姻法》第41条判定的夫妻共同债务的案件占比却不足一成，而且占比逐年下跌，至2016年占比已不足6%。而援引《婚姻法》第41条和《婚姻法》解释（二）第24条的同类案件，占比极低且同样逐年下跌，至2016年占比已不足3%。由此可见，在审判实践中，《婚姻法》司法解释（二）第24条所规定的推定规则与其不合理的举证责任分配制度被法官大量援引，同时在审判实践中已出现对婚姻期间借款认定之推定规则的“普遍适用”以及对其他认定规则“束之高阁”的现象。

（三）审判实践中大量案件最终被认定为夫妻共同债务

在审判实践中，关于债权人起诉的任何涉及夫妻共同债务的认定的问题，只要是在婚姻关系存续期间形成的，几乎均被认定为夫妻共同债务。可以说，由于我国夫妻共同债务的认定规则与举证责任分配制度不合理，加之有的法官由于个人职业素养不高或迫于结案压力等因素，在审判实践中适用“第24条”，现实生活中大多数“负债”一方很难提供证据，大量涉及夫妻共同债务

---

① 彭云、李秀萍：《全国29省1130名24条受害者群体状况报告》，摘自“南粤家事”网络平台，2020年6月8日访问。

认定问题的案件最终被认定为夫妻共同债务。根据相关数据显示，某中级人民法院2009至2014年间，被认定为夫妻共同债务的案件比例在逐年上升，而2012年与2014年所占比例甚至达到了100%。

三、《民法典》关于夫妻共同债务规定的进步与不足

（一）进步：《民法典》婚姻家庭编第一次规范夫妻共同债务

在夫妻财产关系中，最难处理的是夫妻共同债务问题。1980年《婚姻法》对夫妻共同债务作了一般性规定，没有规定具体规则，在实践中存在较多的问题。[①] 到2001年《婚姻法》修改时，基本保留了1980年《婚姻法》的规定。而2014年4月1日开始实施的《最高人民法院关于适用〈中华人民共和国婚姻法〉若干问题的解释（二）》第24条规定的夫妻共同债务的处理规则，引起社会的普遍关注，其中反对声音比较强烈，直至2018年最高人民法院发布了《关于审理涉及夫妻债务纠纷案件适用法律有关问题的解释》，才正式宣告了“第24条”的实质废止，并基本平息了反对意见。在编纂《民法典》中，各界也普遍要求婚姻家庭编规定夫妻共同债务的规则，故在《民法典》婚姻家庭编中借鉴司法解释的有关规则，一定程度上解决了“第24条”遗留的部分问题，“共债共签”制度也成为婚姻家庭编立法的一大亮点。

（二）不足：举证责任与范围规定不明

1. 未规定“为家庭日常生活需要所负的债务”的举证方

众所周知，由于夫妻关系的私密性以及我国现行的夫妻财产制，夫妻债务问题在司法实践中的举证是异常艰难的。而在司法审判中，在各方都举证困难的前提下，谁负有举证责任，谁就更有可能承担最终的不利后果。而《民法典》婚姻家庭编第1064条中并没有明确规定举证责任的承担方，这就导致在实践中法官拥

---

① 杨立新：《民法典婚姻家庭编完善我国亲属制度的成果与司法操作》，载《清华法学》2020年第3期。

有很大的自由裁量权，如果仅仅依靠法官的自由心证，加上债权人与举债方的恶意串通，不知情、未受益的另一方配偶则很大程度上会平白无故地承担巨额债务。任何法律均不得使公民无辜受害、被负债，即使是夫妻关系也不例外。一个公民，只要他遵纪守法，任何法律都不应该让其陷于恐惧、让其背负恶意巨额债务，这是基本的立法价值取向，正义才可能存在，故解决“为家庭日常生活需要所负的债务”举证责任承担问题势在必行。

2. “夫妻共同生产经营”的界定不明

在实践中，“夫妻共同生产经营之债”可能成为举债方损害不知情、未受益配偶一方利益的借口与理由。如丈夫借用妻子的身份证设立公司或将妻子设立为名义股东或经营管理人员，但妻子对此全然不知，此时若丈夫以经营的名义对外举债用于“非夫妻共同生活、生产经营”，在离婚诉讼中，按照所谓的“夫妻共同生产经营之债”，这些债务都将被认定为夫妻共同债务。因此，对“夫妻共同生产经营”范围做必要的探索和研究，有助于保护未实际参与共同生产经营却被迫承担共同债务的受害方配偶，同时也为审判人员提供参考。①

四、夫妻共同债务规定的比较法分析

（一）其他国家的立法经验

1. 瑞士

瑞士在夫妻债务制度的立法中将夫妻债务视为夫妻财产制度的组成部分，根据不同的财产制度来认定夫妻债务的性质。同时，《瑞士民法典》通过列举的方式对夫妻双方对外所负债务进行了明确的规定，该法第 233 条规定：“配偶间任何一方以其自有财产和共同财产对以下债务负责：（1）在其行使夫妻财产共同体的代理权或共同财产的管理权时发生的债务；（2）在其从事职业或经营事业中发生的债务；但仅以动用共同财产之资金或将收益归入了

① 孟艳艳：《我国夫妻共同债务问题研究》郑州大学硕士学位论文，2012 年 5 月。

共同财产者为限；（3）配偶他方个人亦应负责的债务；（4）配偶双方与第三人约定除以自有财产外还以共同财产承担责任的债务。”[①] 该列举的形式，使得瑞士在夫妻共同债务问题的认定和清偿上更具有合理性与可行性。

2. 法国

《法国民法典》以“家事代理权”为推定夫妻共同债务的理论基础及依据，即只有当负债归属于夫妻日常家事代理权的范围时，才推定为夫妻共同债务并依照夫妻共同债务处理。同时，该法还以列举的方式对夫妻共同债务做了详细的规定。同时，《法国民法典》第 1412 条及第 1413 条还对夫妻共同财产偿付个人债务的补偿原则作了明确规定[②]。笔者在此不多加赘述，可以说，《法国民法典》无论是对夫妻共同债务的认定、清偿和补偿原则，或是对夫妻家事代理权范围及例外之规定，无论是在价值取向还是立法技术上，均对我国的相关立法有重要的借鉴意义。

3. 德国

根据《德国民法典》第 1357 条的规定，对夫妻共同债务的认定采取推定制度。但其推定的范畴与法国相类似仅限于日常家事代理的范围。而关于夫妻共同财产制所负的债务，德国规定，夫妻双方应当优先偿还共有财产债务。[③] 同时，《德国民法典》还明确规定了家事代理权的范围，夫妻对因共同生活需要的负债负有连带清偿责任，而对夫妻内部来说依然承担按份责任，超出自己偿还义务的一方对配偶另一方有追偿权。如果离婚时已经分割了夫妻共有财产，但并未就共有财产的债务进行清偿，债权人主张权利时，不需要承担连带责任的一方仅仅以其分得的共同财产对债权人承担清偿责任。[④] 这样的规定，保护了市场交易的安全，也

① 殷生根、王燕译：《瑞士民法典》，中国政法大学出版社 1999 年版，第 62 页。
② 罗结珍译：《法国民法典·民事诉讼法典》，国际文化出版公司 1997 年版，第 308—309 页，第 66 页。
③ 陈卫佐译注：《德国民法典》，法律出版社，2004 年版，第 69 页。
④ 陈卫佐译注：《德国民法典》，法律出版社，2005 年第 2 版，第 72 页。

保护了与离婚夫妻有经济交往的债权人，使得债权人债权的实现不受债务人夫妻的财产变动的影响。

4. 日本

《日本民法典》在夫妻财产制中规定了法定财产制度和特有财产制度。日本所称的特有财产实际就是夫妻的个人财产，包括两部分，一是一方在结婚前所有的财产，二是一方所取得财产虽然是在婚姻存续期间，但是以其自己的名义取得。夫妻对于财产所有权的归属有争议的部分，推定为共有财产。[①]《日本民法典》第761条规定："夫妻一方就日常家事同第三人实施了法律行为时，他方对由此而产生的责任负连带责任。但是，对第三人预告不负责任意旨者，不在此限。"[②] 日本对夫妻家事代理权之规定较为简单，但具有较强的操作性。

（二）借鉴与启示

分析以上四国关于夫妻共同债务的规定，能够看出这些国家关于夫妻共同债务的内容均比较完整，虽然各国所实行的财产制不尽相同，但在一些制度的设计上却存在一定的相似之处，如瑞士、法国和德国均通过列举的方式，明确了夫妻共同债务的范围，其中尤以法国为突出，可见各国对夫妻债务制度的重视程度。而关于夫妻共同债务的认定问题，法国与德国均采用推定规则对债务进行认定。与我国原《婚姻法》司法解释（二）第24条不同的是，法国与德国的规则以"家事代理权"为理论基础及依据，而我国则以"婚姻存续期间"为理论基础及依据。通过前述我们知道，我国的这一规定存在弊端。笔者认为，我国在今后的相关立法与修法过程中不妨借鉴瑞士的规定，在"夫妻共同生产经营"的认定上补充"但仅以动用共同财产之资金或将收益归入了共同财产者为限"这一规定。

---

① 渠涛译：《日本民法典》，法律出版社，2006年版，第160页。
② 王书江译：《日本民法典》，中国法制出版社2000年版，第135页。

五、完善我国夫妻共同债务有关规定的建议

（一）由举债方承担“为家庭日常生活需要所负的债务”的举证责任

在诉讼法上，根据“谁主张谁举证”原则，在夫妻共同债务的认定过程中一般应由举债方进行举证，而我国现行的法律对此却未加以规定，造成现实生活中大量的非举债方配偶因为这一不合理的举证责任制度而成为饱受痛苦与折磨的受害人。为了更好地实现利益的平衡，实现真正的公平正义，这一举证责任制度必须予以修改和完善。鉴于举证责任的承担决定着夫妻共同债务认定的准确性和合理性，应当明确规定“夫妻合意或为夫妻共同生活所负的举证责任，由主张属于夫妻共同债务的一方承担”。而且根据“谁主张，谁举证”的民事证据规则及公平原则，债权人的举证责任是不能免除的，如债权人应对债务的存在、债务的用途、非举债方配偶对债务的认可等承担举证责任；同时，举债一方也应承担一定的举证责任，因为从双方借款的情况来看，把举证责任分配给举债一方是非常恰当的，只有举债一方才清楚是否与债权人之间达成了把债务约定为举债方的个人债务，是否告知了债权人夫妻双方采用的是分别财产制等具体情况，而以上的这些举证的内容如果让不知情的配偶来举证，其实是相当困难的。分配举证责任的法律原则应该是公平正义原则，因此有必要重新分配举证责任，平衡各方的利益，以实现公平正义。

（二）明确“夫妻共同生产经营”范围

在实践中，因夫妻共同生产经营范围不确定而使未举债配偶方无辜肩负巨额“夫妻共债”的案例层出不穷：（1）债权人与举债方在合同中约定举债用途用于举债方经营之用的，法院直接认定为夫妻共同生产经营之债；（2）举债方之前曾有将经营所得用于家庭生活，其后举债方再大量举债（不论是否实际用于经营），均直接认定为夫妻共同生产经营之债；（3）在举债方公司经营中，不论公司性质，只要公司股东或经营管理人员或普通员工出现配

偶名字，公司经营之债均直接认定为夫妻共同生产经营之债等，不一一列举。[①] 而对于夫妻共同生产经营范围的确定，如采取正向列举规定具有较大的操作难度，不大切合实际，故建议采取反向排除法，如前文所述，在“夫妻共同生产经营”的认定上补充规定“但仅以动用共同财产之资金或将收益归入了共同财产者为限”这一限定范围。将未用于夫妻共同生产经营的部分债务排除在夫妻共同债务之外，使得夫妻共同债务范围认定问题上更具合理性与可行性。

（三）建立夫妻约定财产制的公示制度

我国《民法典》婚姻家庭编第1065条规定：“……夫妻对婚姻关系存续期间所得的财产约定归各自所有，夫或者妻一方对外所负的债务，相对人知道该约定的，以夫或者妻一方的个人财产清偿。”即我国法律规定夫妻对婚姻关系存续期间所得的财产实行约定财产制的，如若第三人对于夫妻财产约定制是知情的，夫或妻一方便对所负的债务以一方所有的财产清偿。但由于该条文仅限于一种原则性的规定，因此在现实的生活中往往操作性不强，适用率不高。而且，我国目前尚未实行夫妻约定财产公示制度，作为夫妻之外第三人的债权人对于夫妻之间是否实行约定财产制是不清楚的；而内部约定是无法对抗第三人的，故该条款在现实生活中几乎形同虚设；再者，就目前的情况来看，让夫妻一方来举证第三方的债权人清楚夫妻之间实行的是约定财产制这一事实，几乎是无法举证的。因此，每当发生夫妻共同债务纠纷时，大多数的债务还是会被推定为夫妻共同债务，由夫妻双方共同承担。所以，建立夫妻约定财产制公示制度是十分必要且势在必行的，该制度在维护第三人利益的同时，也保护了非举债方配偶的利益。

---

① 游植龙：《民法典（草案）婚姻家庭编的修改建议》，摘自“南粤家事”网络平台，2020年6月8日访问。

参考文献

最高人民法院民事审判第一庭. 最高人民法院婚姻法司法解释（二）的理解与适用[M]. 北京：人民法院出版社，2015.

殷生根. 瑞士民法典［M］. 王燕（译）. 北京：中国政法大学出版社，1999.

罗结珍（译）. 法国民法典·民事诉讼法典［M］. 北京：国际文化出版公司，1997.

陈卫佐（译）. 德国民法典［M］. 北京：法律出版社，2004.

陈卫佐（译）. 德国民法典［M］. 北京：法律出版社，2005.

渠涛（译）. 日本民法典［M］. 北京：法律出版社，2006.

王书江（译）. 日本民法典［M］. 北京：中国法制出版社，2000.

杨立新. 民法典婚姻家庭编完善我国亲属制度的成果与司法操作［J］. 清华法学，2020（3）.

最高人民法院（2019）民申第2302号民事裁定书. 中国裁判文书网，2020年6月5日访问.

法定夫妻财产制下虚拟财产归属：探索与建构

王懋祺*

摘　要：《民法总则》第127条关于网络虚拟财产的规定引起了学界关于虚拟财产的性质以及虚拟财产继承的广泛讨论，在夫妻共同财产制度下的诸多夫妻财产纠纷显示了确认虚拟财产归属的必要性，但在理论和实践中存在的困难值得我们反思。鉴于这种情况，在法学理论上，应该结合虚拟财产的外延对虚拟财产的人身性和财产性进行具体分析，以确定其属于夫妻共同财产还是个人特有财产；在司法实践中，要让虚拟财产进入夫妻财产制，并且比照其他财产纠纷的解决方式对虚拟财产争议进行处理。为解决现实中新型财产类型的问题，可借鉴1980年《婚姻法》中的共同财产推定制度。

关键词：网络虚拟财产　法定夫妻财产制　夫妻共同财产　个人特有财产

* 王懋祺，山东大学法学院2018级本科生，《山东大学法律评论（2018）》编委。

随着计算机技术以及互联网产业的急速发展，网络空间呈现出日益扩展的趋势，并且网络虚拟世界与现实社会的交互影响也在日益加深。与之相伴而生的，则是社会的观念与规则体系以及人类的行为模式和思维方法的不断更新。于是，人们视野中出现了诸多新兴事物，挑战着人类社会的认知与规则，其中比较有代表性的就有备受学界与实务关注的虚拟财产。

在虚拟财产体系对实体财产体系提出挑战的同时，中国的离婚率也在增长，从 2010 年至 2018 年，夫妻离婚登记对数从 267.80 万对增长至 446.08 万对，增长近 200 万对；“粗离婚率”也从 2010 年的 2%增长至 2018 年的 3.20%。[①] 如此庞大的离婚体量对于夫妻共同财产的处置规则的合理性、精确性和有效性提出了更高的要求。尤其是近年来伴随区块链技术的持续成熟以及自媒体产业的不断发展，虚拟财产的内容构造也正在一步步趋于精致与复杂，其价值量正在呈指数增长，产生虚拟财产争议的领域也渐渐从网络用户与网络用户之间、网络用户与运营商之间拓展至婚姻家庭领域，夫妻间关于虚拟财产归属的争议正在成为中国乃至世界范围内夫妻财产争议的重要内容。

2017 年颁布的《中华人民共和国民法总则》（以下简称《民法总则》）第 127 条规定了网络虚拟财产的保护，[②] 这一宣言式条款表明了国家对于保护数据与网络虚拟财产的一种态度。但是在我国《婚姻法》第 17 条、第 18 条以及有关司法解释中，并未对《民

---

① 具体数据参见国家统计局数据查询网站，http://data.stats.gov.cn/search.htm.

② 见《中华人民共和国民法总则》第 127 条：法律对数据、网络虚拟财产的保护有规定的，依照其规定。这是我国民法第一次对于网络虚拟财产的概念做出界定，这一条款被学术界与实务界广泛称赞，称之为“适应了‘互联网+’发展的需要”，体现了“创新和特色”。参见杨立新：《民法总则规定网络虚拟财产的含义及重要价值》，载《东方法学》2017 年第 3 期；李岩：《“虚拟财产权”的证立与体系安排——简评〈民法总则〉第 127 条》，载《法学》2017 年第 9 期。

法总则》中有关虚拟财产的保护规定予以回应。① 所以，虚拟财产究竟包含哪些内容？在我国夫妻共同财产制度的体系之下，它处于怎样的位置？又应该如何合理确定婚姻一方虚拟财产的归属？这些问题，都没有在学理上得到解决。在《民法典》婚姻家庭编，网络虚拟财产的存在仍旧给夫妻财产制度的建构留下了许多疑问，有待我们解决。

一、反思缘起：虚拟财产对于现代财产体系的扩充与挑战

自从 2013 年“红月案”审理判决公布之后②，“虚拟财产”一词开始进入国内学者的研究视野。目前通说认为，虚拟财产是指“在网络环境下，模拟现实事物，以数字化形式存在的、既相对独立又具有独占性的信息资源”③。这一定义是参考美国学者 Joshua 的观点，即“虚拟财产是竞争性的、持续性的和交互性的模仿真实世界特征的计算机代码（code）”。④ 虚拟财产以其虚拟与现实并存性、技术限制性、价值性等特点⑤成为不同于财产体系中任何一种财产类型的新的、特殊的财产种类。与此同时，其特殊的性质让法律对其的规制产生了困难。国内诸多学术成果以不同的研究范式对现代财产体系中合理安置虚拟财产的解决路径提出了自己的建议，下面笔者结合已有的学术成果对虚拟财产加以梳理。

---

① 我国夫妻共同财产的范围根据《中华人民共和国婚姻法》第 17 条规定，包括工资、奖金、生产经营的收益、知识产权的收益、继承或赠与所得的财产以及其他应当归共同所有的财产。其中“其他应当归共同所有的财产”是一个兜底条款，但是司法解释中有关夫妻共同财产的规定并未囊括虚拟财产。参见段晓娟、苏喆：《虚拟财产应纳入夫妻共同财产——兼论网络游戏中虚拟财产的归属》，载《行政与法》2010 年第 4 期。

② “红月案”系我国首例涉及虚拟财产案件，在本案中，当事人李宏晨就自己在大型网络游戏“红月”中的虚拟装备被人窃取而向该游戏的所属公司——北极冰科技发展有限公司主张赔偿。具体参见北京市第二中级人民法院（2004）二中民终字 02877 号民事判决书。

③ 林旭霞：《虚拟财产权研究》，法律出版社 2018 年版，第 58 页。

④ Joshua A. T Fairfield, “Virtual Property”, 85 B. U. L. Rev, 1047 (2005), p. 1053.

⑤ 余俊生：《网络虚拟财产法律问题研究》，中国政法大学 2008 年博士论文。

（一）虚拟财产法律属性界定

1. 物权客体说

虚拟财产为物权之客体，这是我国学界目前的通说。该观点认为虚拟财产权是物权的一种，即虚拟财产的法律本质是虚拟的物，是网络时代中物的新型表现形式。这种观点的支撑理由是人们对于这种占据一定空间的、具有独立经济价值的网络虚拟财产具有一种排他性的管理和支配的能力，[①] 并且《民法总则》草案的前三稿也是在向虚拟财产是物权客体的方向去解释。但问题是物权并不等于支配权，支配权是一个独立于物权的概念，支配权的客体不仅包括有体物，还包括人格权、知识产权等非物质利益。[②] 同时，虚拟财产的存在空间也是虚拟的，这违背了物的“有体性”特征。所以，简单地将虚拟财产归为物权客体有失偏颇，这也是《民法总则》没有将虚拟财产列为物权客体的很大原因。

2. 债权客体说

“债权说”是基于用户与运营商之间的合同之债来进行理解的。持这种观点的学者认为虚拟财产是一种特殊的债权，虚拟财产本身就是网络运营商向用户提供服务的一种手段和载体。“虚拟财产的重点不在于虚拟物本身，而在于其所反映的服务合同关系。”[③] 这种说法看似解释了虚拟财产的产生缘由，并且在涉及虚拟财产争议时可以更好地援引《合同法》《侵权责任法》等规范，通过安全保障义务、网络侵权责任等既有规则在现有框架内调整涉及虚拟财产的法律关系。[④] 但是，这种将网络虚拟财产界定为债权客体的做法却很难回避一个问题：究其本质，虚拟财产其实是

---

① 杨立新、王中合：《论网络虚拟财产的物权属性及其基本规则》，载《国家检察官学院学报》2004 年第 12 卷。

② 朱庆育：《民法总论》，北京大学出版社 2013 年版，第 500 页；金可可：《论支配权概念》，载《中国法学》2006 年第 2 期；温世扬：《财产权支配概要》，载《中国法学》2005 年第五期。

③ 张斌：《网络游戏中“虚拟财产”的性质认定》，http：timeslaw. 363. net new －page－450. htm.

④ 王雷：《网络虚拟财产权债权说之坚持——兼论网络虚拟财产在我国民法典中的体系位置》，载《江汉论坛》2017 年第 1 期。

一种计算机代码的网络实现，即虚拟财产是一种独立于人的意志之外的客观存在，而债权的客体是民事主体的“行为”，很难在不违背民法基本原理的前提下在学理上将虚拟财产归属为债权的客体。[①]

3. 知识产权客体说及独立财产权说

除了物权客体说与债权客体说这两个学说争议较大之外，虚拟财产的知识产权客体说以及其他财产权说也在学界有一席之地。知识产权客体说认为虚拟财产权实际上是一种知识产权的特殊类型，虚拟财产应属于网络运营商的智力成果。对于网络运营商，虚拟财产应该被列为著作权的一种，而用户则只享有网络虚拟财产的使用权。[②] 但该学说受到学者广泛的批判，并且《民法总则》的也对于此种学说予以了否定。[③]

至于独立财产权说，持此说的学者认为虚拟财产的权属具有特殊性，无论将其安排在物权、债权抑或知识产权的体系中都存在困难，所以应该针对虚拟财产予以重新建构，新设立“虚拟财产权”予以规制。这种说法夸大了虚拟财产的法律特性，虚拟财产的独特性尚未达到可以颠覆现有权利体系的程度，现在学界对于虚拟财产法律特性的争论也恰恰说明了虚拟财产是可以被目前的民法体系所兼容的。如果随意为新出现的事物立法，不光会导致立法资源的浪费，还极有可能造成对现有法秩序的冲击。

4. 解释路径重构说

在虚拟财产物权说、债权说、知识产权说以及独立财产权说以外，近年来国内兴起了另外一种对于虚拟财产法律属性解释的

---

① 杨立新：《民法总则规定网络虚拟财产的含义及重要价值》，载《东方法学》2017年第3期。

② 张斌：《网络游戏中“虚拟财产”的性质认定》，http:timeslaw.363.net new－page－450.htm.

③ 如果虚拟财产是知识产权中的著作权客体的话，《民法总则》就无需将其安排在第127条，而是直接安排在第123条第2款的知识产权客体中。参见杨立新：《民法总则规定网络虚拟财产的含义及重要价值》，载《东方法学》2017年第3期；石杰、吴双全：《论网络虚拟财产的法律属性》，载《政法论丛》2005年第4期。

研究范式，即抛弃将一种财产类型归入某一权利体系的做法，而是直接观察主体间关系，采用一种“条件——后果”的“关系范式”对于虚拟财产相关民事争议予以解决。[①] 通过选择这种“关系范式”，我们对于虚拟财产的讨论可以摆脱依赖客体选择的“权利范式”窠臼，从而直面关于虚拟财产的有关争议。

笔者认为在民法尚未对于“虚拟财产”这一概念做出清晰回应的当下，我们对于有关虚拟财产民事争议的讨论可以采用“关系范式”的研究进路。其实两个学说经过相互交锋与相互促进，无论是虚拟财产物权说抑或债权说基本都达到了内部自洽的程度，都可以比较妥当地处理有关虚拟财产的纠纷，只不过由于法律并没有明确的规定其性质，采用哪一种权利救济模式都无法接受合法性的拷问。所以我们现在只需要确定随着科学技术进步和经济样态更迭而不断扩张的虚拟财产的外延，然后根据这些外延来帮助其确立争议解决规则。这种方式相较于学界此前一直讨论的“权利范式”而言，具有直接适用规则的效率性以及直接的逻辑正当性等优点。本文也将用“关系范式”的研究进路，探索在婚姻家庭关系中涉及虚拟财产的纠纷解决机制。

（二）虚拟财产外延分类

通过笔者对国内学界有关虚拟财产主要学术成果的观察，笔者发现学界对于“虚拟财产”这一概念的外延一直没有一个统一的意见。如果对于虚拟财产的定义仅仅如前文所述以“模仿”作为其核心内容的话[②]，会导致我们对于虚拟财产的对象总是摆脱不

---

① 这种方法一方面可以解决学界对于虚拟财产性质之争议，另一方面也是面对某一新型财产的权宜之计。因为目前科技发展尚未足以达到将虚拟财产的全部特性与清晰外延暴露无遗的程度，所以选用这种“关系范式”能够更好地处理现有争端，但随着理论与科技的发展，虚拟财产这一财产类型最终还是要回到“权利范式”的框架中来。参见申晨：《虚拟财产规则的路径重构》，载《法学家》2016 年第 1 期。

② 参见前引注 5、6。林旭霞老师对于虚拟财产概念的界定参照 Joshua 教授的观点而着重于“模拟现实事物”。事实上，这种概念界定是有些脱离 Joshua 教授的本意的，Joshua 教授对于虚拟财产原本的定义是“一种数据编码，广泛存在于网络中，包括域名、统一资源定位符、网站、电子邮箱账户乃至整个虚拟世界。See Joshua A. T. Fairfield，Virtual Property 85 B. U. L. Rev. 1047（2005），pp1049－1050.

了比照网络游戏的理解，从而造成对虚拟财产的规制面过窄，对于网站、网络账号等虚拟财产的规制缺少合理性。

因此，笔者尝试参照现有的学术成果，结合当今社会新的发展，对于虚拟财产的具体外延做一个简单的归纳。[①]

1. 货币类虚拟财产

“货币”是一个经济学上的概念。根据马克思主义政治经济学原理，货币是一般等价物，表现其他一切商品的价值。[②] 而货币类的虚拟财产，就是网络运营商比照现实中货币的功能在网络中创设的一种程序——拥有现实中货币的全部或部分功能，用户可以使用此类货币满足自己在对应虚拟空间的某些需求。例如在腾讯QICQ平台上的Q币、京东商城平台上的京豆等，它们有些是需要用户用现实货币兑付的，有些是需要用户付出劳动（多数是参与游戏等活动）获得的，还有一些是平台赠与用户的。

需要特别指出的是，货币类虚拟财产已经表现出一些现实化的趋势，例如基于区块链加密技术而形成的比特币，这种货币因为采用了一套全新的、去中心化的、不需要信任基础的点到点交易方法而获得网络用户更大的信任，[③] 有时用户这种对植根于技术的交易信任程度甚至高于以国家主权做担保的纸币。就算有些货币类虚拟财产没有像比特币一样的特殊性质，它们在一定条件下也可以充当用以交换现实物品的“货币”，例如京东网上商城的“京豆”以及天猫购物商城的积分等。随着科学技术的发展和网络新兴业态的出现，货币类网络虚拟财产与现实商品的交互关系越来越深入、复杂，这种虚拟货币类财产的存在也就成为现代财产

---

① 在学界，关于对于虚拟财产进行分类的进路有很多，如财产性的虚拟财产、人格性的虚拟财产等分类。但笔者认为此类划分方法更多是功能性的，当我们在对于虚拟财产本身进行研究的时候，采用外观的方式对于虚拟财产进行分类似乎更为可行与合理，对于虚拟财产财产性与人格性的讨论亦可以在此框架内进行。笔者对于虚拟财产外延分类参考的主体框架是江波博士对于虚拟财产的分类。参见江波：《虚拟财产司法保护研究——以民法的适用为核心》，北京大学出版社2015年版，第31—34页。

② 卡尔·马克思：《资本论》第1卷，人民出版社1975年版，第80—85页。

③ 沈鑫：《区块链技术综述》，载《网络与信息安全学报》2016年第11期；李威：《论网络虚拟货币的财产属性》，载《河北法学》2015年第8期。

体系回避不了的问题。

2. 物品类虚拟财产

这类虚拟财产就是我们一般所认为的在虚拟世界中“模拟”现实事物而出现的具体化虚拟财产了，主要包括网络游戏中的游戏装备以及在某些购物平台中由用户所拥有的网店等。此类虚拟财产规模大、数目多、附加值高，也就成为产生财产争议的重灾区。例如，在目前的游戏 CSGO 中，某些稀有的“枪支皮肤”就需要十几万甚至几十万，大大超出了大众对于网络游戏投入的原有印象。甚至网络上围绕这种虚拟游戏装备交易已经形成了完整的产业链，有专门的平台从事网络虚拟财产交易的中介。

至于购物网店，则更是网络时代下一笔庞大的财富。以淘宝网中“一四金冠”店铺柠檬绿茶为例，其拥有固定粉丝数量 123 万，店铺的日均页面浏览数超过 200 万，经营品种涉及化妆品、服装、玩具、食品等，这种体量的网店如果出现民事纠纷，其标的额往往特别巨大。目前，国内网店的法律纠纷数量也在不断上升，根据中国裁判文书网显示，截至 2019 年 11 月 17 日，涉及网店的有关民事争议达到 26083 起，① 关于网络店铺的诉讼正在成为我国民事诉讼的主要内容之一。

3. 账号类虚拟财产②

账号类的虚拟财产有两个特点：①作为获取账号内虚拟财产

---

① 参见中国裁判文书网。http://wenshu. court. gov. cn/website/wenshu/181217BMTKHNT2W0/index. html? pageId＝8ea0af16cfcf353264ba162349716f41&s21＝%E7%BD%91%E5%BA%97&s16＝%E5%A9%9A%E5%A7%BB%E5%AE%B6%E5%BA%AD%E7%BA%A0%E7%BA%B7&s13＝9013.

② 由于国内大多数学者对于虚拟财产的考虑是以网络游戏为模型的，所以很少有学者将 URL（统一资源定位符）、网站以及社交账号的关注度等涵盖在虚拟财产之内。但事实上，许多网络地址、网站中的内容是非常具有价值性的，比如 www. baidu. com 这一 URL 就已经成为一个财产性极强的网址，法律应该考虑对其进行保护。See Joshua A. T. Fairfield, Virtual Property 85 B. U. L. Rev. 1047（2005），1055－1058；Sally Brown Richardson，Classifying Virtual Property in Community Prooerty Regimes：Are My Facebook Friends Considered Earning，Profits，Increases in Value，or Goodwill?，Tulane Law Review，Vol. 85，Issue 3（February 2011），pp. 717－770.

的途径，与所有的虚拟财产联系在一起；[①] ②有些账号自身就有价值。

首先，账号类虚拟财产是一个获取虚拟财产的渠道。许多账号一开始都是免费创建或申请的，此时还很难说其具有价值，也称不上是虚拟财产。[②] 这种账号类的潜在价值性是随着用户的使用、经营而显现出来的。一旦在账号内部有了前述两类虚拟财产，这种账号自身也就具有了价值，成为获得前述虚拟财产的钥匙与途径。

除此之外，有的账号自身就具有价值。一方面，像手机号、QICQ账号具有由阿拉伯数字组成的特点，某些很短或者有规律的号码自身就具有稀缺性。稀缺的商品总是有市场的，随着用户的增多，大家对于稀缺性资源的需求就相应扩大，这类稀缺性账号的价值也就自然上升；另一方面，随着自媒体时代的到来，账号的价值开始体现为获得网络用户的关注数，即我们通常所讲的“粉丝数”，有众多粉丝关注的账号以及受大众关注的网站其价值是不可小觑的，这类虚拟财产正在成长为一个新的虚拟财产外延。

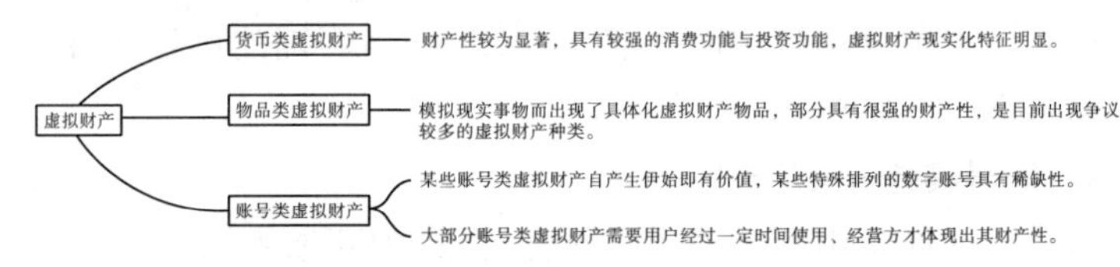

图1　网络虚拟财产外延分类

二、反思梳理：在夫妻财产制度中确认虚拟财产归属的必要性及困境

虚拟财产对于财产体系的扩充需要我国每一个部门法给予回

① 学界还有一种对于虚拟财产进行分类的观点，即将虚拟财产分为“虚拟入口”与“虚拟资产”，笔者认为这种分类方法亦有可取之处，但是可以统一于显性的虚拟财产外延分类之内，账号、链接类虚拟财产就可以承担作为“虚拟入口”的职能。参见许可：《论虚拟财产的法理》，对外经济贸易大学2015年博士学位论文。

② 江波：《虚拟财产司法保护研究》，北京大学出版社2015年版，第32页。

应，而具体到民法典婚姻家庭编中，则体现为如何使虚拟财产兼容于我国法定夫妻共同财产制之中的问题。在夫妻财产分割过程中，虚拟财产因为其独特的属性而给裁判带来了准确分割和合理认定的问题。究竟虚拟财产属于夫妻共同财产还是夫妻个人财产中的一方专有生活用品？如果属于夫妻共同财产，在裁判中应该如何处理虚拟财产的分割问题？如何准确地评判虚拟财产的具体价值？一方面，在夫妻财产制度中给予虚拟财产一定回应是十分有必要的，但是如何给予其合理合法的回应则面临着很多问题与困难。

（一）在夫妻财产制度中确认虚拟财产归属的必要性

我国《民法总则》第127条明确规定：法律对数据、网络虚拟财产有规定的，依照其规定。我国部门法中极少有关于网络虚拟财产规制的内容。所以，在夫妻财产制度中确认虚拟财产归属，是完善我国民法体系的必要途径。

夫妻财产制度中确认虚拟财产归属是适应社会现实的需要。

近年来，我国的法律实务领域关于夫妻离婚虚拟财产的分割问题正在悄然出现。2019年杭州市中级人民法院裁判了一个有关离婚财产的二审纠纷——周某、张某系夫妻，婚姻存续时主要的收入来源是经营网店，在离婚时就网店如何分割产生了争议，最终裁定维持一审原判，根据《离婚协议书》，女方享有网店股份的85%，男方享有网店股份的15%。[①] 这个案件涉及的标的额高达700多万。这仅仅是最近的一个夫妻间虚拟财产纠纷的判决，这样的判决在我国还有很多。

夫妻共同财产制度中确认虚拟财产归属是完善我国夫妻财产制度基础理论的需要。

观察我国近年来对于夫妻财产制度的法律安排，我们可以发

① 参见杭州市中级人民法院（2019）浙01民终7240号民事判决书；杭州市上城区人民法院（2018）浙0102民初2982号民事判决书。

现对于夫妻财产制度的立法是经历了一个价值取向变迁的[①]：1950年的《婚姻法》对于夫妻财产制度仅作出了一条简洁的规定——“夫妻双方对于家庭财产有平等的所有权与处理权”，这种夫妻财产共同所有制的规定体现了维护社会利益的一种偏向，是对于弱者利益的一种保障；而1981年的《婚姻法》则体现了对于社会利益与个人利益的兼顾，主要表现为法定夫妻财产制度改为婚后所得共同制以及规定了约定财产制度；而2001年对《婚姻法》进行修改之时，这种保护个人利益的取向更加明显，通过缩小共同财产范围、设立夫妻个人财产等形式来进一步保护每个独立个体的利益。而虚拟财产这一概念，就涉及再进一步地做出价值抉择——部分虚拟财产在具有巨大财产性的同时有着比较强的身份性，对于具有这类特征的财产进行准确处理将促进中国婚姻制度基础理论的进步。

夫妻共同财产制度中确认虚拟财产归属是基于虚拟财产的特殊性。

虚拟财产不同于其他财产，有着自身独特的属性，这使得适用于夫妻共同财产中的其他动产以及不动产的规则面对虚拟财产不能适用的问题。换句话说，我们很难通过类推现有的关于夫妻共同财产制度的规定来适用于虚拟财产领域。

首先，虚拟财产的具体范围与普通财产不同。虚拟财产虽然是由信息流构成的代码组合，但是这种代码组合不具有可分割性。[②] 在确认夫妻之间虚拟财产归属，尤其是在处理夫妻离婚虚拟财产的分割问题之时，应该从整体的角度来对虚拟财产进行处理。其次，虚拟财产确定归属在确定原则上与以前的财产也不相同。许多虚拟财产人身属性较强，在进行权属确定时应该从保护个人利益的原则出发；有关虚拟财产的争议往往牵涉到第三人，即网络运营商，所以有必要为夫妻共同财产的处理确立尊重运营商的

① 杨晋玲：《夫妻财产制比较研究》，民族出版社2004年版，第3—12页。

② 吕春伟：《论离婚案件中虚拟财产的分割》，河北大学2016年硕士学位论文。

有关原则[①]。

（二）在夫妻共同财产之中确认虚拟财产归属面临的困境

1. 裁判时缺乏法律依据

我国对虚拟财产的民事法律规制仅限于《民法总则》第127条这一抽象的条款。这也导致了法院在处理虚拟财产权属性问题时，总是托词以“不在受案范围”而“不予立案”“不予受理”[②]，使虚拟财产无法得到救济。同时法院不会轻易做出判决的原因还在于虚拟财产这类特殊财产在理论上尚且存在争议之处，有些虚拟财产比较容易判断的，例如网店，完全可以比照实体店铺予以裁决；而有些虚拟财产种类，例如有价值的社交账号，到底属于夫妻共同财产中的“其他应当归共同所有的财产”还是夫妻个人财产中的“一方专用的生活用品”？在分割标准问题上，又应该采用何种标准来使当事人满意呢？这都是存在问题的。法院在没有法律依据的情况下是很难受理这类案件的。法院在进入诉讼程序之前就将此类争议排除受理，这显然是不合适的。

2. 虚拟财产的价值难以确定

尽管学界都认为虚拟财产具有互联性，存在可交易的二级市场以及用户可使其增值性等特征，[③] 但是对于虚拟财产的具体价值却没有一个可评价的衡量标准。并且虚拟财产的外延纷繁复杂，怎么衡量一个URL的具体价值呢？公共社交账号的价值一定是与其关注量呈正相关关系吗？这些具体的标准很难用法律规范予以确定，因此也为司法实践带来了相当大的困难。在个案之中，司法人员对于网络虚拟财产价值的评估主要是依靠当事人的陈述、自己的判断以及网络二级市场报价来予以确认，这样的价格判断具有相当大的随意性与不确定性，极易导致同案异判，从而有损

---

① 吕春伟：《论离婚案件中虚拟财产的分割》，河北大学2016年硕士学位论文。

② 陈奇伟、刘伊纳：《数字遗产分类定性与继承研究》，载《南昌大学学报（人文社会科学版）》，2015年第5期。

③ See Charles Blazer, “The Five Indicia of Virtual Property”, 5 Pierce L. Rev. 137 (2006), pp. 137－161.

司法公信力。

这也就是法院很少对夫妻财产争议中的虚拟财产争议进行处理的原因。法院对于虚拟财产归属的确认困境也往往使夫妻财产纠纷中的虚拟财产诉求没有得到满足，又把纠纷交回给了夫妻，很容易加深矛盾，引起更大的问题。①

3. 虚拟财产确认归属的搜证、举证存在困难

由于虚拟财产是架构在网络系统之中的，所以涉及虚拟财产的举证问题时，网络参与者很难在不依靠网络运营商的情况下自行收集虚拟财产的信息、交易记录等内容，时常会陷入无证可举的窘境。如果需要网络运营商配合，一方面会给网络运营商带来负担；另一方面，网络运营商也不愿披露完整的关键性资料，在这种情况下，当事人很难形成完整的证据链，也为法官的裁判带来了困难。

同时，由于许多虚拟财产证据细节需要依靠账号密码这一“入口”才能够获得。所以，在很多情况下，掌握账号密码的一方就拥有了极大的话语权——既可以不配合对方，不出具相关资料，又可以在对方查证之前登录账号修改关键信息。

4. 虚拟财产确认归属后执行困难

夫妻之间需要确认虚拟财产的具体归属，主要存在三种情况：①夫妻离婚时的虚拟财产分割；②夫妻之间在出现《婚姻法司法解释（三）》中规定的分割共同财产的重大理由；③夫妻一方死亡，需要先分割夫妻共同财产后再处理继承问题。

在大多数情况下，在确认虚拟财产归属之后往往都要进行分割。但是与其他财产等可以通过法院查封、冻结等方式得以执行不同，虚拟财产无法通过传统的法院强制执行来处理。即使法院可以与网络运营商合作，通过技术手段查封、冻结虚拟财产，可是这一证据容易被修改，也难免给网络运营商增加工作量。

---

① 刘冬冬：《论离婚案件中夫妻共有网络虚拟财产的分割》，山西大学2016届硕士学位论文。

三、法理检视：虚拟财产进入法定夫妻财产制度的逻辑构建

作为一种新兴的财产形式，虚拟财产如果想要进入夫妻财产制度的话语体系，并且在这种话语体系中取得正当性，无疑还需要接受一系列理论上的拷问。所以，如何搭建起理论的桥梁，能够让虚拟财产融入夫妻财产制度之中，同时准确地找到其在夫妻财产体系中的定位，让夫妻财产关系中虚拟财产的规制拥有权威性，无疑是非常重要的。

（一）基于婚姻关系模式对虚拟财产进行理解

要理解虚拟财产在夫妻财产中的性质与定位，要追溯到夫妻财产关系的根基——婚姻关系模式。婚姻关系模式是家庭法哲学的一个重要方面。目前，国内亲属法研究中无论对于婚姻关系模式还是对于家庭法哲学都有还不够深入，导致亲属法整体理论相较于其他部门法处于较弱的境地。[①] 然而很多具体法律问题的解决都有赖于对其法理根源的解释，所以，结合婚姻关系模式去理解虚拟财产在夫妻财产制度中的定位就显得极为必要。

关于婚姻关系模式理论，目前学界归纳有 6 种学说：婚姻契约模式、婚姻伦理模式、婚姻合伙模式、婚姻盟约模式、婚姻关系契约模式以及婚姻身份模式。[②] 如果将此六类模式做一个具体的考量，我们可以发现婚姻关系模式理论中只存在两种因素的博弈——即契约因素与伦理因素的博弈。婚姻契约模式是契约因素占主导的典型代表，主要表现为围绕共同生活和经济合伙而展开的身份关系和财产关系协议，以康德的契约思想作为其哲学依据，“婚姻就是两个不同性别的人，为了终身互相占有对方的性官能而产生的结合体……它是依据人性法则产生其必要性的一种契约”。[③]

---

① 杨晋玲：《亲属法基础理论问题研究》，法律出版社 2018 年版，第 127 页。

② 杨晋玲：《亲属法基础理论问题研究》，法律出版社 2018 年版，第 91 页～126 页。

③ ［德］康德：《法的形而上学原理——权利的科学》，沈叔平译，商务印书馆 2005 年版，第 94～95 页。转引自杨晋玲：《亲属法基础理论问题研究》，法律出版社 2018 年版，第 93～94 页。

而婚姻伦理模式则是以黑格尔的哲学思想为依托，“婚姻是具有法的意义的伦理性的爱，这样就可以消除爱中一切倏忽即逝的、反复无常的和赤裸裸的主观因素”。[①] 这种婚姻关系模式更加注重夫妻关系的伦理性、身份性，更加“重视当事人之间的非经济和情感因素”[②]。

一个国家的婚姻立法选择不同的婚姻关系模式，即是为自己的婚姻法选择不同的哲学基础，而不同的婚姻哲学思想所导向的则是对待具体婚姻问题的不同思维方式与解决进路，其中就包括了笔者所要讨论的夫妻财产制度立法模式。

在婚姻契约模式的理论框架下，夫妻财产制度更倾向于保护个人财产权利，更加凸显“平等”“自由”价值的重要地位。以德国对于夫妻财产制度的立法模式为例，《德国民法典》第1363条a对于夫妻财产制度采“财产增加额共同制”，婚姻双方的财产不成为双方的共同财产，只有在婚姻存续期间，一方的财产增加额超过另一方的财产增加额，超出之额一般才归另一方。[③] 其实我国的夫妻婚后所得共同制也是参考了德国的这一立法体例。英美法系的大部分立法例也将立法者对于婚姻“合伙”的这一认知暴露无遗——英国在其1935年和1962年通过的《法律改革法》中阐明了自己的态度：夫妻各自享有独立的人格，他们对于各自取得的财产独立地享有所有权，以及独立提起诉讼与对外签约的能力。[④]

而基于婚姻伦理模式导出的夫妻财产制度则更加注重社会利益的维护，保护弱者利益的原则更加突出，更加反映了在夫妻财产制度立法中的“公平”价值。在美国原属西班牙、法国殖民地

① ［德］黑格尔：《法哲学原理》，范扬、张企泰译，商务印书馆1996年版，第177页。转引自杨晋玲：《亲属法基础理论问题研究》，法律出版社2018年版，第96页。

② 康娜：《关系契约视野下的婚姻观——对传统契约观的反思和突破》，载《法律科学》2009年第5期。

③ 陈卫佐译注：《德国民法典》，法律出版社2004年版，第381页。

④ See Kate Standley, Family Law, Palgrave Macmilan, 2004. Fourth Edition, pp38. 转引自孙艳军：《我国夫妻财产制的发展趋势研究》，中国政法大学2012年博士论文。

等受罗马法影响较大的州，于 1983 年批准实施了《美国统一婚姻财产法》，实行一般的共同财产制度：除本法另有规定外，配偶间一切财产均为婚姻财产；每一方配偶对于婚姻财产都享有未分割的二分之一既得利益。① 这种一般的共同财产制度就更加侧重于婚姻中弱势群体的保护，表现了夫妻财产制度中较为鲜明的伦理属性。

回到我国《婚姻法》中的夫妻财产制度，我们可以看到，其立法模式——夫妻婚后所得共同制是兼具契约性与身份性的，但又更加侧重于对于夫妻关系契约属性的维护。那么回到虚拟财产的讨论中，如果要让虚拟财产顺利地进入我国的夫妻财产体系之中，就必须对虚拟财产进行具体地分析，明确其地位与性质，从而确定我国夫妻财产体系对虚拟财产采用怎样的态度。尤其是在我国《婚姻法司法解释（三）》颁布以后，扩大了夫妻个人特有财产的范围，同时创立了婚内财产分割制度，表现了我国《婚姻法》进一步向契约化、合伙化发展，保护个人财产权利的价值取向。②

在我国《婚姻法》不断发展的过程中，虚拟财产在夫妻财产制度中的定位就必须更加谨慎，首先应该肯定虚拟财产应该进入《婚姻法》的保护范围，其作为一种财产类型，无论是作为夫妻共同财产还是个人特有财产，都必须被《婚姻法》所规制，这是保障公民财产权利与法律明确性的要求；同时，要确认虚拟财产身份性与财产性，在综合考虑意思自治原则、保护交易安全原则以及保护弱者利益原则等的前提下予以妥善处理虚拟财产归属。

（二）虚拟财产的人身性与财产性

如果需要为虚拟财产进入夫妻财产制度打通逻辑桥梁，同时为虚拟财产在夫妻间的归属确定稳定合理的规范，就需根据虚拟财产的特点结合具体外延进行类型化分析。尤其在网络时代，虚

① 中国法学会婚姻法学研究会编：《外国婚姻家庭法汇编》，群众出版社 2000 年版。转引自孙艳军：《我国夫妻财产制的发展趋势研究》，中国政法大学 2012 年博士论文。

② 孙艳军：《我国夫妻财产制的发展趋势研究》，中国政法大学 2012 年博士论文。

拟财产应该是一“类概念”，在此类概念统摄下的形形色色之外延应该各有特点，为其确立一个统一规则是不现实也不合适的。

刘奇伟教授在讨论虚拟财产的继承问题时，曾将虚拟财产进行了一种“人格性显著类”“财产性显著类”以及“人格性与财产性混合类”的分类定性研究，以确认虚拟财产不同外延的继承规则。[①] 在婚姻财产归属的问题上，我们也可以比照这一方法，将前文所述的网络虚拟财产的外延依据人身性与财产性做具体归纳，以确定不同虚拟财产类型的不同裁判规范。

虚拟财产之所以被称之为财产，是因为其具有财产性。但是，不同虚拟财产的财产性强弱是有区别的，一个高活跃度网店的财产属性要比某一私人社交账号财产属性强。绝大部分的虚拟财产外延具有财产性，前文所述货币类虚拟财产、物品类虚拟财产都属于此类型。这种虚拟财产类型其人身附着的属性已经基本消失，其中的大部分已经可以直接进入市场进行交易。比如某些数字货币，在某种程度上，比特币甚至可以直接代替现实货币执行价值尺度与交付手段的职能。2008 年的《关于个人通过网络买卖虚拟货币取得收入征收个人所得税问题的批复》与 2009 年的《文化部、商务部关于加强网络游戏虚拟货币管理工作的通知》[②] 都采用了将网络虚拟货币直接归属个人财产的方式。所以，大部分的货币类、物品类虚拟财产都具有较强的财产属性与较弱的人身属性，在处理夫妻财产中的这类财产纠纷之时完全可以比照其他财产进行处理。

这类虚拟财产主要指账号类虚拟财产，因为大部分账号、网站都需要身份认证，并且账号也只是用作日常社交，所以此类账号就打上了鲜明的人格烙印。比如，个人在网络中的个人信息或

---

① 陈奇伟、刘伊纳：《数字遗产分类定性与继承研究》，载《南昌大学学报（人文社会科学版）》，2015 年第 5 期。

② 具体参见《关于个人通过网络买卖虚拟货币取得收入征收个人所得税问题的批复》，http://www.chinatax.gov.cn/n810341/n810765/n812171/n812685/c1191096/content.html.《文化部、商务部关于加强网络游戏虚拟货币管理工作的通知》，http://www.ccm.gov.cn/zgwhscw/gfxwj/199809/09c481864cac4981b909bdbb980b2cb1.shtml.

者从事网络社交活动留下的信息痕迹能够被作为夫妻共同财产所分割吗？这是很难让人接受的。[①] 而且在大部分情况下，在处理人身属性较强的虚拟财产时还存在是否侵犯隐私权的问题，如前文所述，这也是举证困难所在。有时其财产性的发生与增强还与其人身性有着直接的因果关系：大部分的“网红经济”所依托的正是这种具有高度人身性的网络虚拟财产，这样的虚拟财产能否进入夫妻共同财产的归属范围内呢？是可以讨论的。值得注意的是，笔者在此处所称的账号类虚拟财产的大部分不包括前文述及的作为“虚拟入口”的账号、链接类虚拟财产，[②] 这类虚拟财产与具有财产性的网络虚拟财产绑定在一起而具有从属性，其承担的主要是获取这类虚拟财产的途径职能。

（三）夫妻共同财产还是个人特有财产

虚拟财产进入夫妻共同财产的体系，就必然要适应夫妻共同财产制度的发展方向，按照自身特点来审慎确定夫妻共同财产与个人特有财产的归属。

按我国《婚姻法》的规定，夫妻共同财产主要包括夫妻在婚姻存续期间获得的工资、奖金、生产经营的收益、知识产权的收益、继承或赠与所得的财产以及其他应当归夫妻共同所有的财产。那么，网络虚拟财产是否进入夫妻共同财产这一范畴呢？我们可以按照虚拟财产的外延逐一进行分析。

夫妻一方在婚姻存续期间获得的货币类的虚拟财产是可以算作夫妻共同财产的。比如比特币等数字货币是具有投资属性的，完全可以算作是生产经营的收益，而夫妻一方在诸多网络购物平台中所拥有的虚拟货币，也可以看作是为了家庭共同生活而积攒

① 陈奇伟、刘伊纳：《数字遗产分类定性与继承研究》，载《南昌大学学报（人文社会科学版）》，2015年第5期。

② 许可：《论虚拟财产的法理》，对外经济贸易大学2015年博士学位论文。

获得的，应该属于赠与所得财产或者其他应当归共同所有的财产[①]。并且，这种虚拟财产是“可分的”，一方面它可以部分转让，另一方面其折算现实价值更加简洁与方便。

对于物品类虚拟财产应该进行具体的分析。首先，网店这一物品类虚拟财产应该落入夫妻共同财产之范畴。[②] 我国最大的电商平台——淘宝网也于2013年制定了夫妻离婚的情况下网店分割或转让的相应实施细则，能够帮助夫妻在离婚时处理财产归属问题。[③] 目前法院也有越来越多的判例承认了网店的可归属性，如2012年北京中级人民法院就处理了一起关于网店分割的离婚财产争议，是关于夫妻离婚的网店归属争议，双方当事人都向法院主张网店的使用与经营权，最终法院判决网店归一方当事人所有，此当事人对另一方当事人进行作价补偿。[④]

而对于诸如网络游戏装备等物品类虚拟财产而言，其是否可以算作夫妻共同财产是存疑的，如果说网店是因为其拥有“经营”的性质而可以突破其人身专属性的话，网络娱乐是否算作一种经营行为就值得我们讨论了。在司法实践中，法院对于夫妻离婚纠纷中有关网络游戏装备的争议存在两种解决方法：驳回分割游戏装备的请求或者让注册方给予请求方一定经济补偿。[⑤] 所以针对网

---

① 这种平台上的虚拟货币很多情况下是平台赠与给用户以刺激其进行消费的，其中也可能会有用户通过购物或平台上的小游戏而获得的。因为这种虚拟货币可以在固定平台上进行与实物的兑换，所以具有较强的财产性。与此同时，这种虚拟货币的主要作用是兑付商品以维持家庭生活，所以应该属于夫妻共同财产的范畴。

② 需要注意的是，笔者在此所说的“网店”乃是采用C2C（Customer to Customer）模式的用户个人网店，与此相反的，例如阿里巴巴集团天猫平台等采用B2C（Business to Customer）模式的企业网店纠纷以及用户建立的公司法人网店纠纷则不在本文研究范畴，可以直接比照公司股权分割的规则进行处理。参见刘婷：《互联网时代背景下关于离婚案件中网店分割的法律问题研究——以C2C交易模式下的淘宝网店为视角》，载《法律适用》2016年第1期。

③ 参见淘宝网：《离婚、继承引起的网店过户细则发布》https://hot.bbs.taobao.com/detail.html?spm=a210m.8146691.0.0.6e39fe81eLPafe&postId=6967798.

④ 参见（2012）二中民终字第11050号判决书。

⑤ 参见网易新闻：《80后离婚要分网游装备》，http://news.163.com/10/1228/03/6OV9BCMM00014AED.html；叶仕欣：《离婚没问题，先分网游账号》，载《广州日报》2012年8月8日。

络游戏装备等娱乐性的物品类虚拟财产，我们不应该轻易认定为夫妻共同财产，还是应该进行具体的分析，比如其具有的财产性的程度以及双方对于此类虚拟财产的贡献等。

同样地，我们也需要具体分析账号类虚拟财产来确定其是否属于夫妻共同财产：

①对于那些自身就有价值的账号来说，如果这种“靓号”是夫妻生活为了投资或处于某些求异心理而收购的，那么这类账号虚拟财产的人身属性其实是很弱的，在确认共同财产范围时也就可以较为容易地囊括在内。如果这种“靓号”仅仅是夫妻一方日常使用的“财产”，则我们不能就这么轻易将其划分在夫妻共同财产之内。因为这种“靓号”仅仅在某种程度上具有一定的稀缺性，其之所以拥有价值，是因为我们人为地赋予了其价值。如果我们不在这种账号的表面投注太多精力，它也仅仅只是一个生活用品而与一般的账号无异。

②对于那些人们日常生活使用的账号而言，这种账号具有高度的人身性并且与人们的隐私权息息相关，是他人不应该涉及的领域。对于这种虚拟财产的保护，就鲜明地体现了法律对于人格权以及婚姻伦理性的维护。

③在现代社会中，这样一种情况逐渐成为一种可能——某人可能因为某一方面的特长而在社交平台之上获取大量的关注，而这种关注又可以带来大量经济效益，这时这种账号类虚拟财产就拥有了极大的财产价值。这时，另一方当事人可否在离婚时对于这种账号主张共同财产而请求分割呢？笔者认为，因为在诸如微博账号、抖音账号等社交账号类虚拟财产中具有极强的人身专属性，对于这类虚拟财产主张分割以突破其人身专属性的理由不充分，并且很多虚拟财产的巨大财产性又依附于其人身性而存在，如果认定此财产属于夫妻共同财产，会导致其财产性的损失。

从上述针对具体虚拟财产与夫妻共同财产关系的分析中我们可以看出：虚拟财产是否属于夫妻共同财产，应该结合虚拟财产的外延进行具体地分析。货币类虚拟财产与现实财产的关系密切是应当属于夫妻共同财产的；物品类虚拟财产是否划入共同财产范畴更多地还是看其是否具有“经营”的性质以及是否有外部规范协助归属来确定；至于狭义的账号类虚拟财产在夫妻财产制中的性质，则因其具有高度的人身性，某些情况下其财产性都要依附于人身性，而不能够算作夫妻共同财产。我们还可以看出，并不是具有财产性就可以评价为夫妻共同财产，是否具有财产性是将其评价为夫妻共同财产的必要不充分条件。

四、规范适用：夫妻共同财产制下确认虚拟财产归属的规则构建

（一）被划入一方特有财产的虚拟财产处置

正如前文分析，一旦某种虚拟财产因为其自身的某些特性或外部的规定而被划入了一方财产，无论是夫妻离婚还是一方死亡，另一方都不得主张其属于共同财产而进行分割。但是，如果这种虚拟财产份额特别大，任意地将其归入一方财产是否有违维护社会公平、保护弱势群体利益的原则呢？显然是可能的。

相似的争论发生在夫妻分别财产制中，为了解决夫妻分别财产制而导致的双方利益不平衡，我国法律规定了家务贡献补偿制度，婚姻存续期间，一方在家务方面付出较多义务的，在离婚时有权请求另一方给予一定的经济补偿。[①] 这种制度主要是为了解决在婚姻结束时家务劳动的价值主要被一方占有的问题，[②] 那么，如果家务劳动的价值被一方占有需要补偿，那么虚拟财产的价值被一方占有需不需要补偿呢？当然，家务劳动主要是出于夫妻共同生活的需要，由家务劳动所产出的价值也就当然可以被分割，但是虚拟财产的获取很难说是出于夫妻共同生活的需要，所以其可否被分割存疑。

---

① 参见王歌雅：《家务贡献补偿：适用冲突与制度反思》，载《求是学刊》2011年第5期。

② 高留志：《家务补偿制度的立法完善》，载《河北法学》2004年第2期。

然而，如果忽略规则而进入立法原则层面，家务贡献补偿制度主要是基于夫妻双方权利义务平等原则、保障弱者利益原则以及公平原则而制订[①]，那么从这三个原则的角度出发，虚拟财产的价值被一方所占有也需要补偿。在婚姻家庭生活中，每个人从事的活动都不会是独立的，一方的家务照顾以及发展建议都对另外一方的生活与工作有着或大或小的作用。如果严格地认定某件价值量巨大的虚拟财产属于某一方，则另一方在婚姻中为对方获得虚拟财产所付出的劳动就被忽略了，是不合适的。因此，法律应当作出规定，对于那些人身性极强以至不能够被归属于夫妻共同财产的虚拟财产，如果其具有较强的财产性并且婚姻另一方确实为此财产的增加做出了贡献，应该由虚拟财产归属的一方给予另一方以适当补偿。

（二）夫妻共同财产范畴下的虚拟财产处理思考

属于夫妻共同财产的虚拟财产在夫妻关系结束时如何确定归属以及具体分割方式等问题，我国目前还缺乏法律依据、价值认定困难以及执行判决困难等问题，下面笔者就针对前述问题提出思考与建议。

（三）虚拟财产进入夫妻共同财产的立法

在我国民法体系中，除了《民法总则》第 127 条，仅仅依靠扩张解释《婚姻法》第 17 条中“其他应当归共同所有的财产”也难免存在论证上的困难，无法达到区分何种虚拟财产属于夫妻共同财产，何种虚拟财产属于一方特有财产的效果。

要解决立法规制不足的问题，有两种处理思路：第一，在《中华人民共和国民法典》婚姻家庭编中延展范围，将货币类虚拟财产、网店等物品类虚拟财产以列举的方式明确为夫妻共同财产；第二，明确规定夫妻共同财产的推定制，因为“不管法律规定的如何明确、具体，无论立法技术如何完善，都不可能穷尽夫妻财

① 陈苇：《夫妻财产制的立法原则以及若干问题研究》，载《东南学术》2001 年第 2 期。

产的所有情况”[①]。推定共同财产的情况在国外是很常见的，如《法国民法典》第1402条就规定了“凡不能证明其依据法律的规定属于一方的自由财产，均视为婚后共同取得的财产”。[②] 如果我国引入这一制度进入夫妻财产制立法中，对于分割夫妻共有虚拟财产的难题也将迎刃而解。

（四）建立网络虚拟财产价值评估机构

网络虚拟财产并没有达到成熟完善的状态，所以法院在判决虚拟财产归属时，如何准确确定虚拟财产的具体价值也成为阻碍司法裁判的一个重要原因。如何准确评定虚拟财产的具体价值呢？这里的建议是引入一个第三方机构，由其承担起评估虚拟财产价值的任务。

因为虚拟财产是一个有二级市场的特殊财产种类，不能仅仅依靠网络服务商的定价来对其具体价值进行衡量，在很多情况下，连网络服务商也无法对某些网络虚拟财产提供定价。所以，引入一个有资质的第三方平台，对虚拟财产进行价值评定。事实上，在现实生活中已经伴随社会发展的需要而产生这种业务了。通过网络检索，有很多会计师事务所就开辟了这样的业务。[③] 这种第三方机构要参考网络服务商提供的价格、二级市场的价格以及未来的预期价格来出具一份客观、中立的鉴定报告，从而达到合理评估网络虚拟财产价值的效果。

（五）具体执行时参照其他财产处理方式

除了部分货币类虚拟财产之外，大多数虚拟财产是作为一个账号下完整而不可分割的整体性财产而言的，如果确认归属之后

---

① 杨晋玲：《中国与法国法定夫妻财产制比较研究》，载《云南大学学报（法学版）》2004年第3期。

② 罗结珍译：《法国民法典（下册）》，法律出版社2005年版，第1133页。相似的情况还有《日本民法典》规定的“夫妻间归属不明的财产，推定为共有”等。参见王爱群译：《日本民法典》，法律出版社2014年版。

③ 慧运（中国）会计师事务所的资产评估业务中就包括了对在线游戏的价值评估，http://www.huiyun.com.cn/zhuyingyewu/zichanpinggu，参见刘冬冬：《论离婚案件中夫妻共有网络虚拟财产的分割》，山西大学2016年硕士论文。

要进行分割，其在执行上存在困难。在司法实践中，法院对于夫妻共有财产的分割方式往往作为可分物均等比例按份分割；不可分物采取一方得实物、一方得补偿款的形式。而网络虚拟财产不同于一般的实物，通常无法均等分割给当事人，其权利只能由夫妻一方取得。[①]

如果一方对于虚拟财产中的共同财产部分主张权利而另一方不主张，这种情况是好处理的，只需要财产归属于一方而对于另外一方予以经济补偿即可。但这种处理方式在双方都主张或双方都不主张共同财产中虚拟财产权利时就会陷入窘境。我国《婚姻法司法解释（二）》对于房屋、股权等无法分割的财产形式采取了夫妻竞价以及司法拍卖的处理方式，同样可以用于虚拟财产争议的情况中。

（六）司法拍卖

如果夫妻双方对于虚拟财产中的共同财产部分都不主张权利，可以参照《婚姻法司法解释（二）》第 20 条[②]对于房屋所有权争议处理的路径，对于虚拟财产进行司法拍卖，当事人在所得价款中进行分割。

这种司法拍卖的处理方式还可以适用于这样一种情形：因为虚拟财产价值的评定带有一定主观性，所以极有可能出现一方当事人认定虚拟财产价值偏高而一方当事人认定虚拟财产价值偏低的情况，在这时也可以适用司法拍卖的方式进行处理。从“第三人”的角度来反映这种网络虚拟财产的价值，既有利于夫妻双方的利益，也可以处理争议、化解矛盾。

在具体处理上，可以以夫妻双方预期的最低价格作为起拍价，夫妻双方也可参与拍卖，若无人参与拍卖，财产可以归属于夫妻

---

① 陈伟：《夫妻离婚分割共有网络虚拟财产的问题研究——以网络用户为视角》，西南政法大学 2014 年硕士论文。

② 《最高人民法院关于适用〈中华人民共和国婚姻法〉若干问题的解释（二）》第 20 条：双方对夫妻共同财产中的房屋价值及归属无法达成协议时，人民法院按以下情形分别处理：……双方均不主张房屋所有权的，根据当事人的申请拍卖房屋，就所得价款进行分割。

预期价值较高的一方，并由此方按较高的价格给予另外一方以补偿；若有人参与拍卖且最终价格超过了夫妻预期的最终价格，夫妻可以对于拍卖所取得的价款进行分割。[①]

（七）夫妻竞价

如果夫妻双方对于属于共同财产的虚拟财产都主张自己的权利，则可以参照《婚姻法司法解释（二）》第18条以及第20条中关于处理独资企业和房屋所有权的规则，[②] 由夫妻双方竞价取得，由取得虚拟财产的一方对另一方给予相应的经济补偿。

虚拟财产价值的主观性导致的夫妻双方对于虚拟财产价值的不同认定，如果让当事人自行进行竞价，也尊重了当事人的意志自由，同时能够满足一方取得权利的需要，又让另外一方得到经济补偿，符合了当事人双方的利益。

在竞价中还需要注意：如果法院实时竞价之时一方当事人恶意抬价，其又没有给付另外一方当事人经济补偿的能力，从而损害对方当事人的利益。要解决这一问题，就要建立一个完整的竞价处理机制，在竞价之前就要确定补偿期限以及如果不能够给予相应补偿，另一方当事人可以采取救济措施，从而保证双方当事人最大利益的实现。

（八）我国夫妻共同财产推定制度的回归可能

伴随数字网络经济的迅速发展，虚拟货币以其极强的财产性以及与生活关系的紧密性进入了人们的财产体系。为了解决这一崭新的财产类型对夫妻财产制度造成的冲击，我们需要结合虚拟财产的外延分类分析虚拟财产中财产性和身份性的关系以判断其

---

① 陈伟：《夫妻离婚分割共有网络虚拟财产的问题研究——以网络用户为视角》，西南政法大学2014年硕士论文。

② 《最高人民法院关于适用〈中华人民共和国婚姻法〉若干问题的解释（二）》第18条：夫妻以一方名义设立独资企业的，人民法院分割夫妻在该独资企业中的共同财产时，应当按照以下情况分别处理：……双方均主张经营该企业的，在双方竞价基础上，由取得企业的一方给另一方相应的补偿……；第20条：双方对夫妻共同财产中的房屋价值及归属无法达成协议时，人民法院按以下情形分别处理：双方均主张房屋所有权并且同意竞价取得的，应当准许一方主张房屋所有权的，由评估机构按市场价格对房屋作出评估，取得房屋所有权的一方应当给予另一方相应的补偿……

在夫妻共同财产制度中的具体归属。

参考文献

杨晋玲．中国与法国法定夫妻财产制比较研究［J］．云南大学学报（法学版），2004（3）．

罗结珍译．法国民法典（下册）［M］．北京：法律出版社，2005．

王爱群译．日本民法典［M］．北京：法律出版社，2014．

论遗产酌给制度的重构

——以我国《继承法》第14条的修改和实施为中心

孔　喆*

摘要：遗产酌给制度以扶养事实为基础，其本质是一种债权请求权，遗产酌给制度的基础来源于历史的传承，对继承制度的补充思想以及基于维护社会公德、社会利益等，对缺乏劳动能力又没有生活来源的人生活的维持，以及对被继承人扶养较多的人的补偿。遗传酌给请求权的主体是非法定继承人，应当包括但不限于继子女、丧偶儿媳和女婿等。

关键词：遗产酌给　请求权　扶养

一、基本案情和主要裁判思路

（一）案情概要[2]

上诉人（原审原告）黄某与被继承人陈某系朋友关系。2010年10月21日，陈某作为“住养方”、黄某作为“送养人或本市担保人”与南京市社会福利院（下称福利院）签订了《住养协议

* 孔喆，辽宁师范大学法律硕士研究生。

本文系2018年度国家社会科学基金一般项目“民法典继承编与其他各编的制度协调和规则契合研究”的阶段性研究成果，项目编号：18BFX111。

② 江苏省南京市中级人民法院（2015）宁民终字第2447号

书》，约定由福利院为陈某提供住养服务并按照标准收取相应费用。2010 年 10 月 27 日，黄某与陈某在福利院签订《委托书》，载明“本人因年老独身无子女，生活不方便。随着年龄的增长，考虑今后的养老问题，特委托朋友黄某作为我的监护人负责我的生活事宜：包括安排入住养老机构、缴纳养老费用和后事安排”。2012 年 10 月 21 日，陈某因心脏骤停死亡。陈某生前系被上诉人（原审被告）南车南京浦镇车辆有限公司（以下简称浦镇车辆公司）的公司职工，自 2010 年 10 月致其死亡期间，陈某的退休金金额在每月 1783.10 元—2244.20 元之间。陈某每月在福利院的床位费、护理费、空调费、伙食费等各项费用之和平均约 2000 元。

2014 年 10 月 28 日，黄某诉至原审法院，请求判决由黄某继承陈某的全部遗产，包括应由浦镇车辆公司支付的住房公积金约 4 万元及陈某所住公房今后拆迁的补偿款。

（二）判决要旨

1. 一审判决要旨

南京市浦口区人民法院认为：继承从被继承人死亡时开始。继承开始后，按照法定继承办理；有遗嘱的，按照遗嘱继承或者遗赠办理；有遗赠扶养协议的，按照协议办理。黄某与死者陈某之间系朋友关系，并非陈某的法定继承人；陈某生前未作出遗嘱或遗赠的意思表示，亦未与黄某签订遗赠抚养协议，故黄某不具有合法的继承人资格。黄某提交陈某住在福利院期间的收费票据及其丧葬费用票据、《住养协议书》《委托书》等证据，用以证明黄某对陈某尽到了赡养义务，故应当继承陈某的遗产。黄某提交的证据不能证明陈某的各项费用均为黄某支付，且陈某系浦镇车辆厂职工，其退休前后都有固定的收入及医疗保险，具备负担自身生活和医疗的经济基础，黄某在庭审中亦认可陈某在福利院期间的退休金均用于缴纳福利院的费用，综上，黄某无充分证据证明其对陈某尽到了赡养或扶养义务，故黄某要求继承陈某遗产的请求，没有事实及法律依据，一审法院不予支持。浦镇车辆厂经一审法院合法传唤，无正当理由拒不到庭，视为其放弃诉讼权利，应当承担由此导致的不利法律后果。一审法院据此判决如下：驳回黄某的全部诉讼请求。

宣判后，黄某不服一审判决，向本院提起上诉称，黄某虽然不是陈某法定继承人，但对陈某尽了主要扶养义务，在陈某住福利院之前黄某对陈某也尽了主要扶养义务，黄某和陈某是老邻居，后来签署了住养协议及委托书，上诉人认为这是一个有瑕疵的遗赠扶养协议。对陈某生老病死、丧葬、墓地选择、火化等都是黄某来做的，陈某生前生病、看病及照顾日常生活也都是黄某来做的，上诉人黄某认为不能只看经济上的付出，对陈某劳务上的付出也要重视。陈某去世后陈某的丧葬费用由黄某领取，陈某去世后其承租公房的房租也是从黄某名下来扣的。黄某尽到了扶养义务，按法律可适当分得遗产。被上诉人浦镇车辆公司答辩称，上诉人不是陈某合法继承人，不享有继承权，本案中的住养协议、授权书并未包含遗赠财产的意思表示，关于上诉人所述的丧葬费和房租，也是基于住养协议和授权书由上诉人领取。因此不能认定上诉人是陈某的遗产继承人。

2. 二审判决要旨

南京市中级人民法院经审理认为，对老年人的扶养并不仅限于财物的供养、劳务的扶助，更重要的是精神上的陪伴与抚慰。根据《中华人民共和国继承法》第14条的规定，对继承人以外的依靠被继承人扶养的缺乏劳动能力又没有生活来源的人，或者继承人以外的对被继承人扶养较多的人，可以分给他们适当的遗产。本案中，黄某虽不属于陈某法定继承人，但对陈某扶养较多，依法可以分给其适当的遗产。根据已查明的事实，陈某无其他继承人，其应享受的老职工住房补贴经浦镇车辆公司测算约52070元（具体数额以南京市房改办审核为准），该补贴为陈某遗产，故本院认为陈某应享受的老职工住房补贴约52070元由黄某继承为宜。

（三）评析

本案中的争议焦点即为：在陈某的养老金足以支付入住养老院费用的情况下，黄某对陈某多年生活起居的照顾是否可适用继承法第 14 条分得遗产。根据《继承法》第 14 条的规定，对继承人以外的依靠被继承人扶养的缺乏劳动能力又没有生活来源的人，或者继承人以外的对被继承人扶养较多的人，可以分给他们适当的遗产。对于“扶养”一词是否应包含劳务的扶助，本文赞同二审的判决，但是对“扶养”的认定存在广义和狭义之分，应当予以明确。另外对于遗产酌给请求权制度的主体范围在实践中也存在不同意见。

二、遗产酌给制度的性质

人的生死属于自然规律，任何人都不可避免，并且任何人都有自由处分其遗产的权利。基于道义上的骨肉亲情和保护社会利益、维护社会公德方面的考虑，任何自由都不是绝对的，遗嘱也不例外，如黑格尔所言，“遗嘱是死者的任性，弊端累累，法律可以承认遗嘱的效力，但是不能把赤裸裸的直接任性作为遗嘱权的自由”。我国《继承法》第 14 条规定，“对继承人以外的依靠被继承人扶养的缺乏劳动能力又没有生活来源的人，或者继承人以外的对被继承人扶养较多的人，可以分给他们适当的遗产”。针对这一规定，在理论上一直存在着几种提法，即非继承人遗产取得权、酌情分得遗产权、基于抚养关系的法定转移权、遗产酌给请求权、遗产酌分请求权等。持“非继承人遗产取得权”的认为，它与共有人优先购买权具有相同价值取向。都保有长期的亲密关系，故具有相同的性质即附停止条件的形成权。这种观点仅是对扶养关系的界定。“酌情分得遗产权说”是从权利的角度将其定性为形成权，对于“双无”主体而言，这种定性更有益于对其生活的保障。但是基于被继承人死后扶养思想和扶养行为报偿理论，将其归于形成权实为不妥。“基于抚养关系的法定转移权说”从取得方式加以概括，是指基于这种抚养关系而产生的法定转移。众所周知，遗产酌给并不当然地发生转移。遗产酌给请求权，也称为遗产酌分请求权，我国学者一般将其定性为债权请求权。史尚宽先生认为，“遗产酌给请求权不是物权，而是债权，这一债权主要是因为被继承人生前因某种原因所应该负担的义务或者依据共同生活常理考虑对社会弱者的保护而产生”。[①]

探究遗产酌给性质，目的在于司法实践中具体适用的问题。从财产权与身份权角度来看，遗产酌给并不是基于某种特殊的人身利益，而是基于扶养的事实，以求对其基本生活的保障乃至在有条件的情况下对被扶养人生活水平的提高。[②] 并且，请求酌分的是遗产而非人身利益，所以，遗产酌给请求权是财产权。从支配权和请求权角度来看，根据《继承法》第 25 条规定可知，继承人以外的人需要请求继承人或者遗产管理人才能得到给付。由此，遗产酌给并不是支配权，而是请求权，并且一定要通过明示的方式才能实现权利。

三、遗产酌给请求权制度基础

在继承中应当最大限度地尊重死者前的意愿，当其没有订立遗嘱时，法定继承就是在这种基础上推定其意愿。在一般情况下规定继承的主体范围及其享有的遗产顺序、份额等。而当被继承人有多数子女死亡时，基于子股公平原则和子股独立原则，尚且有代为继承制度来实现家庭职能和保持私有财产的传递。但对于这种特殊的关系非法定继承人只能通过遗产酌给制度在被继承人死后予以保护，以及在民法典分则继承编“草案”第 910 条也有体现，即：“对继承人以外的依靠被继承人扶养的人，或者继承人以外的对被继承人扶养较多的人，可以分给适当的遗产。”这就需要我们对遗产酌给制度进行研究。

第一，基于历史的传承。《问刑条例》规定：“若义男女婿为所后之亲喜爱者，听其相为依倚，不许继子并本生父母用计逼逐，仍依大明令分给财产。”[③]《大清律例》规定：“凡乞养异性义子有

---

① 史尚宽：《继承法论》，中国政法大学出版社，2000 年版，第 171 页。

② 李佳伦：《民法典编纂中遗产酌给请求权的制度重构》，载《法学评论》，2017 年第 35 期。

③ 怀效锋：《大明律》，法律出版社，1999 年版，第 369 页。

情愿归宗者，不许将分得财产携回本宗。收养三岁以下遗弃之小儿，仍依律从其姓，但不得以无子遂立为嗣，仍酌分给财产，俱不必勒令归宗。如有希图贵财冒认归宗者，照律治罪。”①

第二，基于对我国继承制度的补充。遗嘱继承制度在于尊重财产所有人的真实意愿，遗嘱自由可以在一定程度上不受亲属姻缘关系的影响，更能体现财产所有人对其身后财产及其他事务的安排的真实意思。② 而法定继承又是在推定被继承人的意志基础上对其遗产进行处分。若是有缺乏劳动能力又没有生活来源的继承人，还可通过《继承法》第19条必留份额制度对其进行保护，在遗嘱自由的场合还可通过创设特留份额制度对法定继承人进行特别保护。但是对于既无婚姻关系也无血亲关系的非继承人，由于缺乏劳动能力又没有生活来源或者对被继承人扶养较多的人，因被继承人死去而生活无依，此时就需要设立遗产酌给制度来解决。

第三，基于保护社会利益，维护社会公德的要求。在人类社会活动中，出于道义、补偿等各种各样的原因，需要对缺乏劳动能力又没有生活来源的人在被继承人死后要继续予以照顾，否则，一旦经济缺乏，则需要第三人和社会予以相应的照顾。

由此看出，创设遗产酌给制度是各种因素的价值选择的结果，我们更需要对这个制度的适用准确把握。

四、遗产酌给请求权的制度适用

（一）遗产酌给请求权制度的主体范围

根据我国《继承法》第14条规定，遗产酌给请求权制度的主体范围主要包括三种：一是继承人以外的人；二是缺乏劳动能力又没有生活来源的人；三为抚养被继承人的人。而继承人以外的人是前提，其他是适用该制度的条件。

---

① 田涛、郑秦点校：《大清律例》，法律出版社，1999年版，第179页。

② 杨启蒙：《论特留份制度与遗嘱自由的限制》，载《东南大学学报（哲学社会科学版）》，2016年第18（S1）期。

关于“继承人以外的人”，这一规定，实际上存在两种理解，一为法定继承人以外的人。支持这一观点是基于道义，理应得到一些补偿。但是对于法定继承人范围内的人来说，与被继承人形成了事实上的扶养关系，既没有通过法定继承获得遗产，也不能通过遗产酌给获得补偿，实为不妥。二为在继承中没有能够继承遗产的人。这主要是基于我国《继承法》第10条的规定的考量，即“继承开始后，由第一顺序继承人继承，第二顺序继承人不继承。没有第一顺序继承人继承的，由第二顺序继承人继承”。并且在实践中也多有后顺位继承人请求遗产酌给，由此可见，第二种更有助于发挥遗产酌给的作用。

那么，继子女是否适用遗产酌给制度，在此仍有讨论的必要。尽管《继承法》规定：“有扶养关系的继父母子女相互有继承权”，并且作为第一顺位继承。但在学界对这一规定仍存在三种不同观点：一种观点认为，应该取消。这一规定对于再婚家庭来说，无疑损害了其子女的利益，以及实践中对于形成扶养关系的认定也并不清晰，或者通过收养关系取代这种扶养关系能更好保障各自的利益。一种观点认为保留。实践证明这已经成为我国继承法的固有一部分，家庭共同生活的事实也是确定法定继承人的考量因素。① 第三种观点认为应当加以限制条件。我们认为，形成扶养关系的继子女不符合法定继承的基础构成，还是通过遗产酌给制度酌情分得适当遗产比较妥当。另外，被继承人愿意让继子女继承其遗产，还可以通过以下两种方式：一是根据我国《收养法》的相关规定收养该继子女；二是通过遗嘱将财产遗赠给该继子女（继子女也可采取这种方式遗赠财产给继承父母）。②

丧偶儿媳一直作为一种特殊的继承人存在，《继承法》第12条规定，“丧偶儿媳对公、婆，丧偶女婿对岳父、岳母，尽了主要

① 郭明瑞：《完善法定继承制度三题》，载《法学家》2013年第4期。

② 陈苇、冉启玉：《完善我国法定继承人范围和顺序立法的思考》，载《法学论坛》2013年第28（02）期。

赡养义务的，作为第一顺序继承人”。对于《继承法》第12条学界一直存有质疑，有学者认为，该条是对赡养老人的鼓励，有利于发扬中华民族的优良传统，应当予以保留；有学者认为丧偶儿媳是基于姻亲关系而对老人扶养的，但是姻亲关系并不在法定继承范围以内，不宜将其作为第一顺序法定继承人，而且于丧偶儿媳的身份也不符合，其属于继承人以外的人，应当废除；还有学者认为应当进行修改来缓和与代位继承制度之间的冲突，其中最主要的修改意见是为其添加限定性条件，即不存在代位继承人的情况才作为第一顺位继承人继承遗产。而民法典分则继承编“草案”第908条仍旧规定：“丧偶儿媳对公、婆，丧偶女婿对岳父、岳母，尽了主要赡养义务的，作为第一顺序继承人。”笔者认为，其与代位权的冲突实在无法调和，应当取消丧偶儿媳和女婿的第一顺序继承人地位。这是因为代位权是建立在子股公平原则和子股独立原则的基础上的。子股公平原则是指被继承人有多子女时，依人数平均继承，但子女中有人死亡时，其子女或孙、孙女代位继承，而非由与死者共同继承之兄弟姐妹增加其应继承份额，以体现同一顺序继承人之间衡平原则。而子股独立原则是基于亲系继承和按支继承，亲系继承是以血缘的亲疏远近为标准，反映的是某个亲系的血缘亲属应当优先于其他血缘亲属继承的观念，而按支继承反映的则是每一亲系中，应当按支而不是按人分配遗产的观念。基于按支继承，某一支中与被继承人亲等最近者如先于被继承人死亡，其应继分当然应留在该支内由其直系卑亲属代位继承，而不是转归他支。[①] 这一观点与我国台湾地区“民法”、《德国民法典》等相契合。而当继承人先于被继承人死亡，其子女自是可以代位继承，丧偶的儿媳或女婿尽了主要的赡养义务亦作为第一顺序继承人继承遗产，此时这一支便继承了两份遗产，但在同等条件下的儿媳或女婿没有丧偶，该支只能继承一份遗产。这

① 刘耀东：《代位继承的特征及其运行机理》，载《重庆社会科学》2012年第2期。

与其他支明显不公平。因此应当取消丧偶儿媳或女婿在尽到主要赡养义务的情况下作为第一顺序继承人，而通过遗产酌给制度予以补偿更为恰当。

（二）对扶养的认定

首先，扶养的含义有广义和狭义之分，狭义的扶养一般指平辈之间经济上的供养、生活上的照顾和精神上的关爱，广义的扶养包含长辈对晚辈的抚养、平辈之间的扶养和晚辈对长辈的赡养等一个或多个含义。而《继承法》立法时，对第14条“扶养”采纳的是广义含义。但在司法实践中对扶养的认定，是否设置一个量化的标准，对此仍有分歧。

相关司法解释规定，对被继承人生活提供了主要经济来源，或在劳务等方面给予了主要扶助的，应当认定其尽了主要赡养义务或主要扶养义务。在实践中通常被认为是基于情谊所表现出的对日常生活的帮助及精神上的关怀，而不能认定为构成了扶养关系。另外，还有的案例超出了这一规定的范围，如（2014）浦民初字第3306号民事判决书，一审认为原告与被继承人存在朋友关系，且被继承人有固定的收入及医疗保险，具备负担自身生活和医疗的经济基础，原告无充分证据证明其对陈某尽到了赡养或扶养义务，判决驳回了原告诉讼请求。但在二审中，法院撤销了一审判决，支持了原告诉讼请求。根据（2015）宁民终字第2447号民事判决书，二审法院认为，对老年人的扶养并不仅限于财物的供养、劳务的扶助，更重要的是精神上的陪伴与抚慰。故对于抚养关系的认定，应综合考量。只提供物质抑或只提供精神上的扶助，均不能视为构成扶养事实。有学者按扶养的程度将扶养分为生活保持型扶养和生活扶助型扶养，其中生活保持型扶养为基本，生活扶助型扶养只是在有条件的情况下对其生活水平的提高，具有相对性。也有学者按类型将其分为非法定扶养扶助行为、同居扶养扶助行为、姻亲扶养扶助行为。以期将其定型化上升为法律，以遗产酌给制度予以保护。另外，认定“扶养较多”，应当是对被继承人生前进行持续性生活和精神上的扶助，但不能用时间的长短衡量。在司法实践中，法官可根据扶养的时间、程度和类型判定扶养事实。

（三）适当分得遗产的标准

相关司法解释规定，依继承法第 14 条规定可以分给适当遗产的人，分给他们遗产时，按具体情况可多于或少于继承人。在司法判决中数额或高或低，例如（2014）沪二中民一（民）终字第 1799 号民事判决书，一审与二审审判数额截然不同。故在法律规定上，应当尽量将其遗产分配明确化。有学者认为遗产酌给请求范围不得超过继承人应继承的份额。也有学者建议，应当比照相似的必留份的规定，最高不得超过二分之一。笔者赞同不得超过法定继承人的应继份，这是对“双无”人员的生活保障为基础，和对被扶养继承人的行为的一种回报，而法定继承是以血缘和婚姻为基础的，因此法定继承人相比之下更具有优先性和正当性。而且还应当充分考虑扶养的程度、被扶养人的依赖程度等。

五、遗产管理制度的运用

“无救济则无权利”，因此对酌给请求权的救济就相当重要。主要分为两种情况，有继承人情况和无人继承的情况。

在有继承人的情况时，应当以遗产继承人为被请求权人。

而在无人继承的情况下，遗产管理制度是与遗产酌给制度相匹配的重要制度。遗产酌给制度是为了保障遗产的完整性和安全性，公平、有序地分配遗产，使遗产上各项权利得以实现的一项综合性制度，主要包括遗产清算、遗产保全、公示催告、编制遗产清册、制作遗产分配方案、遗产破产程序等。一直以来遗产管理制度的缺乏，影响遗产债务的清偿和遗产分配的效率，导致其他继承人或者利害关系人的利益难以得到保护，尤其是在继承人有无不明或无人继承又无人受遗赠的情况下，遗产管理尤为重要。各国立法例中存在法院选定遗产管理人，法院作为遗产管理人，主管官署作为遗产管理人以及亲属会议选定遗产管理人。依照我国国情来看，也可以由被继承人住所地或经常居住地的村民委员会或居民委员会选任。通过设立遗产管理人，对遗产进行有效的管理和清算，及时追讨遗产债权和清偿遗产债务，公平地交付剩余遗产，有利于遗产权利人的交易安全，维护了社会秩序的稳定，是遗产管理制度的秩序价值之所在。遗产管理人按照遗产酌给制度，对遗产进行分割。《民法典》草案通过四个条文增加了遗产管理制度，但是仍有不足，缺乏公示催告程序，对遗产管理人的选任制度也不甚完善。

六、结论

遗产酌给制度是作为继承人以外的人获得遗产，应当与法定继承、必留份、遗嘱继承、特留份共同组成继承制度。这是基于历史的传承，以及顺应新时代、新情况的发展，对遗产酌给制度应当予以足够的重视，对遗产酌给制度的请求权主体应当予以明晰。修正法定继承人的范围，尤其是与代为继承冲突的部分，并且实践中的具体适用条件和原则标准应当予以明确规定，综合考虑相关因素，包括依赖程度、时间长度等，为其设定幅度范围，防止司法实践中同案不同判的情况，维护司法公信力。另外，要更加优化遗产管理人的范围和权责，尽可能完善对遗产酌给制度的救济。

参考文献

史尚宽著．继承法论［M］．北京：中国政法大学出版社，2000.

陈苇，冉启玉．完善我国法定继承人范围和顺序立法的思考［J］．法学论坛，2013，28（02）.

郭明瑞．完善法定继承制度三题［J］．法学家，2013（4）.

李佳伦．民法典编纂中遗产酌给请求权的制度重构［J］．法学评论，2017（35）.

侵权责任问题探究

我国《民法典》中生态环境侵权的惩罚性赔偿责任*

王　竹　龚　健①

摘　要：《民法典》第1232条规定了生态环境侵权的惩罚性赔偿责任，然而该条款不能适用于生态环境损害侵权以及针对重大风险和受害人不特定的环境公益诉讼。《民法典》第1232条增加违法性适用要件的主要原因在于国家并不完全禁止故意的环境污染、生态破坏行为；正是由于大部分环境污染、生态破坏行为都是故意行为，《民法典》第1232条“故意”要件比较容易满足；造成他人轻伤以上的伤害或者致使公私财产损失30万元以上的可以认定为“造成严重损害”；《民法典》第1232条规定的惩罚性赔偿责任应当按照“基数×倍数”的方式进行计算，其中计算基数为他人遭受的人身损害、财产损害，人身损害中包括精神损害；人身损害对应的计算倍数不应超过两倍，财产损害对应的倍数不应超过人身损害的倍数限额。

关键词：环境侵权　生态环境损害　环境公益诉讼　惩罚性赔偿　民法典

---

* 本文受教育部人文社会科学重点研究基地重大项目“中国侵权责任法改革研究”(16JJD820015)以及“四川大学法学院“研究阐释党的十九届四中全会精神”专项研究课题资助。

① 王竹，法学博士，四川大学法学院教授、博士生导师，四川大学“智慧法治”超前部署学科首席专家；兼任中国人民大学民商事法律科学研究中心法治大数据研究所所长。龚健，四川大学法学院民商法学专业博士研究生。

不同于普通侵权，环境污染本身具有复杂性、隐蔽性、扩散性等特点。[①] 环境侵权诉讼往往具有较强的专业性，而受害人往往由于经济实力不足、信息不对称等原因很难证明行为人的侵权责任。受害人即使能够证明侵权责任成立，现行法规定的环境损害赔偿数额仍然较低，往往不足以弥补受害人遭受的实际损害，更不足以对企业的环境污染行为进行充分的威慑。因此为了充分救济受害人，鼓励受害人积极维权，惩罚恶意侵权人、警示他人不得实施类似的侵权行为，落实党的十八届三中全会提出的“对造成生态环境损害的责任者严格施行赔偿制度”以及党的十九大报告中提出的“要加大生态系统保护力度”的要求，本次民法典编纂新增了生态环境侵权惩罚性赔偿责任。[②]

《民法典》第1232条规定：“侵权人违反法律规定故意污染环境、破坏生态造成严重后果的，被侵权人有权请求相应的惩罚性赔偿。”由于《民法典》除了规定“因污染环境、破坏生态造成他人损害的”侵权责任外，还新增规定了造成生态环境损害的侵权责任，我国法律还规定了环境侵权可以提起民事公益诉讼，因此本文首先讨论《民法典》第1232条是否适用于生态环境损害侵权以及环境公益诉讼，然后讨论第1232条如何理解与适用。

一、《民法典》第1232条的适用范围

《民法典》第七编第七章规定了环境污染和生态破坏责任，包括“因污染环境、破坏生态造成他人损害的”的环境私益损害和“违反国家规定造成的”生态环境损害。[③]《民法典》第1229条规

① 《民法典立法背景与观点全集》编写组：《民法典立法背景与观点全集》，法律出版社，2020年版，第790页。

② 黄薇：《中华人民共和国民法典释义（下）》，法律出版社，2020年版，第2395页；《民法典立法背景与观点全集》编写组：《民法典立法背景与观点全集》，法律出版社，2020年版，第28页；杨立新、李怡雯：《生态环境侵权惩罚性赔偿责任之构建——〈民法典侵权责任编（草案二审稿）〉第一千零八条的立法意义及完善》，载《河南财经政法大学学报》2019年第3期，第17～18页。

③ 黄薇：《中华人民共和国民法典释义（下）》，法律出版社，2020年版，第2384页。

定的“因污染环境、破坏生态造成他人损害的”，这一规定源自《侵权责任法》第 65 条，在《侵权责任法》第 65 条的基础上增加了“破坏生态”的适用条件，将《侵权责任法》第 65 条中的“造成损害的”编纂为“造成他人损害的”；不同于《民法典》第 1229 条规定的是“造成他人损害的”侵权责任，《民法典》第 1234 条、第 1235 条规定的是“违反国家规定造成生态环境损害”应承担的责任，为本次民法典编纂所新增的规定。另外，《最高人民法院关于审理环境民事公益诉讼案件适用法律若干问题的解释》（法释〔2020〕20 号）（以下简称《环境民事公益诉讼司法解释》）第 1 条还规定了法律规定的机关和有关组织可以对已经损害社会公共利益或者具有损害社会公共利益重大风险的污染环境、破坏生态的行为提起诉讼，这种诉讼通常被称为“环境公益诉讼”。①

大多数学者和司法工作者都认为，除了环境私益损害可以适用惩罚性赔偿责任外，生态环境损害侵权和环境公益诉讼也可以适用惩罚性赔偿责任。② 笔者认为，生态环境损害侵权不能适用惩罚性赔偿责任，针对重大风险以及受害人不特定的环境公益诉讼也不能适用惩罚性赔偿责任，理由如下：

---

① 黄薇：《中华人民共和国民法典释义（下）》，法律出版社，2020 年版，第 2407 页。

② 参见王笑寒：“生态环境侵权惩罚性赔偿制度的法律适用问题”，载《山东社会科学》2021 第 3 期，第 170 页；杨柳青：“确定生态环境惩罚性赔偿数额应当考量可责难性等三个要素”，载《中国生态文明》2021 年第 1 期，第 62 页；余珍.：“生态环境领域，怎么用好惩罚性赔偿？——谈《民法典（草案）》第 1232 条的合理性与缺陷”，载《中国生态文明》2020 年第 2 期，第 39～40 页；申进忠：“惩罚性赔偿在我国环境侵权中的适用”，载《天津法学》2020 年第 3 期，第 45 页；梁勇、朱烨：“环境侵权惩罚性赔偿构成要件法律适用研究”，载《法律适用》2020 年第 23 期，第 114 页；李华琪、潘云志：“环境民事公益诉讼中惩罚性赔偿的适用问题”，载《法律适用》2020 年第 23 期，第 125～127 页；谢海波：“环境侵权惩罚性赔偿责任条款的构造性解释及其分析——以《民法典》第 1232 条规定为中心”，载《法律适用》2020 年第 23 期，第 140 页；杜伟伟：“环境民事诉讼适用惩罚性赔偿研究”，载《长江大学学报（社会科学版）》2019 年第 6 期，第 122～124 页；阙梓冰：“环境侵权引入惩罚性赔偿的探讨——以（2006）甘民终 1 号判决为引入”，载《浙江青年法学》2018 年第 2 期，第 38～39 页；周骁然：“论环境民事公益诉讼中惩罚性赔偿制度的构建”，载《中南大学学报（社会科学版）》2018 年第 2 期，第 52～62 页。

（一）生态环境损害侵权中适用惩罚性赔偿责任不符合立法者的真实意图

首先，国家政策并没有要求在生态环境损害赔偿制度中适用惩罚性赔偿责任。2015年9月21日，中共中央、国务院发布《生态文明体制改革总体方案》，提出要“严格实行生态环境损害赔偿制度”。2017年12月，中共中央办公厅、国务院办公厅发布《生态环境损害赔偿制度改革方案》，就生态环境损害赔偿制度的建立提出了详细的建议。可以看出，《生态文明体制改革总体方案》和《生态环境损害赔偿制度改革方案》是《民法典》中生态环境损害相关规定的政策来源。但是这两个方案都没有提出在生态环境损害赔偿制度中适用惩罚性赔偿责任。而在知识产权领域，国家政策反复强调建立知识产权的惩罚性赔偿制度，《民法典》由此顺应国家政策而制定了第1185条。因此笔者认为，由于国家政策并没有在生态环境损害赔偿制度中建立惩罚性赔偿责任的意图和顶层设计，《民法典》不可能违背国家政策而在生态环境损害侵权中规定适用惩罚性赔偿责任。

其次，立法机关拒绝了将“被侵权人有权请求相应的惩罚性赔偿”修改为“被侵权人和法律规定的机关和组织有权请求相应的惩罚性赔偿”的建议。《民法典》第1234条、第1235条在规定生态环境损害的侵权责任时，权利人均为“国家规定的机关或者法律规定的组织”。在《民法典（草案）》征集意见的过程中，也曾有单位建议将草案第1232条规定的“被侵权人有权请求相应的惩罚性赔偿”修改为“被侵权人和法律规定的机关和组织有权请求相应的惩罚性赔偿”。[①] 如果立法机关具有在生态环境损害侵权中适用惩罚性赔偿责任的意图，理应接受这样的建议。但是很明显，立法机关没有采纳这样的建议，因此可以认为立法机关并没有在生态环境损害侵权中适用惩罚性赔偿责任的意图。

---

① 《民法典立法背景与观点全集》编写组：《民法典立法背景与观点全集》，法律出版社，2020年版，第790页。

最后，从《民法典》第 1232 条与第 1234 条、第 1235 条的相对位置来看，惩罚性赔偿责任也应当仅适用于环境私益损害侵权。根据《民法典》第 179 条的规定，惩罚性赔偿责任在我国只有在法律有明确规定的情况才能适用，属于普通责任的例外形式。法律通常先规定责任的一般形式，如填补性赔偿责任，再规定作为例外的惩罚性赔偿责任。《民法典》首先在第 1184 条规定了侵害他人财产的侵权责任如何计算，然后在第 1185 条规定了侵害知识产权应当承担惩罚性赔偿责任；《民法典》第 1202 条也是首先规定了缺陷产品中的侵权责任，然后在第 1207 条规定了缺陷产品侵权中的惩罚性赔偿责任；《消费者权益保护法》第 55 条第 2 款、《食品安全法》第 148 条第 2 款以及《药品管理法》第 144 条第 3 款中规定的惩罚性赔偿责任也都符合这样的特征，关于惩罚性赔偿责任的规定全部都在一般性的侵权责任之后。如果《民法典》第 1232 条可以适用于生态环境损害侵权，则其位置应当处于第 1234 条、第 1235 条的后面，而不应当在其前面。

综上，从国家政策、立法文件以及条文结构等三个方面来看，《民法典》第 1232 条是相对于第 1229 条环境私益损害侵权而规定的惩罚性赔偿责任，在生态环境损害侵权中适用惩罚性赔偿责任并不符合立法者的真实意图。

（二）针对重大风险以及受害人不特定的环境公益诉讼也不能适用惩罚性赔偿责任

除了上文提到的生态环境损害以外，“法律规定的机关和有关组织”还可以针对环境私益损害提起环境公益诉讼。如上文所述，立法机关并没有采纳将“被侵权人有权请求相应的惩罚性赔偿”修改为“被侵权人和法律规定的机关和组织有权请求相应的惩罚性赔偿”的建议，因此有权提起“相应的惩罚性赔偿”的权利人也不包括提起环境公益诉讼的“法律规定的机关和有关组织”，仅包括被侵权人。

另外，虽然《民法典》第 1232 条没有规定计算惩罚性赔偿责任的具体方式，仅规定了“相应的惩罚性赔偿”，但是从《著作权法》第54条第1款第2句、《专利法》第71条第1款第2句、《商标法》第63条第1款第2句、《反不正当竞争法》第17条第3款第2句、《种子法》第73条第3款第4句以及《消费者权益保护法》第55条第2款、《食品安全法》第148条第2款、《药品管理法》第144条第3款的规定来看，《民法典》第1185条与第1207条均应采用“基数×倍数”的方式进行计算，那么《民法典》第1232条中“相应的惩罚性赔偿”也应当采用“基数×倍数”的方式进行计算。但是如果是针对具有损害社会公共利益重大风险的行为提起环境公益诉讼，或者提起的环境公益诉讼中受害人并不特定，那么侵权行为所造成的损害基数不能确定，惩罚性赔偿责任也就无法计算。即使司法机关在这些情况下适用了惩罚性赔偿责任，其适用的惩罚性赔偿责任大小也会因为损害基数的不准确而出现过大或者过小的情况，对受害人或者侵权人来说都不公平。

最后，即使在环境公益诉讼中适用了惩罚性赔偿责任，也可能出现重复惩罚的问题。《最高人民法院关于审理环境民事公益诉讼案件适用法律若干问题的解释》第29条规定：“法律规定的机关和社会组织提起环境民事公益诉讼的，不影响因同一污染环境、破坏生态行为受到人身、财产损害的公民、法人和其他组织依据民事诉讼法第一百一十九条的规定提起诉讼。”根据该司法解释的规定，环境民事公益诉讼与因同一侵权行为的受害人所提起的民事诉讼为相互独立的诉讼，环境民事公益诉讼并不排除同一侵权行为的受害人单独提起民事诉讼。当司法机关已在环境民事公益诉讼中对侵权人适用了惩罚性赔偿责任以后，如果同一侵权行为的多个受害人另行提起民事诉讼主张惩罚性赔偿责任，侵权人将承担多次惩罚性赔偿责任，这无疑是对侵权人进行了重复惩罚。

不过，如果特定的受害人仅仅因为经济实力、诉讼能力问题而无法提起侵权诉讼，而由法律规定的机关和有关组织提起环境民事公益诉讼，那么在受害人特定的情况下，其遭受的损害确定，惩罚性赔偿责任的计算也能确定，适用惩罚性赔偿责任并无问题，其实质与《民法典》第1229条并无不同。因此笔者认为在环境民事公益诉讼中，可以针对特定受害人遭受的损害适用惩罚性赔偿责任，而针对具有损害社会公共利益重大风险以及受害人不特定的侵权行为提起民事公益诉讼，则不能适用惩罚性赔偿责任。

综上，从上文的分析我们也可以看出，侵权法对于环境污染、生态破坏行为的调整是有限的，惩罚性赔偿责任在环境污染、生态破坏领域的适用也是有限的。除了本次《民法典》新增的由国家规定的机关来主张生态环境损害以外，侵权法只能调整环境污染、生态破坏所导致的特定主体的人身、财产损害，惩罚性赔偿责任的适用也应当体现在特定主体的人身、财产损害中。侵权法主要通过直接对环境私益的救济来间接保护环境公益和生态环境，否则就突破了侵权法私权保护、私益救济的价值目标。[①] 寄希望于侵权法来解决生态破坏问题，如有的学者所说，是侵权法所不可承受之重。[②]

二、《民法典》第1232条的构成要件

根据上文所述《民法典》第1232条的规定，生态环境惩罚性赔偿责任的适用需要满足以下四个要件：（1）违法性要件："违反法律规定"；（2）主观心态要件："故意"；（3）客观行为要件："污染环境、破坏生态"；（4）结果程度要件："造成严重后果的"。由于"污染环境、破坏生态"客观行为要件认定取决于具体的环境行政法律法规规定，并且取决于鉴定结论，并非本文的研究重点。因此本文仅就违法性要件、主观认识要件和结果程度要件进行讨论。

（一）违法性要件："违反法律规定"

与《民法典》第1185条和第1207条不同的是，第1232条增加规定了"违反法律规定"的违法性要件。在《民法典》的编纂

---

① 刘超：《论"绿色原则"在民法典侵权责任编中的制度展开》，载《法律科学（西北政法大学学报）》2018年第6期，第144页。

② 吕忠梅：《环境问题的侵权法应对及其限度——以〈侵权责任法〉第65条为视角》，载《中南民族大学学报（人文社会科学版）》2011年第2期，第111页。

过程中，有的学者认为将“违反法律规定”作为惩罚性赔偿责任的构成要件不合理，加重了受害人的举证负担。但是立法机关最终认为：企业的排污行为只要符合国家环境行政法律法规的要求，从行政法的角度就是合法的。企业的正常生产经营活动是社会正常发展所必需的，应当为法律所保护和鼓励。因此对企业的排污行为适用惩罚性赔偿责任，应当以违反法律规定为前提。①

另外，“违反法律规定”中的“法律”应作狭义理解，仅指全国人民代表大会及其常委委员会制定的法律，而不应当包括效力层级较低的行政法规、地方性法规、部门规章等规范性文件。②

（二）主观心态要件：“故意”

如上文所述，企业的正常生产经营活动是社会正常发展所必需的，而工业生产和社会活动都会在一定程度上污染环境或者破坏生态，污染物可以说是工业活动不可避免的副产品。行为人明知其排放的污染物会在一定程度上污染环境或者破坏生态，但是仍然继续排放，从这个层面来讲，所有通过排放污染物来污染环境或者破坏生态的行为都是一种故意的行为。只不过国家基于生产发展的需要，实行重点污染物排放总量控制制度和排污许可管理，生产经营者可以按照排污许可证的要求排放污染物。③

从第1232条关于“侵权人违反法律规定故意污染环境、破坏生态造成严重后果的”的规定来看，“故意”的主观心态是针对“污染环境、破坏生态”的行为而言的，“违反法律规定”并不需要侵权人具有“故意”的主观心态。如上文所论述的，所有通过排放污染物来污染环境或者破坏生态的行为都是明知其排放的污染物会在一定程度上污染环境或者破坏生态，是一种故意的行为。而违反法律规定破坏生态的行为则是指在国家生态保护区内从事

① 黄薇：《中华人民共和国民法典释义（下）》，法律出版社，2020年版，第2396页。

② 申进忠：《惩罚性赔偿在我国环境侵权中的适用》，载《天津法学》2020年第3期，第44页。

③ 参见《环境保护法》第44条第1款、第45条的规定。

的各种破坏生态的行为,[①] 行为人的主观心态一般也为“故意”。所以根据第1232条的文义,“故意污染环境、破坏生态”中的“故意”要件比较容易满足,因为实践中凡是违反法律规定污染环境、破坏生态的行为一般都符合“故意”的要件。

关于“故意”的认定,立法机关已总结了不少实践经验:侵权人多次非法排污并受到行政机关处罚、侵权人将未经处理的废水废气废渣直接排放或者倾倒、侵权人关闭环境在线检测系统或者故意干扰监测系统、侵权人在正常排污设施外留有排污孔等都可能被认定为存在“故意”。[②] 另外,借鉴《环境保护法》第63条的规定,建设项目未依法进行环境影响评价,被责令停止建设,拒不执行的;未取得排污许可证排放污染物,被责令停止排污,拒不执行的;通过暗管、渗井、渗坑、灌注或者篡改、伪造监测数据,或者不正常运行防治污染设施等逃避监管的方式违法排放污染物的;生产、使用国家明令禁止生产、使用的农药,被责令改正,拒不改正的,也可以被认定为是故意行为。但是如果侵权人是因设备出现故障导致出现排放超标的情况,则应当认定行为人的主观过错为过失。

(三)结果程度要件:“造成严重后果的”

不同于《民法典》第1185条规定的“情节严重”作为结果程度要件,《民法典》第1232条规定的结果程度要件为“造成严重后果的”。因此《民法典》第1232条的结果程度要件不应考虑第1185条中的主观情节以及客观情节中与后果无关的因素。另外,由于上文已论证了《民法典》第1232条不应适用于生态环境损害侵权行为。因此笔者认为“造成严重后果的”结果程度要件主要是针对所造成的他人人身、财产损害而言,并不包括生态环境自身的损害。

---

① 程啸:《侵权责任法(第三版)》,法律出版社,2021年版,第661页。

② 黄薇:《中华人民共和国民法典释义(下)》,法律出版社,2020年版,第2396页。

对他人造成人身损害的，笔者建议参照《民法典》第1207条的规定，“造成他人死亡或者健康严重损害的”即满足“造成严重后果的”要求，“健康严重损害”主要是指轻伤以上的伤害。[①] 而对造成他人财产损害的，根据《最高人民法院、最高人民检察院关于办理环境污染刑事案件适用法律若干问题的解释》（法释〔2016〕29号）第1条第9项的规定，致使公私财产损失三十万元以上的可以认定为“严重环境污染”，笔者认为可以根据该标准为参照进行适当调整。

三、《民法典》第1232条的法律后果

与《民法典》第1185条、第1207条不同的是，我国还没有任何环境保护单行法规定了惩罚性赔偿责任，因此《民法典》第1232条并不存在可供参照适用的法律规定。但是如上文所述，既然第1232条规定了与第1185条、第1207条相同的“相应的惩罚性赔偿”的法律后果，那么第1232条中的“相应的惩罚性赔偿”也应当同第1185条、第1207条一样，按照“基数×倍数”的方式进行计算。

（一）计算基数

由于上文已论证了《民法典》第1232条主要适用于第1229条规定的私益损害侵权行为，因此惩罚性赔偿责任的计算基数为他人遭受的人身损害、财产损害对应的填补性赔偿责任，根据《民法典》第1179条和第1182条的规定进行计算即可，并无特别之处。又由于《民法典》第1207条的计算基数中包括了“严重精神损害”，[②] 因此笔者认为《民法典》第1232条也应当将精神损害作为计算基数。

---

① 王竹、龚健：《我国缺陷产品惩罚性赔偿责任研究——以〈民法典·侵权责任编〉第1207条为中心》，载《山东大学学报（人文社会科学版）》2021年第1期，第129页。

② 王竹、龚健：《我国缺陷产品惩罚性赔偿责任研究——以〈民法典·侵权责任编〉第1207条为中心》，载《山东大学学报（人文社会科学版）》2021年第1期，第129页。

（二）计算倍数

在《民法典》的编纂过程中，也有学者建议明确生态环境惩罚性赔偿责任的倍数或者限额，但是立法机关拒绝了这样的建议。立法机关认为，生态环境惩罚性赔偿责任的计算需要考虑侵权人的主观恶性程度，违法行为的严重性、频率，损害后果的严重性，侵权人的生产经营情况和执行能力，侵权人是否积极采取补救措施，侵权人受到刑事罚金、行政处罚、公益诉讼的情况等因素。[①]

尽管立法机关没有明确生态环境惩罚性赔偿责任的倍数或者限额，但是笔者认为基于《民法典》的体系性，在《民法典》第1207条已经针对人身损害的惩罚性赔偿责任进行规定的情况下，《民法典》第1232条中人身损害对应的惩罚性赔偿责任不应超过《民法典》第1207条的限额。由于《民法典》第1207条与《消费者权益保护法》第55条第2款有着类似的规范构造，所以《民法典》第1207条可以参照《消费者权益保护法》第55条第2款规定的“所受损失二倍以下的惩罚性赔偿”作为其倍数限额。[②] 因此笔者认为，《民法典》第1232条中人身损害对应的惩罚性赔偿责任也不应超过填补性赔偿责任的两倍，财产损害对应的惩罚性赔偿责任则不应超过人身损害的限额。

参考文献

程啸. 侵权责任法（第三版）[M]. 北京：法律出版社，2021.

王竹，龚健. “我国缺陷产品惩罚性赔偿责任研究——以《民法典·侵权责任编》第1207条为中心”[J]. 山东大学学报（人文社会科学版），2021（1）.

黄薇. 中华人民共和国民法典释义（下） [M]. 北京：法律出版社，2020.

申进忠. 惩罚性赔偿在我国环境侵权中的适用[J]. 天津法学，2020（3）.

① 黄薇：《中华人民共和国民法典释义（下）》，法律出版社，2020年版，第2397页。

② 王竹、龚健：《我国缺陷产品惩罚性赔偿责任研究——以〈民法典·侵权责任编〉第1207条为中心》，载《山东大学学报（人文社会科学版）》2021年第1期，第129页。

刘超. 论‘绿色原则’在民法典侵权责任编中的制度展开［J］. 法律科学（西北政法大学学报），2018（6）.

吕忠梅. 环境问题的侵权法应对及其限度——以《侵权责任法》第65条为视角［J］. 中南民族大学学报（人文社会科学版），2011（2）.

《民法典立法背景与观点全集》编写组. 民法典立法背景与观点全集［M］. 北京：法律出版社，2020.

杨立新，李怡雯. 生态环境侵权惩罚性赔偿责任之构建——《民法典侵权责任编（草案二审稿）》第一千零八条的立法意义及完善［J］. 河南财经政法大学学报，2019（3）.

试论预期利益损失赔偿的可预见性

——CISG 相关条文解读与本土化探索

陈雨嫣*

摘要：2019 年 10 月，世界银行发布了《2020 年营商环境报告》，在报告中跨境贸易（Trading across borders）被作为衡量一个经济体营商环境好坏的重要权重因素之一，因此加强理解相关国际贸易公约与促进其本土化司法适用显得更为重要。中国在《合同法》中借鉴了多项《联合国国际货物销售合同公约》（以下简称 CISG）关于买卖合同的规定，其中包括本文所要重点论述的“预期利益”与“可预见性”规则。CISG 因适用广泛性需要，其内含条款大都具有较大的解释空间与较强的使用灵活度，“预期利益”“可预见性”规则等法律制度作为舶来品，在实际适用过程中面临着理论与实践的矛盾。本文将对 CISG 中有关条款进行解读，并对其在本土化过程中所面临的司法适用问题进行探究。

关键词：预期利益　损失赔偿　可预见性规则

* 陈雨嫣，中央财经大学法学院。

中国作为《联合国国际货物销售合同公约》的缔约方，在《合同法》中借鉴了大量的CISG已有规定。CISG作为国际公约，为了保证其普遍的适用性，在制度设计上，大多数条款都有较强的灵活性和适用可能性，这使得CISG在适用时缺乏客观的认定标准，从而导致其在被借鉴为《合同法》相关条款之后，在司法适用中使合同双方在认识与理解方面难以达成一致，也给予法官较大的自由裁量权，因此预期利益及其损失赔偿可预见性这一看似主观的判断标准，在本土化之后应该结合CISG和中国国情予以重新解读和"客观化"。

一、预期利益：补偿性的违约损失赔偿范围

（一）"预期利益"的渊源

CISG的第25条在前半段规定了违约一方剥夺了守约方基于契约产生的"预期利益"即导致根本违约，而后半句则确定了"除非"标准（"but for" test）[①]，即违约方在订立时不可预见或一个理性的人在合同订立时所处的情况下不能预见（这种利益存在）的不构成根本违约。尽管公约并未在条文中明确"预期利益"这一概念，但对于它的研究与理论渊源已经使得条文中的这种表述自然而然地与"预期利益"这一概念画上等号。

1. 起源于美国的"预期利益"理论

"预期利益"这一概念起源于英美法系，美国学者富勒（Fuller）于1936年在*The Reliance Interest in Contract Damages*一文中将因契约而产生的利益划分为预期利益（the expectation interest）、信赖利益（the reliance interest）以及返还利益（the institution interest）[②]，在此文中"预期利益"被认为是"由违约方的允

① H Bernstein & J Lookofsky., *Understanding the CISG in Europe: A Compact Guide to the 1980 United Nations Convention on Contracts for the International Sale of Goods*, Kluwer Law International, 2003, p. 139.

② L. L. Fuller & William R. Perdue. Jr., *The Reliance Interest in Contract Damages*, The Yale Law Journal, 1936, p. 373—420.

诺而对守约方所形成的期待价值”，据此“预期利益”被视为是一种基于契约关系而产生的期待权。1981 年，美国学者约瑟夫（Joseph）在文章 *Restitution in the Second “Restatement of Contracts”* 中对富勒（Fuller）提出的三种利益分类进行了进一步的探究并对美国的契约法产生重要的影响，随后美国契约法将“预期利益”在法律上界定为“若契约履行完毕，自该交易所能得到之利益”[①]。据此不难发现，美国学者在对“预期利益”进行概念界定时，认为“预期利益”应当是合同被正确履行之后守约一方能够获得的所有利益的总和。

2. 中国的“预期利益”理论

与美国学者对于传统“预期利益”理论的定义一致，我国台湾地区的大部分学者也沿用了美国学者对于“预期利益”的概念认知。例如，在《债法总论》[②] 中将“预期利益”进一步概括为“履行利益”，在《民法债编总论》[③] 中将“预期利益”与“履行利益”统称为“可得利益”。这种对于“预期利益”的概念解读体现了在违约损害赔偿中的“完全赔偿”规则，即要求违约方对因违约造成的损失进行全面的补偿性赔偿。

中国大陆学者彭汉英在其专著《财产法的经济分析》[④] 中提及“预期利益”（亦即“期待利益”），是指当事人在订立合同时期待获得的利益，这种“期待利益”应当通过预期损失赔偿的方式进行保护。学者李永军在专著《合同法原理》[⑤] 一书中则将“预期利益”等同于“可得利益”“履行利益”，认为“预期利益”是合同双方当事人依约履行合同所能获得的利益。学者刘瑛的专著《国际货物买卖中的损害赔偿制度实证研究》在对 CISG 损害赔偿进行解读剖析时，将“预期利益”（expectation interest）等同于“履行

① 《美国法律整编契约法》第 344 条（a）项。
② 史尚宽：《债法总论》，中国政法大学出版社 2000 年版，第 300－303 页。
③ 黄立：《民法债编总论》，中国政法大学出版社 2002 年版，第 381－386 页。
④ 彭汉英：《财产法的经济分析》，中国人民大学出版社 2000 年版。
⑤ 李永军：《合同法原理》，中国人民公安大学出版社 1999 年版。

利益”（performance interest），并阐述了不同法系对于“履行利益”的划分①。

然而与大多数学者不同的是，中国大陆学者王利明认为“期待利益”与“可得利益”是不完全一致的两组概念，应该区别对待，其在著作《合同法研究》（第二卷）② 中将“预期利益”称为“交易利益”。因此对“预期利益”的界定应该是有边界的，是围绕合同的交易而产生的利益，而不应将“预期利益”的概念外延无限地延展。

3. “预期利益”复杂概念集合的必要性

根据美国佩斯大学建立的CISG案例数据库显示，自1988年CISG正式实施以来，援引公约第25条的302例案例中，适用第25条前半部分（即剥夺“预期利益”的“根本违约”）的案例有68例（占比22.52%），适用第25条后半部分（即可预见的“除非”标准）的案例有234例（占比77.48%）。可见在国际贸易中，“预期利益”的概念正被广泛引用，而违约方抑或是一个理性的人在合同订立时应当预见的“预期利益”也成为违约损害赔偿的重点内容③。

正如上文所述，自1936年富勒（Fuller）创造了“预期利益”这一概念之后，几十年间又衍生出了“可得利益”“履行利益”等概念，有的学者主张“预期利益”就是“可得利益”和“履行利益”，而有的学者主张“预期利益”与“可得利益”是交叉关系而不能简单地等同，而事实上，在司法适用中，这些复杂的概念是否真的有其存在的必要性。

从实质上来说，这些概念并无本质区别，都表示的是合同双方在合同适当履行之后所能够享受的合同带来的利益。对于合同

① 刘瑛：《国际货物买卖中的损害赔偿制度实证研究——以〈联合国国际货物销售合同公约〉的规则与实践为核心》，中国人民大学出版社2013年版，第99—100页。

② 王利明：《合同法研究》（第二卷），中国人民大学出版社2011年版。

③ 参见美国佩斯大学CISG数据库：http://www.cisg.law.pace.edu/cisg/text/digest-cases-25.html，2019年11月26日访问。

双方来说，这种利益是一种面向未来的、不确定的但是能够预见的利益，而双方对于这种合同利益均保有期待权。一旦违约方违背了合同为其设定的主要合同义务，导致这种可期待、可预见的利益无法实现从而侵犯了守约方的期待权，那么即构成根本违约。在这种语境下，因契约而产生的“预期利益”就受制于“可预见”标准而不会无限扩张。因此无论采用哪一种概念来描述“预期利益”都会产生一样的表达效果。据此，理论上精细化的概念区分实际上会使实践中对“预期利益”的界定与适用变得更为复杂。

（二）CISG 中的补偿性损失赔偿规则

事实上，CISG 第 74 条所涉及的违约损失赔偿是一种补偿性的损失赔偿，相较于定金、违约金等具有惩罚性质的违约救济措施，其存在的意义并非对违约方的违约行为进行惩戒，而是为了填补受侵害一方的利益损失。这种损失首先局限于预期利益与返还利益之间，其次才受制于公约中损失赔偿一般性原则的规制，最后根据前述法律限制确定的损失赔偿范围进行损失赔偿的计算。

1. 预期利益损失与其他利益损失的联系

在合同订立前、履行中、被解除或撤销后等各个阶段，合同涉及的各方均会基于合同产生不同的权益从而产生不同的利益损失，理论上一般将其划分为信赖利益、预期利益以及返还利益三类。

一方面，预期利益不同于信赖利益。德国著名法学家耶林提出，在合同因一方当事人的过错而不成立或无效时，存在过错的一方应对相信合同将会有效成立的相对人赔偿基于这种信任而产生的损失[①]。从理论上来说，信赖利益损失主要产生于缔约过失责任[②]，因而作为合同订立前的缔约过失责任不会产生履行利益（即

① 王泽鉴主编：《民法学说与判例研究》（第 1 册），北京大学出版社 2009 年版，第 79 页。

② 缔约过失是指在合同订立过程中，一方因违反诚实信用原则所产生的义务，而致另一方的信赖利益损失，所应承担的损害赔偿责任。缔约过失责任被规定在我国《合同法》第 42 条中。

“预期利益”）赔偿的问题[①]。

另一方面，预期利益不同于返还利益。返还利益损失的请求权基础[②]是不当得利返还请求权[③]，在合同归于无效、被撤销或被解除的情形下，这种不当得利是一种“给付型不当得利”[④]，即一方基于相对方的损失所获得的利益丧失合法根据，从而产生的返还利益损失责任。

从理论上来说，在合同一方违约，而并未导致合同被宣告无效、被撤销或被解除的特定情形之下，仅基于违约行为而产生的损失赔偿的范围应当限于预期利益损失；若因合同一方根本违约导致合同丧失原有法律效力，已经根据合同履行给付义务的一方可以请求返还利益；若因一方违背诚实信用原则，导致进行合同磋商的双方并未实际订立合同，那么遭受损失的一方则可以主张信赖利益的损失。由此来看，由于根本违约导致的合同无效、被解除或被撤销，若守约方已经履行一定的合同给付义务，那么守约方可以同时主张预期利益损失与返还利益。

2. CISG 中根本违约损失赔偿的原则

CISG 第 25 条规定了违约方一旦违背了合同的主要义务，剥夺守约方的“预期利益”，即被称为“根本违约”。对于根本违约所导致的损失赔偿一般性原则规定在 CISG 第 74 条和第 77 条，其中第 74 条的前半部分表明违约方需要赔偿守约方因违约行为遭受的包括利润在内的所有损失；第 74 条的后半部分则规定了违约损失赔偿不得超过违约方在合同订立时（处于当时的情势之下）所能够预见或应当预见的违约所会带来的损失的范围；第 77 条规定守约方应当及时采取适当的手段以减少违约行为带来的损失，否则违约方即有权主张相应地减少损失赔偿。基于上述条款，违约

---

① 张俊浩主编：《民法学原理》（第三版），中国政法大学出版社 2000 年版，第 692 页。

② 王泽鉴：《民法思维：请求权基础理论体系》，北京大学出版社 2009 年版。

③ 《民法总则》第 122 条。

④ 王利明：《准合同与债法总则的设立》，载《法学家》2018 年第 1 期，第 194—195 页。

损失赔偿的一般性适用原则主要包括完全赔偿原则、可预见性原则和减损原则。

就完全赔偿原则而言，其实质上是对违约方为其违约行为所向守约方进行的“等价交换”，守约方基于违约行为所遭受的所有损失都是违约方违约的“成本”。王利明教授曾在其著作《违约责任论》中对“完全赔偿责任”进行定义，要求违约方在法律规定的合理范围内，以其自有财产赔偿受损害一方遭受的所有损失[①]。在各国关于赔偿责任的探索历程中，存在“完全赔偿主义”与“限制赔偿主义”的争论。以《德国民法典》[②] 为代表的“完全赔偿主义”与 CISG 第 74 条前半部分规定的“完全赔偿原则”在大体上是一致的，即主张违约方应赔偿对守约方造成的所有损失；而“限制赔偿主义”则对违约损失赔偿的范围进行了细致的限定，以《法国民法典》[③] 为例，在故意或重大过失主观过错支配下，违约损失赔偿范围限制在违约行为造成的直接损失、直接利益的层面；在一般过失主观过错支配下，违约损失赔偿范围则在上述限制之上又受限于可预见标准。事实上，这种理论区分的关键在于对主观过错的考察，然而在实践中，对于主观过错的证明在一定程度上会加重司法负担，因此在现行的各国法律及公约之中，采取“完全赔偿责任”的更多。

关于可预见性原则的学术争议在概念提出初期是十分激烈的，因为可预见性原则是站在违约方的角度来审视损失赔偿的范围，且无法非常详尽地规定适用的细则，因此这一原则因其主观性过强而难以证明，因此 18 世纪中叶法国学者 Pothier 就提出这一损失赔偿原则仅限于特定国家的特定时期内适用，而不具有普适性[④]。对于由可预见性原则产生的具体适用的标准，将在后文进行论述。

---

① 王利明：《违约责任论》，中国政法大学出版社 2000 年版。

② 《德国民法典》第 249 条第 1 款。

③ 《法国民法典》第 1151 条。

④ 韩世远：《违约损害赔偿研究》，法律出版社 1999 年版，第 197 页。

减损原则在违约方因违约而进行损失赔偿的前提之下，为守约方设置了防止损失扩大的义务，并为各国法律所接纳[①]，我国《合同法》亦规定了类似的减损规则[②]。这一原则对违约损失赔偿的数额具有重要的影响，若守约方不履行法律赋予的减损义务，则违约方得以就损失的扩大部分主张减轻其违约损失赔偿的赔偿数额。这是在可预见性原则之后对完全赔偿原则作出的又一项限制。

3. CISG中根本违约损失赔偿的其他规则

上文对CISG第74条进行的解读为文义解释，若从探究第74条的"完全赔偿规则"，则该条款还具有以下两方面内涵。

一方面，"预期利益"这一概念应当进行扩大解释。守约方因违约所遭受的损失在法律概念上可以简单地划分为积极损失与消极损失，其中积极损失是指原有利益的损失，而消极损失是指对本应获得的利益的损失[③]，损失赔偿的范围应及于积极损失和消极损失。从文义解释的角度看，"预期利益"的损失应该是一种"消极损失"，但从完全赔偿主义的角度来看，若适当依约履行合同，守约方便不会经受"积极损失"而导致原有财产的减损，因此合同双方在订立合同时应当预计到若合同正常履行，这一部分利益将不会遭受损失。从这一角度来说，"预计利益"的内涵应广泛地延展至积极损失与消极损失两个层面，这也体现了CISG第74条所规定的违约损失赔偿是一种补偿性的损失赔偿。

另一方面，守约方仅可就遭受的损失主张损害赔偿，亦即若守约方未因违约行为遭受损失抑或是反而因违约行为获利的，其所获利益应当从损失赔偿之中扣除。澳大利亚昆士兰州最高法院

---

① A Komarov, *The Limitation of Contract Damages in Domestic Legal Systems and International Instruments*, Oxford: Hart Publishing, 2008, p. 256－261.

② 《中华人民共和国合同法》第119条。

③ 曾隆兴：《详解损害赔偿法》，中国政法大学出版社2004年版。

曾在2000年基于这一规则作出判决[①]：卖方在买方违约不受领货物之后转卖货物，从而免除了向原合同中居间的经纪人支付酬劳的责任，因此反而节省了费用，在计算违约损失赔偿时，仲裁庭将这一节省了的居间费用从损失赔偿中扣除了。但若受损害一方未因违约遭受实际财产损失或因违约获得利益是基于其先前的与双方契约关系无关的保护行为，则违约方不得再基于此项规则进行抗辩。举例而言，守约方为其自有财产投保，后因违约方违约而遭受财产损失所获得的保险赔付不得在损失赔偿中扣减。

综上所述，“预期利益”作为违约损失赔偿的范围应当广泛地包括积极损失（现有损失）和消极损失（可得利益），违约方应当因其违约行为进行完全赔偿，而守约方则负有采取适当的措施防止违约损失扩大的法定义务，而损失赔偿的多寡则具体取决于“可预见性”原则。

二、“可预见性”标准：预期利益的边界

如前文所述，预期利益是违约损失赔偿的主要内容，违约损失赔偿的范围就是预期利益的边界。“可预见性”原则作为宽泛的法律原则，一直以来就处于争议之中，自18世纪法国学者对这一标准的普适性提出质疑之后，学者Bulow在其1984年发表的论文中又因“可预见性”标准的自由裁量性过强而认为其缺乏确定性[②]，这也是理论界对这一标准提出质疑的最主要理由，然而事实上正是由于“可预见性”原则的灵活性才使得其在适用过程中更具普适性，诚如法律原则需要通过具体的法律规则予以完善一样，“可预见性”原则在具体适用中应该更加细化为“可预见性”标准来框定预期利益的边界，以保障合同双方权利、义务的平等。

---

① Downs investments Pty Ltd (in liq) V Perwaja steel SDN BHD，参见美国佩斯大学CISG数据库：http://cisgw3. law. pace. edu/cases/011012a2. html，2019年11月27日访问。

② LC Bulow，*Consequential Damages and the Duty to Mitigate in New York Maritime Arbitrations*，Lloyd' s Maritime & Commercial Law Quarterly，1984，p. 625.

（一）“可预见性”标准的一般要件

“可预见性”标准规定于CISG第74条的后半部分，“……这种损失不能超过违约方在合同订立时其知道或应当知道自身所处情势之下，所预见或者应当预见的违反合同约定所能带来的损失”。仅从字面展示的内容来看，公约为“可预见性”标准设定了预见主体、预见时间、预见对象的一般要件。

1. 预见主体要件

“可预见性”原则体现在CISG第25条关于根本违约的规定以及第74条关于违约损失赔偿的规定之中，其中第25条将可预见性描述为“……除非违约方并未预见或者一个理性的人处于同等情况下也不会预见（会导致根本违约）”，第74条将可预见性描述为“……违约方……所预见或者应当预见的违反合同约定所能带来的损失”。可见，在预见主体上，第74条较第25条省去了处于同等环境下的“理性的人”这一预见主体。事实上，这种不统一在“可预见性”标准实施的过程中十分必要。对于违约行为是否违反了合同的主要义务而导致合同根本违约，其本质上是是与非的问题，大多数情况下，处于同等环境的理性人都能够做出合理的判断而无须过多的考量；但是损失赔偿则是量的问题，其能否被预见关乎违约方的自身认识能力、交易经验、商业习惯等方面，故不具备相关贸易经验的普通人对损失赔偿的范围进行界定是不符合公平原则的，这也是CISG将预见主体限定于违约方的原因。

在英国判例Hadley v. Baxendale (1854)① 中，法院的判决表明合同双方均为预见主体，而这一判决随后被改写。在英国判例Victoria Laundry v. Newman Industries (1949)② 中，预见主体则

① 参见Casebriefs案例数据库：https://www.casebriefs.com/blog/law/contracts/contracts－keyed－to－farnsworth/remedies－for－breach/hadley－v－baxendale/，2019年11月27日访问。

② 参见Lawteacher案例数据库：https://www.lawteacher.net/cases/victoria－laundry－v－newman－industries.php，2019年11月27日访问.

被限于违约方，并被一直沿用。学者曾世雄曾在其著作《损害赔偿法原理》中提及预见的程度应该由承担赔偿义务的人决定，而与主张权利的人无关[①]。因此无论是出于预见能力差异的考量、举证的考量抑或是公平原则的考量，预见主体都应限定于违约方。

2. 预见时间要件

理论上，对于预见时间曾经存在不同观点，以普通法系为代表的“合同缔结说”认为预见的时间应为双方合同订立之时；而以大陆法系为代表的“债务不履行说”则认为预见的时间应为违约方不履行债务作出违约行为之时[②]。

合同的订立过程不仅是合同双方协商一致进行等价交换的过程，也是合同双方协商一致进行风险配置的过程。在合同订立之时，合同双方就必然对合同的将会为己方带来的风险有所了解，并通过协商进行协调分配，而在违约方不履行债务之时，据合同订立已经过一段时间，所处的情势和风险走向都可能发生改变，而这些不确定因素并不能强求违约方在合同订立之时就能准确预料，因此主张在“债务不履行”时预见损失则会将违约方置于更大的风险之中从而有违公平原则。

在各国的法律以及国际公约之中，“债务不履行说”已经逐渐被摒弃。CISG 在第 74 条中采用的也是“合同缔结说”的理念。

3. 预见对象要件

预见对象，即违约方预见或者应当预见的“损失”。曾有学者通过大量的案例实证分析，将损失划分为“一般损失（Ordinary Damages)”与“特别损失（Special Damages)”，其中“一般损失”特指违约会造成一般性自然后果；而“特别损失”即指相对方的特别告知，违约一方不可能预见到的那一类损失[③]。此处所讨论的

---

① 曾世雄：《损害赔偿法原理》，中国政法大学出版社 2001 年版，第 99 页。

② 莫万友：《国际贸易中的违约损害赔偿制度研究》，中南大学出版社 2014 年版，第 69 页。

③ 杨良宜：《损失赔偿与救济》，法律出版社 2013 年版，第 166 页。

预见对象应该为一般情况下，违约方在订立合同时应自行预见的一般损失。

对于一般损失的预见范围存在国别差异，即对其种类、程度共同预见的必要性的法律规定差异。在英国经典判例 Parsons (Livestock) Ltd v. Uttley Ingham & Co Ltd (1978)[①] 中，法官认为只要违约方在订立合同时能够预见违约将会造成何种损失即可，对于损失的严重程度不要求预见；而在法国法律中，损失的种类、程度是违约方在订立合同时必须同时预见的，反言之即只要违约方不能预见其中的任意一项则不能达到"可预见性"标准[②]。两种法律设置都认同应当预见到某一种损失会在违约时发生，但对于损失严重性的预见提出了不同的要求。这实质上是"可预见性"标准适用扩大主义与适用严格主义之争。对预见对象的要求越宽松则达到"可预见性"标准的可能性越高，越能够据此要求违约损失赔偿；对预见对象遇见要求越严格则达到"可预见性"标准的可能性越低，越收紧了通过此项标准获得损失赔偿的入口。

事实上，损失程度的预见是很困难的，即使在进行损失赔偿计算时也无法精确地计量，那么从理性人的角度来看，只要预见了损失的存在及类别就必然会预见到存在一定程度的损失。因此对"大致损失程度"的预见对象条件设置实际上没有太大意义。此外，作为违约方必然会尽量"压缩"可预见的损失程度，由此产生的博弈则需要双方举证支撑，实质上违约方只要举证主张自己不能具体地预见损失的程度就可得以免责而使"可预见性"标准被束之高阁，且这种预见要求还会导致受侵害方存在举证的困难（即受侵害方需要证明违约方得以预见损失的程度）。与前述的风险向违约方倾斜不同，对于损失严重性程度的预见要求则会导

① 参见 Lawteacher 案例数据库：https://www. lawteacher. net/cases/parsons-livestock-v-uttley-ingham. php，2019年11月27日访问。

② B Nicholas，*The French Law of Contract*，Oxford：Clarendon Press，1992，p. 231.

致风险向受侵害方倾斜。基于此种缘由，应当放宽达到“可预见性”标准的一般构成条件，对于具体的损失程度则留待双方举证后根据证明标准予以认定并计算损失赔偿数额。

据此，CISG 第 74 条对于“可预见性”标准的一般要件包括：①违约方预见；②订立合同时预见；③预见损失的发生及损失的种类。

（二）预见标准“主观性”特质下的客观化

尽管已经解读了 CISG 第 74 条规定的“可预见性”原则下的“可预见性”一般构成要件，但是其仍然具有抽象、主观的特质，因而在司法适用中容易产生分歧，故应对其“主观性”特质进行客观化的刻画，主要通过反向排除与正向规定、法律推定、举证责任配置三个方面实现。

1. 反向排除与正向列举

众所周知，在一项法律制度具有不确定性时，可以通过正向列举来赋予依法行事的权利，也可以通过反向排除来禁止违法行为的发生。美国佩斯大学 CISG 数据库中收录了 UNCITRAL（联合国国际贸易法委员会）根据三千个适用 CISG 的判例所总结的法律评论，根据其 2012 年最新发布的法律评论内容来看，UNCITRAL 对“可预见性”标准的适用进行了反向排除与正向的适用总结[①]，主要内容见表 1：

---

① 参见美国佩斯大学 CISG 数据库：http://cisgw3.law.pace.edu/cisg/text/digest-2012-74.html#112，2019 年 11 月 27 日访问。

表1　反向排除与正向列举

反向排除	正向列举
①买方的下游买家租赁器械的费用； ②迟延给付后在别国加工货物的费用； ③为货物运输额外支付的巨额费用； ④因货运争议产生的律师代理费用； ⑤超过待加工货物价格的加工器械的修正费用； ⑥违约卖方不知买方转售时买方因此遭受的损失； ⑦在进口国而非出口国检验货物而产生的费用； ⑧买方基于合同发生的必要准备费用； ⑨名誉损失； ⑩客户损失。	①买家为零售商时，卖家应当预见买家会将货物转卖； ②交付标的为可替代货物时，买方未依约提前支付价款的，应当预见卖方会因此遭受典型利润率损失； ③船运买卖中，买方未及时依约开立信用证导致卖方因此而产生的租赁费用及利息损失，买方应当预见。

由于UNCITRAL法律评论中的反向排除与正向列举是根据具体的案例归纳而得的，不具有普适性，进一步分析其具有以下特点：

（1）从形态上看，反向排除多于正向列举。在国际贸易中，应当尊崇“法无禁止即自由”的规律，因此若法律主体的行为一一经由法律授权，则无穷尽，故通过反向排除能够更好地对一项法律制度予以明确化、客观化。

（2）从因果链条上来看，除非违约方对相关情况知情，否则不对间接损失承担责任。所谓间接损失，指该损失确由违约行为造成，但在一般情况下，无法判断该损失必然直接发生，例如“反向排除”中违约方多不对受侵害方的下游合同损失负赔偿责任（除非根据受侵害方零售商身份或提前知悉等缘由，否则均视为不可预知）。

（3）从损失类型上看，违约方不对非确定性的抽象损失负赔偿责任，例如名誉损失、客户损失，这类损失背后的数额难以预估，也无法确定统一的标准。

（4）从损失程度上看，违约方不对超过正常损失范围的其他损失承担损失赔偿责任，例如超过货物本身价值的货物加工器械的修缮费用、额外的律师代理费、运输费等，这些费用数额超过正常损失的范围，且并不具有产生的必然性，应当属于偶然性的损失。

（5）从认知能力上看，根据贸易经验、商事习惯等依据，违约方对应当知道会导致的损害不能以未预见作为抗辩事由。例如正向列举中可替代货物的交付、信用证的开立等。

2. 举证责任配置与证明标准

CISG 并未明确规定损失赔偿的证明标准与举证责任，仅在 CISG 第 75 条与第 76 条规定了关于损失赔偿损益相抵的规则。UNCITRAL 在对证明标准与证明责任进行阐述时表明，大多跨境贸易纠纷的仲裁在证明标准及责任问题上都认为应当依照双方约定适用的相应国内程序法的规定。部分美国学者在对《CISG 咨询委员会意见声明（六）》的评述中指出①，在第 74 条的语境下，受侵害方应当承担证明确有损失发生以及损失发生的程度，但无须举证证明损失的具体数额。据此，应当将对于损失赔偿的证明责任划分为证明损失可预见性和证明损失大致程度两个证明层面。

首先，依据民商事案件“谁主张谁举证”的证明原则（我国《民事诉讼法》第 64 条亦采纳了这一原则），在证明违约方对损失结果“可预见”时，应当由受侵害一方证明违约方“可预见”，再由违约方提出抗辩，事实上，这种举证责任的配置是不合理的。其一，合同订立之时对损失的预见主体为违约方，由受侵害方证明违约方已经预见实际上存在着固有的认知障碍而影响举证；其二，即便受侵害方能够客观地站在违约方的立场进行思考，受侵害方仍存在举证困难的问题；其三，即便受侵害方既能够合理地

① 参见美国佩斯大学 CISG 数据库：http://cisgw3.law.pace.edu/cisg/CISG－AC－op6.html)，2019 年 11 月 27 日访问。

提出“可预见性”主张又能够找到相应证据进行佐证，这也会使受侵害方为了证明自己确实受到侵害而在无形之中增加了其“潜在”的合同义务。据此，在“可预见性”的举证责任配置问题上，应该将举证的义务向违约方倾斜，让违约方证明己方在合同订立时不能预见，后由受侵害方进行抗辩。

其次，对于证明损失的第二个证明层面应归于真正遭受了损失的受侵害方。受侵害方因违约遭受了损失，其更能够明确己方遭受了何种损失以及大致造成了多大的损失。若将这一层面的证明责任归于违约方，则可能导致违约方刻意低估违约损失或因认知障碍不能准确举证。在受侵害方对损失大致程度举证之后，违约方可举证主张己方没有预见能力进行抗辩。

而对于证明标准的规定则见2001年最高人民法院公布的《关于民事诉讼证据的若干规定》第73条中的“高度盖然性”原则，即依据证据的证明力大小进行取证。因而，约定适用中国法律的跨境贸易合同中，若受侵害一方能够举证证明违约方“不可预见”的证据缺乏合理的根据，即可基于“高度盖然性”原则而将其推翻。事实上不止在中国，世界各国在民事诉讼制度中也已普遍采用了“高度盖然性”的证明标准。

3. 法律推定

在相对明确的反向排除与正向列举的法律规定、相对合理的举证责任配置与证明标准的基础之上，由于违约方主观上是否确实预见无法一窥而知，故“可预见性”标准在司法实践中还需要法律的推定，主要是基于以下三个方面的推定（见表2）：

表 2 法律推定层面与典型案例

推定层面	典型案例与说明
对受损害方以往贸易活动的认知	The Heron II（Kaufos v. C. Czarnikow, Ltd.）(1967)①：违约方迟延交付案涉白糖导致受侵害方只能以较低价格将白糖卖出，而此案中违约方仅知交货地存在白糖市场，却不知白糖价格每天都会波动以及受侵害方收到白糖后要将其以收货当天市场价格卖出。最后法院判决对于白糖价格波动导致的价差，违约方无“预见”可能性故无需承担损失赔偿责任。 由于违约方对于受损害方成约后的意图不明且对于其贸易活动知之甚少，因此，法律应推定其不具有“预见”能力。
对合同标的性质的认知	Victoria Laundry (Windsor) LD. v. Newman Industries LD. (1949)：违约方迟延交付烧锅炉导致洗衣房因迟延行为利润损失，法院支持了作为原告关于本可获得的正常营业利润的损失请求，而对于其主张的本可与政府签订合约所获得高额利润不予支持。 由于合同标的的属性特殊，卖方正常情况下不难得知该合同标的在成约之后的用途，故应赔偿据此产生的利润损失；但若根据合同标的难以推知其具体用途，例如仅购买可用于组装多种器械的零部件，则不可推定违约方在合同订立时得以预见这种“损失”。
对贸易习惯与市场行情的认知	Interoffice Telephones Ltd v Robert Freeman Co Ltd：法官在判决中提及，无论是雇佣合同还是买卖合同，违约方都应该考虑到基于市场供需关系所涉及的市场价格波动问题。基于此法官认为违约方对于基本的市场价格波动应当存在“预见”能力。 据此，违约方在订立合同时应该根据贸易习惯被推定预知合同标的将会出现价格波动。

因而，在司法适用中，对 CISG 第 74 条中“可预见性”进行判断时可以适用类似的法律推定从而使这一看似抽象的“主观”

① 参见哈佛案例数据库：https://h2o.law.harvard.edu/cases/2436，2019 年 11 月 28 日访问。

标准客观化、具象化。

三、司法优化：CISG“可预见”标准的本土化探索

根据2017年CIETAC（中国国际经济贸易仲裁委员会）发布的《中国国际商事仲裁年度报告（2017）》显示，2017年CIETAC在仲裁案件受理量上已经远超ICC（国际商会仲裁院）、HKIAC（香港国际仲裁中心）等其他国际仲裁机构。

基于国际需要与全球法律的趋同，中国作为国际贸易中的一员，对于CISG损失赔偿相关条款的解读与本土化需求日增，上文已根据各国的判例及通行的司法惯例对CISG第74条预期利益损失赔偿的“可预见性”标准进行了剖析，下面将着重探索相关制度在我国的法律适用以及在适用过程中的优化路径。

（一）我国关于“可预见性”标准的规定与适用

1.“可预见性”标准的法律规定与研究现状

“可预见”这一概念最早在我国法律中出现是20世纪80年代，《涉外经济合同法》与《技术合同法》规定了赔偿责任应当限定于当事人在合同缔约时的可预见范围。这一时期，“可预见性”标准的构成要件十分模糊，在适用上存在着较大的主观性。1988年《联合国国际货物销售合同公约》正式实行，中国作为缔约国在1999年《合同法》立法时，在参考域外的立法、司法经验的同时，吸收借鉴了公约中的大部分立法原理和规则，其中就包括“可预见性”原则。

规定于《合同法》第113条第1款“但书”中的“可预见性”规则已与CISG第74条后半部分“除非”标准完全接轨，并在《合同法》第113条的第2款规定了经营者欺诈消费者时适用《消费者权益保护法》而排除适用“可预见性”标准的例外情况。

2012年最高人民法院发布的《关于审理买卖合同纠纷案件适用法律问题的解释》第29条明确了违约造成的“可得利益”损失应当符合《合同法》第113条中关于“可预见性”标准的规定。

从立法现状来看，民商法律层面对于“可预见性”标准的立

法确认仅限于上述几部规范性法律文件。而根据文献检索所得的数据来看，对于“可预见性”标准的学术探讨不在少数，现存可考期刊文献总数已经达到 1311 篇①。

而从相关文献的发布时间来看，对“可预见性”标准的研究热度则伴随着中国成为 CISG 缔约国和《合同法》的生效，在 20 世纪 90 年代中后期呈现出爆发式增长的态势。

据此来看，我国学者对于“可预见性”标准的理论研究呈现出多元化、复合性、渐趋成熟的特点，但我国对于这一标准的立法却仍然是单一的、粗线条的，这会导致“可预见性”标准在适用过程中过分依赖审判、仲裁人员的自由裁量而缺乏法律适用的客观性。

2. “可预见性”标准的法律适用

美国佩斯大学 CISG 数据库中统计的 UNCITRAL 收录的 3000 例援引 CISG 条文的案例中，可知各国对公约第 74 条的适用分布②，其中中国作为独立的经济体对于公约第 47 条的适用量已经超过了 ICC（国际商会仲裁院）。截至 2019 年，中国“北大法宝”法律数据库中收录的涉及援引“可预见性”规则的案例已经高达 65669 例，其中买卖合同纠纷（不包括房屋买卖合同）有 17479 例，占所有相关案例总数的 26.62%③。

这些数据说明无论是涉外的国际贸易，还是中国境内的民商事合同纠纷，“可预见性”标准已经成为司法实践中补偿性损失赔偿据以提出的法律基础，然而实际上，“可预见性”标准的法律适用仍然存在下列问题：

第一，在立法层面，立法水平与学术理论发展的不对称。如

---

① 参见知网文献数据库网站：https://kns.cnki.net/kns/Visualization/VisualCenter.aspx（中国知网可考期刊文献总数，保守估计为 1311 篇，不包括不可考的较早文献、外文文献以及书籍文献等），2019 年 11 月 28 日访问。

② 参见美国佩斯大学 CISG 数据库：http://www.cisg.law.pace.edu/cisg/text/digest-cases-74.html，2019 年 11 月 28 日访问。

③ 参见北大法宝案例数据库：https://www.pkulaw.com/case/?keyword=%E9%A2%84%E8%A7%81，2019 年 11 月 28 日访问。

前文所述，我国学者关于“可预见性”标准的研究已不在少数，但仅有的涉及“可预见性”标准的法律条文却规定得十分笼统，这种不确定性使得在具体案件中“可预见性”标准的客观适用存在制度障碍。

第二，在司法层面，“可预见性”标准的多元化理论在实际适用中具有对立性。由于学术研究的不断深入，对于“不可预见性”规则的内涵理解多元，而具体适用规则的缺失又导致在司法中许多法院倾向于援引法学理论对实际问题进行剖析，由此增加了矛盾判决存在的可能性。

（二）我国“可预见性”标准的优化空间

中国现行的“可预见性”标准仍然存在一定的制度缺陷，具有理论探索的必要性，同时在标准的“客观化”上也有较大的优化空间。

第一，明确“可预见性”标准的构成要件。根据《合同法》第113条“但书”的规定，对于我国“可预见性”标准中预见主体、预见时间的理论研究并无太大分歧，但对于预见对象中是否应该包含预见损失程度则存在着一定的争议，因此应该对存在争议的构成要件予以明确。

第二，进行“可预见性”对象的反向排除与正向列举。在实践中，一些案例中基于某项损失是否“可预见性”的争议焦点是具有重复性、高发性的特点的，UNCITAL根据案例进行实证分析后将重复的、相同的判决提炼，正向列举了常见的“可预见性”损失，也反向排除了大多数判决、裁决中不认为可以预见的损失。中国并非判例法国家，但案件的案情也具有一定的重复性，可以由最高人民法院发布相关的司法解释对常见的情形进行正向列举与反向排除。

第三，确定合理的法律推定标准。在涉及“可预见性”标准的适用时，除非事前曾进行信息披露，否则一般难以确认违约方主观预见的“现实事实”，而只能依据“推定事实”做出判决或裁决，因此可以参照正向列举与反向排除的内容，提炼涉及“可预见性”损失的法律推定原则，以保证司法实践中对事实推定时自由裁量的相对客观。

第四，在程序上合理分配双方当事人的举证责任以平衡合同风险。在涉及“可预见性”标准的案件之中，法律的设置应当使得违约方因实施违约行为而承担较大的合同风险，这也是民商事法律制度中诚实信用原则所提出的基本要求。因此在举证责任的配置上应当使得违约方处于举证的不利地位，即由违约方举证证明己方不能预见损失，由受侵害方举证证明己方的损失程度。

第五，细化“可预见性”标准的排除适用。《合同法》第 113 条第 2 款规定了欺诈消费者的情形排除“可预见性”标准的适用，理论上也存在着违约方故意、重大过失应排除“可预见性”标准适用等意见，因此应当对何种情况下“可预见性”标准得以排除适用进行明确的规定。

一直以来，“可预见性”标准受到质疑的原因就是其强烈的主观色彩，因此不及时确定具有普遍性的适用标准，只会使得过分依赖自由裁量权的“可预见性”标准。中国并非判例法国家，最高人民法院指导性案例的判决仅具有参考性，没有法律效力，因此应该通过完善法律或者司法解释等方式及时补正“可预见性”规则的标准缺失问题。

参考文献

L. L. Fuller，William R. Perdue. Jr.，The Reliance Interest in Contract Damages. The Yale Law Journal . 1936.

Hiller A. Measure of Damages for Non－acceptance of Goods：Thompson (WL) Ltd v Robinson Gunmakers Ltd; Charter v Sullivan; Interoffice Telephones Ltd v Robert Freeman Co Ltd. Sydney Law Review. 1959 (3). p. 125.

LC Bulow. Consequential Damages and the Duty to Mitigate in New York Maritime Arbitrations. Lloyd's Maritime & Commercial Law Quarterly. 1984. p. 625.

H Bernstein & J Lookofsky.，Understanding the CISG in Europe：A

Compact Guide to the 1980 United Nations Convention on Contracts for the International Sale of Goods. 2nd edition. Kluwer Law International. 2003. P. 139.

A Komarov. The Limitation of Contract Damages in Domestic Legal Systems and International Instruments [M]. Oxford: Hart Publishing. 2008. pp. 256—261.

李永军. 合同法原理 [M]. 北京：中国人民公安大学出版社，1999.

韩世远. 违约损害赔偿研究 [M]. 北京：法律出版社，1999.

史尚宽. 债法总论 [M]. 北京：中国政法大学出版社，2000.

彭汉英. 财产法的经济分析 [M]. 北京：中国人民大学出版社，2000.

王利明. 违约责任论 [M]. 北京：中国政法大学出版社，2000.

微信公众平台转载行为的侵权问题探讨

卿紫菱[①]

摘要：2012年8月，腾讯公司首次推出微信公众平台，微信公众平台迅速成为最热门的获取信息、传播信息的新媒体平台。微信公众平台极大地方便了人们对信息的传播与获取，然而一些微信公众号随意抄袭、未经许可转载他人原创作品的行为导致侵权事件频频发生。本文分析了微信公众平台转载行为的侵权认定。由于互联网传播的特殊性，微信公众平台转载行为导致的侵权应该由微信公众号用户和微信运营商（网络服务提供商）两个主体构成。本文分析了微信运营商（网络服务提供商）的相关免责事由，明确不同主体的责任承担，以实现对原创作品的保护，营造更好的传播环境。

关键词：微信公众平台　法定许可　合理使用　侵权责任

① 卿紫菱，四川大学法学院。

一、著作权法视域下的微信公众平台

1. 解读微信公众平台

微信公众平台是腾讯公司在微信软件内部新推出的一项版块，是一种新兴的自媒体平台。只要符合条件，任何个人和企业，经过审核通过后都可以运营一个微信的公众号。微信公众号在经过一定的宣传吸引了用户关注后，就能够向“粉丝”发送文字、图片、语音和视频等多种类的消息，与“粉丝”实现全方位互动。微信公众平台有两大非常实用的功能：功能之一是推送作品，大多数微信公众号会不定期地发各种文章和资讯，订阅了该公众号的“粉丝”也能通过在对话框回复关键词而在微信公众号中查看自己感兴趣的内容。功能之二则是与品牌、公司、企业和个人等进行合作推广，类似于广告业务，如通过在微信公众号中发表文章对产品进行宣传。

在微信公众平台的类别上，目前已有三类，分别是企业号、服务号和订阅号。企业号一般是作为通讯工具应用于公司内部；服务号旨在为用户提供服务，主要偏重于服务交互、提供服务查询；订阅号的主要功能则是推送资讯，是最常见的微信公众号类型，功能类似报纸杂志。由于三类平台的功能不同，抄袭、转载行为一般存在于订阅号中，因此著作权侵权问题也集中体现在订阅号中。

2. 微信公众平台与微信、微博的区别

微博是微型博客的简称，也是博客的一种，是一种通过关注机制分享简短实时信息的广播式的社交网络平台。微博和微信都为用户提供了一个社交、分享、抒发情绪和展示生活的平台，但是两者还是存在诸多的不同。

（1）传播范围不同。

微博用户之间、订阅者与微信公众号之间只需要单方面的关注，不需要发送验证消息或者经过对方的通过就能接受到推送，只要你对某个用户的博文感兴趣，就可以通过点击关注而追踪该

用户的微博动态，而如果你对某公众号推送的内容感兴趣，也可以通过订阅该公众号来接受推送。而微信是较为私密的平台，微信用户相互之间要成为微信好友需要先向对方发送验证消息，通过后才能成为微信好友，一般来说成为微信好友的用户相互之间都是较为熟悉的关系。因此，在受众这方面，微信公众号比私人微信账号受众更广泛，与微博有类似之处。除此之外，微信公众号只能向关注了它的微信用户推送、群发消息，如果用户没有订阅该微信公众号，就接受不到该公众号群发的消息。微信公众号虽然不能向未订阅的用户推送消息，但基于微信公众平台鼓励交流的特性，未订阅的用户可以自由地查看和转发公众号的内容。与微信公众号类似，微信用户只能向其好友发送、分享和转发相关消息，无法通过微信向不是微信好友的用户发送消息。且微信用户的朋友圈内容只有其微信好友能够看见并评论，微信个人用户的好友也只能看到共同好友的评论而无法看到所有评论，这进一步限定了个人微信账号内容的传播范围，强化了隐私性。而微博却更加注重用户之间自由地交流和分享，用户不需要关注任何账号就可以向任何人发送私信，在默认设置下也能够随意地转发、评论任何用户的微博内容，因此某一热点事件微博短时间内就有数万、数十万的转发和评论的情况非常常见。综上，微信公众平台开放程度虽然不如微博平台那样大，但受众面依然很庞大，和个人微信账号性质并不相同。

(2) 内容性质不同。

虽然一些微博和微信朋友圈内容也涉及原创文章和视频等，但大多数微博、微信个人用户发表的内容旨在表达自己的情绪和感想，或者对某一事件进行转述和转发，且微博用户发布微博、微信个人用户发布朋友圈一般没有数量限制，致使微博和微信朋友圈内容较微信公众号内容而言价值偏低。而微信平台订阅号主要的功能是向订阅的用户推送文章、图片、视频和音频等，其内容符合作品的特征，且微信公众号一天只能向其订阅用户群发一条消息，因此微信公众号发布的内容是经过较为严格的编辑，更具有实用价值。除此之外，通常情况下大多数微信公众平台具有商用性质，通过在平台上投放广告而获取利益，故较容易陷入著作权纠纷中。

3. 微信公众平台原创作品的性质

微信公众平台订阅号发布的文章、图片、视频和音频要成为《著作权法》保护的对象就需要满足有关作品的条件。根据《著作权法实施条例》第2条的规定，要成为《著作权法》保护的客体，必须是在文学、艺术和科学领域内，具有独特的构思，并能实现有形复制的智力成果。简言之，作品需要满足独创性和可复制性两大特点。独创性要求作品是作者独立创作出来的智力成果。大多数微信公众号会不定期向订阅者推送文章和资讯，在推送消息之前，微信公众平台订阅号的运营团队会在收集资料和数据后再撰写，然后对内容进行编排形成原创作品，最终推送给订阅用户的内容是订阅号运营团队撰写、收集和整理出来的智力成果，满足独创性的要求。对于订阅号中发布的较短的文字内容、视频和音频，不能一概认为不属于作品，应该根据其内容来判断。如果这些较短的内容能够体现作者的独创思想，也应认定为作品。可复制性指作品已被创作出来，能够被人实在地感知到，能够通过某种客观实在的具体形式进行复制。订阅号原创作品通过微信公众平台这一载体表现出来，具有可复制性，不是仅仅停留在人脑中的构思和设想，因此满足可复制性的要求。综上，微信公众平台的原创作品满足《著作权法》对作品的要求，应当属于《著作权法》保护的客体。

二、微信公众平台转载作品是否适用法定许可、合理使用

1. 解读报刊转载法定许可制度

著作权的法定许可制度是指，由于需要鼓励作品的传播，在一些特定的情形下，适当地对著作权人的权力进行合理的限制，在法律规定的范围内，可以不经著作权人的同意对作品进行使用，但使用后应当向著作权人支付相应报酬的法律制度。《著作权法》

规定了报刊之间的法定许可，如果有关作品已经在报纸上刊登了，那么其他的报刊就可以进行转载或以其他方式刊登，其他报刊再转载或者刊登后仍然需要向著作权人支付报酬。但是如果原创作品的作者在刊登时明确声明其他报刊不能再转载或摘编，此时，其他报刊也不能再进行转载或刊登了。其中转载行为是指将其他报刊已经发表的作品原封不动或者略有改动后刊登，摘编行为是指，不改变原作品的大体意思，缩写、摘录原作品。这一规定给予了报刊转载权，但是适用报刊转载法定许可有严格的条件限制。首先，要求作品已经发表在报刊上，并且著作权人没有声明过不得转载或者摘编，如果作者明确说明其享有著作权的作品不得被转载，这种情况下转载将侵犯原作者的著作权；其次，这种转载仅限于报刊与报刊之间进行，即对主体进行了严格的限制，要求只能适用于报刊与报刊之间；除此之外还应按规定向著作权人支付相应报酬，著作权包含了财产权，支付报酬体现了对著作权人著作权财产权的尊重。最后，转载行为还必须尊重著作权人的其他合法权益，不得滥用法定许可侵犯著作权人的其他权益。

2. 网络环境下的转载不适用法定许可

在认定微信公众平台等新兴媒体的网络转载行为是否属于法定许可的问题上，最高人民法院 2000 年颁布的司法解释曾认定网络媒体与传统媒体的转载行为是同一性质的，确立了网络转载属于法定许可范畴。由于近年来网络转载的滥用，2006 年最高人民法院修改了司法解释，删除了这一规定，即将网络媒体之间的转载行为排除在法定许可之外。同时，2006 年国务院施行的条例以及 2013 年最高人民法院施行的规定确立了网络转载适用明示许可制，即转载必须要通过著作权人的同意，经过许可后方能转载。且转载不是无偿的，还需支付著作权人合理报酬。2015 年国家版权局发布了《关于规范网络转载版权秩序的通知》，该通知明确规定了报刊与互联网媒体或者互联网媒体之间，相互转载对方已经发表的作品，应当经过著作权人许可并支付报酬，不能适用《著作权法》第 33 条第 2 款的规定。因此微信公众平台之间的转载不适用报刊法定许可，转载行为需经过原作者的同意方可进行转载，否则应当承担侵权责任。

3. 援用合理使用进行抗辩的严格限制

合理使用与法定许可类似，都是为了鼓励作品传播而对著作权人的权利做一定限制的法律规定。合理使用与法定许可区别在于有偿与否和是否需要取得原著作权人的同意。合理使用是指，当符合法律规定的情形时，可以不经过著作权人的同意，无偿地使用他人的作品。由于合理使用对著作权人的权利限制较大，《著作权法》对合理使用的情形作了穷尽式列举。除此之外，《信息网络传播权保护条例》第6条、第7条还补充列举了在信息网络环境下的合理使用的情形。在实践中，许多微信公众号以其公众号内容只是为了个人学习、欣赏和研究来进行免责抗辩，这种合理使用情形实际仅适用于订阅了微信公众号的微信个人用户以学习的目的阅读涉及侵权的内容后进行免责抗辩，而微信公众号非法转载他人原创作品是面向公众进行传播的，虽未直接从订阅用户的阅读中获取利益，但是获取了点击量后可以达到推广的目的从而间接获得商业利益，其发表文章的目的并非单纯地便于订阅用户学习和分享，因此微信公众号无法直接援用法条有关合理使用的情况进行抗辩。

除了法条对合理使用作了具体的列举规定，国际上对合理使用采用《伯尔尼公约》的“三步检验法”作为判断标准，要求合理使用必须符合特定的条件，不能妨害作品的正常使用，作者的合法利益不能因此受损。该判断标准具体到对微信公众号行为的判断上，主要从微信公众号使用作品的目的、使用作品的程度、使用作品的性质和对被使用作品的市场影响等方面来判断。在使用作品的目的上，如果微信公众号是为了商业目的而进行转载、分享，则一定不符合合理使用的条件。大多数微信公众号推送消息是为了通过发表的内容吸引更多的用户订阅从而获取更多商业合作达到盈利目的，只有极少数微信公众号的转发行为符合实时交流的非营利性目的；对作品的使用程度是指微信公众号发表或者转载的内容中他人原创作品所占的比例，如果使用内容超过原作品的三分之一甚至二分之一以上或者抄袭原作品的核心思想则应当认定为侵权；使用作品的性质是指，使用的作品是否属于《著作权法》保护的对象，即满足独创性和可复制性的作品。例如时事新闻被明确地排除在《著作权法》的保护客体之外，如果微信公众号转载时事新闻则可以援用合理使用进行抗辩；最后，在对被使用作品的市场影响上，要求合理使用不能损害著作权人的其他权益，且著作权人没有发表过其作品不能转载的声明。综上，微信公众号援用合理使用进行抗辩有严苛的要求，大多数情况下微信公众号的转载、发表行为不构成合理使用。

三、微信公众平台转载行为的侵权认定

1. 微信公众平台转载侵权行为的类型

(1) 未经授权发送他人原创文章。

为了规范微信公众平台的运营，营造更好的微信公众号使用环境，腾讯发布了《微信公众平台运营规范》，针对微信公众平台进行整改，对违反运营规范的账号将进行警告、删除侵权内容或者封号处理。其中在 4.1.2 中规定，未经授权发送他人原创文章属于违规行为。未经授权发送他人原创文章指在没有取得原作者同意的情况下，擅自将他人的原创文章在自己的微信公众号中发布。这种行为存在侵犯著作权所有者的信息网络传播权的风险，在一定情况下，还可能侵犯著作权人的发表权。信息网络传播权是指，以有线或者无线方式，向社会公众提供作品，公众可以自由选定的时间、地点来查看作品的权利。信息网络传播行为需要满足“通过网络”和“交互式传播”两个条件，微信公众平台订阅号版主在完成文章的编辑后，通过手机网络推送文章，手机网络属于网络的一种，满足要件一；关注了该订阅号的微信用户在接收到其文章推送后，可以在个人选定的时间和地点，获取推送的文章和资讯，满足要件二，故未经授权发送他人原创文章这种行为，严重地侵犯了著作权人的信息网络传播权。发表权是指作

品的作者有权决定作品是否公之于众的权利，如果订阅号发表的文章未经授权且是还没有经过原作者发表过的文章，则侵犯了著作权人的发表权。

（2）转载文章未注明出处和支付报酬。

转载文章未注明出处和支付报酬是指微信公众号在未经原作者授权的情况下，在其账号中以转载的方式将他人的原创文章“搬运”到自己的账号中，且没有向原作者支付相应的报酬的行为。在微信公众号中经常可以看到一些订阅号“搬运”其他订阅号或者网络平台的原创文章，但未在自己的账号中注明的情形。这种行为不仅可能被认定为侵犯著作权人的信息网络传播权，还可能涉及侵犯原创作者的署名权。信息网络传播权和署名权都是著作财产权的重要内容。转载文章未注明出处和支付报酬的行为同样满足信息网络传播行为的具体要件，侵犯了著作权人的信息网络传播权；署名权则是指原创作品作者在自己的作品上署上的名字，表明自己作为著作权人身份的权利。是否在自己的原创作品上署名、署什么样的名都只能由原作者自己决定。擅自转载他人文章且不注明出处的行为严重侵犯了著作权人的权利，在自己的订阅号中转载他人作品且不支付报酬的行为也严重地打击了原作者的创作积极性。

（3）未经允许摘录整合他人作品。

在很多微信平台公众号中，摘编、综合多篇文章和报道，最后形成新作品推送出来的情形十分常见。摘录、整合属于汇编行为，涉及著作财产权中的汇编权。汇编权是指，选择相应作品或者作品的一部分，对这些片段进行重新编排，最后形成一个新的作品的权利。汇编作品的著作权需要分情况讨论，如果汇编的人在汇编的过程中加入了自己独创性的构思，这种独创性的构思包括内容上也包括排版上，形成的作品体现了汇编人独特的思维，则这样汇编而成的作品能够构成汇编作品，由汇编人享有著作权；但如果仅仅只是简单地摘录下他人的作品，然后拼凑整合成另一个作品，这样形成的作品不具有独特的构思，只是机械地拼凑，不能构成汇编作品，在未经授权的情况下将侵犯著作权人的信息网络传播权。

2. 个人微信转载是否认定为侵权

个人微信作为某微信公众号的“粉丝”，除了能够阅读订阅号推送的内容外，还可以将订阅号中的内容转发给微信好友或者分享到朋友圈。个人微信的转发分享与微信公众号的转载是性质不同的行为，微信用户的转发或者分享行为是否侵权则需要分情况讨论。微信个人用户只能对微信公众号的内容进行原文转发或分享，故不会涉及著作权人的保护作品完整权，主要是需要分析该行为是否侵犯著作权人的信息网络传播权。一般情况下，个人微信用户转发或者分享的内容只有个人用户的好友可见，微信好友的数量是有限的，因此能够看到作品的人员数量是有限的，不具备广泛传播的特点；除此之外，转发和分享优秀作品也是微信的重要功能，如果对微信个人用户转发和分享要求过于严格，不利于微信好友之间的互动交流，也不符合现实需求。故在一般情况下，如果微信个人用户仅仅是将涉及侵权的微信公众号内容转发给微信好友或者分享到朋友圈，通常不认为是传播行为，不构成对著作权人信息网络传播权的侵犯。但是随着微信软件的发展，微信已经不仅仅是作为社交软件使用了。有的个人微信号被当作商用，其微信好友大多是为了推销商品等目的而添加的不认识的人，同时还有一些不是为了好友交流而建立的人数较多的微信群，当个人微信用户转发或分享涉及侵权的微信公众号内容，其行为就可能被认定为向公众传播。因此，个人微信转载视具体情况也可能会以侵犯著作权人的信息网络传播权而被追究法律责任，但大多数的个人转载行为是为了个人学习和欣赏的目的，不太可能涉及侵权问题。

四、微信公众平台转载行为侵权责任承担

微信公众平台转载行为导致的侵权应该由微信公众号用户和微信运营商（网络服务提供商）两个主体构成。在通常情况下，

微信运营商并不存在直接侵权行为，多数情况下是一种间接侵权行为。

1. 微信运营商的责任承担

（1）微信运营商的抗辩免责。

微信是腾讯公司推出的应用程序，腾讯公司作为微信软件的提供者，一般不会涉及直接侵权，而是涉及间接侵权，即不从事直接侵害他人著作权的行为，但是对服务对象上传的侵权内容没有及时加以限制，导致了损害的扩大。“避风港原则”是对认定互联网服务提供商间接侵权责任的一种限制性规定。“避风港原则”是指，在发生著作权侵权案件时，当ISP只提供空间服务，并不制作网页内容，如果ISP收到了有关侵权行为的报告，ISP就具有删除相应侵权内容的义务，否则就被视为侵权。适用“避风港原则”需要满足两个条件，一是主体应当是ISP；腾讯公司属于信息网络传播条例规定的“为服务对象提供储存空间服务的网络服务提供者”，因此腾讯公司为微信公众号运营提供服务，是移动互联网业务ISP，满足要件一。要件二是ISP在接到权利人关于侵权行为的通知时，应当及时移除侵权作品，并同时将通知内容转达给提供信息的用户，在这样的情况下，可援用“避风港原则”抗辩。“避风港原则”的核心内容是“通知＋移除”，即互联网服务提供商在收到其服务对象有侵权行为的通知时，应立即移除涉及侵权的内容或采取屏蔽、断开链接等措施防止损害扩大，只有及时采取措施互联网服务提供商才能免除自己的责任。在具体的实践中，当腾讯公司收到了著作权人对于微信公众号内容涉及侵权的举报时，如果想要免除自己的责任，则应当立即删除、屏蔽该公众号涉及侵犯著作权部分的内容，并对该公众号采取一定限制措施以防止损害的扩大。因此，在满足特定条件时，腾讯公司可援用“避风港原则”进行抗辩。

（2）微信运营商承担的连带责任。

法律对ISP承担连带责任的情况作了相关规定，当互联网用户利用网络实施了侵权行为时，权利受到侵害的人为了保障自己的权利，可以向网络服务提供者报告该侵权行为，并且可以要求网络服务提供者采取一定措施防止损害扩大，通常的措施有删除侵权内容、屏蔽侵权页面、断开侵权网页的链接等。网络服务提供商在接到通知后应当及时采取措施，如果没有及时行动，造成了损害继续扩大，则网络服务提供者应当就损害扩大的部分与侵权行为人承担连带责任。但如果网络服务提供商明知道有侵权行为发生，但对侵权行为视而不见，这种情况就需要和侵权人就权利人的全部损失承担连带责任。以上对 ISP 在其服务对象实施侵权行为时需要承担连带责任的情形的作了具体阐述。在微信公众号涉及侵犯他人著作权时，如果权利人向微信运营商即腾讯公司报告了该情况，一般情况下腾讯公司在接到通知后立刻采取措施防止损害扩大则可适用“避风港原则”免责。但如果腾讯公司在收到通知，消极应对、不予处理，导致了侵权行为影响加大，此时腾讯公司作为 ISP 应当与涉及侵权的微信公众号就损失扩大的部分承担连带责任。“红旗原则”是指当侵犯信息网络传播权的行为十分显眼，就像鲜艳的红旗一样高高飘扬，网络服务商能够明显地发现该侵权行为，此时网络服务商就不能假装视而不见，或以不知道侵权行为来推卸责任。此时，即使 ISP 没有接收到权利人发出的通知，也认定 ISP 是明知而应当承担侵权责任。依据“红旗原则”，如果微信公众号的侵权行为表现得十分明显，腾讯公司只需尽到合理注意义务就能发现却依然视而不见，此时腾讯公司属于明知侵权行为存在却不采取措施，仍然提供服务支持，应当与涉及侵权的微信公众号一同对著作权人承担连带责任。

2. 非法转载的微信公众号责任承担

微信公众号未经著作权人许可的非法转载行为，大多数时候不能以合理使用和法定许可的理由抗辩免责，是侵犯著作权人著作权的行为，应当承担侵权责任。根据《民法典》的规定，承担侵权责任的方式有数种，数种方式可以单独适用也可以独立适用。根据司法实践，微信公众号承担著作权侵权的方式主要有三种，分别是停止侵害、赔偿损失和赔礼道歉。停止侵害是指微信公众号应当立即删除账号中涉及侵权的内容。由于互联网传播速度非常快，侵权内容如果继续留在微信平台中，可能会迅速扩散，如果不立即删除侵权内容会导致不可估计的损害，因此微信公众号应该立即停止传播行为以阻止损害继续扩大，这是微信公众平台承担侵权责任的首要方式；赔偿损失是指对著作权人的财产损失进行赔偿，赔偿的数额一般是以微信公众号的侵权行为给著作权人造成的实际损失为准，如果实际损失不能确定，可以由侵权人和著作权人进行协商或者以微信公众号因侵权行为所得的所有利益进行赔偿；赔礼道歉是网络著作权侵权责任承担的重要方式，一般是由侵权人在互联网上对著作权人进行公开赔礼道歉，赔礼道歉是对著作权人权利的尊重的体现。赔礼道歉在司法实践中也有体现，在2014年6月广东一例微信公众号著作权侵权案中，中山商房网科技公司向法院诉称，中山暴风科技公司的微信公众号没有经过其合法授权，擅自转载其作品，广东省中山市第一人民法院判决支持了原告中山商房网科技公司请求确认被告中山暴风科技公司赔礼道歉并赔偿损失。故微信公众号非法转载行为侵害他人著作权主要有停止侵害、赔偿损失和赔礼道歉三种基本方式。2015年2月3日，腾讯公司在其官方公众平台上发布《微信公众平台关于抄袭行为处罚规则的公示》，侵权的微信公众号除了承担法律责任，微信软件方也能够对其进行处理，处罚方式按认定侵权次数而定。在法律与腾讯公司出台的规则共同作用下，将在很大程度上打击微信公众号的违规侵权行为。

五、结语

微信公众平台是互联网发展的产物，微信公众平台在增加人们获取信息的渠道的同时，也为企业、品牌的推广提供了新的方式。由于微信公众号准入的门槛较低，任何个人或组织在申请通过后都能够利用微信公众平台传播信息，使得大多数微信公众号缺乏原创能力，抄袭、转载的侵权现象频发，如何平衡原创作品的著作权人、微信公众号、微信运营服务商之间的利益显得尤为重要。在网络迅猛发展的今天，正确适用和完善法律法规，找到原创作品著作权保护和微信公众号信息网络传播之间的平衡点才能遏制侵权行为的发生，致力于信息传播与版权保护的共同发展。

参考文献

栗剑峰. 微信公众号的著作权保护问题研究［J］. 科技与出版，2016（09）.

杨延超. 与微信平台有关的著作权问题研究［J］. 知识产权，2015（08）.

魏超，陈璐颖. 微博与微信的著作权问题思考［J］. 中国出版，2015（16）.

王超群. 微信公众号转载侵权责任判定与对策研究［J］. 科技与出版，2016（04）.

窦新颖. 微信公众号转载他人作品侵权吗？［N］. 中国知识产权报，2014－02－28（009）.

王春梅. 微信公众号传播他人作品行为性质辨析［J］. 法学论坛，2015，30（03）.

何青洲，杨俊鹏. 微信公众平台订阅号中的著作权侵权责任分析［J］. 经济师，2017（12）.

李芳芳. 微信公众号作品的著作权保护探析［J］. 法制与社会，2017（15）.

郑莹. 微信公众平台著作权侵权行为的认定和责任承担［J］. 怀化学院学报，2015，34（06）.

张小琴，昝秀丽. 微信公众号的原创能力与版权问题［J］. 传媒评论，2015（07）.

对我国侵权责任法下纯粹经济损失的再解释

谢雨轩*

摘要：各国侵权法对并非由被害人的人身权或财产权遭受损害而直接或间接引起的不利，即纯粹经济损失的保护模式大不相同。以英国的实用型、德国的保守型、法国的实用型为代表。中国学者对纯粹经济损失的研究也方兴未艾，各学者观点不一。主流观点认为从我国侵权责任法的法条来看对纯粹经济损失的保护模式与法国法相一致，但却忽略了其整个侵权责任法的精神。相比法国法模式，运用德国法模式解释其条款并在此基础上加以改进才是既符合整个逻辑体系又符合司法实践的方式。

关键词：纯粹经济损失　比较法　实证研究　侵权责任法

导　语

当今社会，随着经济和科技的高速发展，各个主体之间的经

* 谢雨轩，四川大学法学院2018级民商法学硕士研究生。

济联系方式已发生了翻天覆地的变化。我们的社会早已经由单纯的事故型或灾难型为主导的农业社会进入到危险多元化，经济关系复杂化的工业社会、商业社会。[①] 各行为主体之间的联系也越来越紧密，由此一行为造成的损害结果可能呈涟漪状波及开来，给不同主体带来不同程度不同形态的损害。纯粹经济损失即是这些损害中的一种。随着国民维权意识逐渐增加，纯粹经济损失也成为各国讨论的热点。我国《侵权责任法》并未对纯粹经济损失的赔偿与否做具体规定。如何解释纯粹经济损失，使之更好地和整个立法体系、司法实践相协调，一直没有一个确切的答案。本文即从整个侵权责任法的体系，结合司法实践对此问题做探讨。

一、纯粹经济损失的理论范畴

（一）内涵及特征

关于纯粹经济损失的定义，并没有一个统一而清晰的概念。纯粹经济损失的概念产生自英美法。由于英美法注重个案归纳而不善于用演绎概括，每出现一种新案型就会出现一种新的解决方案。纯粹经济损失便是在此种情况下产生的概念。适用一般条款的大陆法系国家也大都未在法条中明确纯粹经济损失的含义。仅有《瑞典赔偿法》中规定“根据本法，纯粹金钱上损失是一种在任何方面与人身伤害和财产损害都没有关联的经济损失”。而《瑞典侵权责任法》中对此做立法上的规定也并非保护它，而是为了排除对其的保护。国内也有学者给出了自己的定义。“所谓纯粹经济上损失，系指被害人直接遭受财产上不利益，而非因人身或者物被侵害而发生”。[②] 从概念来讲，各国学者给出的定义都大同小异。本文认为纯粹经济损失是受害人在经济上直接遭受的不利益，并非由被害人的人身权或财产权遭受损害而直接或间接引起的。

---

① 杨雪飞：《概论我国侵权责任法下纯粹经济损失的救济与控制》，载《云南大学学报（法学版）》2012 年 9 月第 5 期

② 王泽鉴：《挖断电缆的民事责任：经济上损失的赔偿》，载《民法学说与判例研究》(7)，中国政法大学出版社 1998 年版，第 79－80 页。

纯粹经济损失的特征有三：其一为不确定性。这种不确定表现为受害人主体的不确定以及其所受损害的不确定。其二为损失具有直接性。经济损失的发生并非由于受害人遭受了实质损害而造成的金钱上的减损，其保护的利益与人身和有形财产并无关系。正是因为它的不确定性、不可预见性与直接性，如果实行一概赔偿原则，可能会给行为人带来过重负担。侵权责任可以扩展到什么范围而不至于给个人行为加以过重负担，不同国家对此做出的选择不同，故而在纯粹经济损失赔偿问题上的答案也不同。其三为拟制性。纯粹经济损失是法律学者创造出来的拟制的法律技术概念，是为了法律实践的需要，是以法律传统为前提，对法律现实加以提炼而成，是与纯粹经济损失一般不赔偿的规则相联系的。①

（二）样态

对于纯粹经济损失的分类，学界主要有两种分类方法。一是根据其发生形态进行分类，将纯粹经济损失分为：1. 直接引起的纯粹经济损失；2. 并存性的纯粹经济损失；3. 关联经济损失；4. 瑕疵产品或建筑的减损价值；5. 第三方引起的经济损失。

二是将纯粹经济损失案件类型化，纯粹经济损失案件几乎都发生在以下六种情况之中：不实陈述案型、电缆案型、产品责任案型、遗嘱无效案型、油污案型、物之不能使用案型。

第一种分类方式更全面地对纯粹经济损失做了分类，第二种分类方式虽然仅仅概括了几种容易产生纯粹经济损失的案型，但更易于理解。两种分类方式相结合，方能更好地理解纯粹经济损失。

① 蔡文灿：《试论我国侵权领域纯粹经济损失赔偿的认定标准及类型化》，载《海峡法学》，2017年6月第2期。

二、域内外立法现状

（一）域外考察

域外关于纯粹经济损失的立法模式主要有三种，以英美两国为代表的实用式，以法国为代表的放任式以及以德国为代表的保守式。

英美：实用型模式

实用型模式的主要代表国家为英国，其次便是美国以及荷兰。英国法违约救济的主要范围是纯经济上损失。在侵权责任下，纯经济上损失通常可以依下列三种途径获得救济：1. 故意引起的纯经济上损失通常可以获得赔偿；2. 可以以违反法定义务（breach of a statutory duty）为要求赔偿纯经济上损失；3. 依过失侵权行为请求纯经济上损失的赔偿。①

法国等：放任型模式

放任型模式以法国、比利时、希腊、意大利、西班牙为代表。《法国民法典》表现最为明显。《法国民法典》外观上或许是世界上最开放、最自由的侵权责任条款了②。在合同责任中，对于违约责任的赔偿法国采用“直接性”“可预见性”“确定性”的标准。并为保护第三人法益确立了“为第三人利益订立的契约”。与合同法下的损害一样，侵权法中的损害包括所受损害与所失利益。由于合同法和侵权法都对纯经济上损失给予保护，为了防止合同法被侵权法侵蚀，法国规定了合同法和侵权法的法条竞合原则。当事人之间有合同时，必须依照合同法提起诉讼，否则适用侵权法。

德国：保守式模式

与放任型模式中民众愿意将自由裁量权交给法官完全不一样的是，在以德国法为代表的保守式模式中，民众对司法制度一直

---

① 李昊：《纯经济上损失赔偿制度研究》，北京大学出版社 2010 年版，第 20 页。

② 郭浩：《侵权责任法视野下的纯粹经济损失问题研究》，载《天津法学》2011 年第 4 期。

保有不信任的态度，认为一旦法官手中自由裁量权过大，就会出现以权谋私的情形，并导致司法混乱。故在德国民法典立法中，虽然合同责任中以因果关系为标准仍然保护纯经济上损失，但在侵权责任中则对纯粹经济损失的保护做了严格限制。将法官的自由裁量纳入尽可能尊重立法者权威的轨道上，通过对绝对权、合法权益、一般民事权益之轻重有别的递进式保护，将尊重民众的自由行为和保护受害者权益最大限度地关联起来，以此来保障法律适用的公正，维护法律的安定性。[①] 德国用概括列举和补充举例的方式，将纯经济上损失限制在一般条款可以保护的绝对权利之外，补充了只有在违背善良风俗和违反法律规定的情况下才可被保护。并且在司法实践中创设“保护第三人利益的合同”将合同之外的陌生人也置于合同法的保护范围，人为地限制侵权法对纯粹经济损失的保护范围，而扩大合同责任的保护范围。但这种过于狭窄的保护范围也使得法官在裁量时过于僵化。随着经济的发展，社会生活的需要，德国通过解释扩大所有权的范围，将侵害物的占有和使用也扩大解释为对所有权的侵害，以此来将纯粹经济损失权利化，扩大纯粹经济损失的保护范围。德国后来又创设了“一般人格权”和企业或者经营者的“营业权”以扩大对权益的保护范围。

（二）我国现状

1. 我国台湾地区

我国台湾地区“民法典”中并未将合同单独进行区分，将其独立规定为违约责任，而是在第二编“债”的第三节“债之效力”中规定了各种违约责任及其应承担的民事责任。依我国台湾地区“民法典”第216条的规定，赔偿范围包括所受损害与所失利益。并且受德国学说的影响，我国台湾地区民法也逐渐发展出附随义务理论，具体表现为缔约过失责任和不完全给付理论，以此来扩

① 刘志刚：《侵权法视域下纯粹经济损失》，载《哈尔滨工业大学学报》，2018年第5期。

大契约责任的适用。由此可知，我国台湾地区民法从合同责任角度对纯粹经济损失的保护已经较为完整。我国台湾地区“民法典”中关于侵权行为类型规定在第 184 条，几乎照搬了《德国民法典》第 823 和第 826 条，也用一般概括和补充列举的方式对应当承担侵权责任的侵权行为进行了严格限制。我国台湾地区在法律实务上亦有同德国一样将纯粹经济损失予以权利化进行保护的倾向。

由于契约责任对纯粹经济损失的保护更完善，而侵权责任对纯粹经济损失的保护限制较多，我国台湾地区在处理纯粹经济损失时也会同德国一样存在侵权责任向契约责任的转化。

2. 我国大陆

我国大陆的民法与外国立法例一样，都承认合同对纯经济上损失的保护，但在控制技术上我国采用了英美法中的“可预见性”标准，而未向德国法一样，以因果关系来限制赔偿范围。我国《侵权责任法》中未明确提出纯粹经济损失的概念，学界普遍认为关于纯粹经济损失的赔偿原则蕴含在《侵权责任法》第 2 条第 2 款。

三、法国模式解释论存在的问题

（一）《侵权责任法》的价值取舍

侵权法在规范不法侵害他人权益所生损害的赔偿问题上，涉及两个基本利益：一为被害人权益的保护；二为加害人行为自由。[①] 侵权责任可以扩展到什么范围而又不至于对个人行为加以过重的负担。各国在侵权法上做出了不同的选择。我国《侵权责任法》在第 6 条第 1 款规定了过错原则的一般归责原则，在第 6 条第 2 款和第 7 条规定了过错推定和无过错责任原则，但都以“法律规定”加以限制。在特殊侵权的相关规定中，明确规定了责任人以及承担责任的范围。《侵权责任法》从责任构成和责任承担两个方面对责任人承担责任进行限制，以免出现责任主体不明确、责任

① 王泽鉴：《侵权行为》，北京大学出版社 2009 年版，第 88 页。

承担过重的情形。比起对受害人权利的保护，我国《侵权责任法》更看重行为人行为的自由，不给行为人加以过重的负担。《侵权责任法》第2条第2款按照法国模式进行解释，将对纯粹经济损失的保护暗含于“等人身、财产权益”中，对其进行概括保护，由法官来行使保护“权益”之范围。

（二）侵权责任和合同责任的竞合问题

合同法和侵权法保护的范围并不相同。当事人通过合同达成风险分散的合意，合同法让当事人双方自己承担事先同意的可能发生的经济损失。只有在双方未达成这样一个合同或类似于合同的信托关系、信赖关系而不对受害人进行救济显然有失公平时，才采取侵权法救济。将《侵权责任法》第2条第2款中的“等人身、财产权益”解释为和生命权、健康权相类似的绝对权利及其他权益，则可能将合同法所保护的很多纯粹经济损失纳入其中。如在道路交通安全事故、产品责任以及工伤这些侵权类型中，有相当一部分是属于合同关系的损失。但是从整个民法体系来看，纳入合同责任的纯粹经济损失就不应当纳入侵权责任。合同责任和侵权责任的构成要件本身就存在巨大差别，两者保护范围交叉重叠却又不对此种竞合进行限制。

（三）法条内部逻辑问题

《侵权责任法》第2条第2款在前半部分列举了生命权、健康权等一系列绝对权利，在最后用“等人身、财产权益”对要保护的内容进行概括总结。在《侵权责任法》制定之前，《民法通则》第106条第2款和第3款对保护范围做了界定：“公民、法人由于过错侵害国家的、集体的财产，侵害他人财产、人身的，应当承担民事责任。没有过错，但法律规定应当承担民事责任的，应当承担民事责任。”在《民法通则》中并未对人身、财产权益做列举，而在《侵权责任法》中对其做了列举。将生命权、健康权等一系列人身权放置在所有权、用益物权等财产权之前，也体现了这种区分保护原则。而这种区分保护却并未体现在法国的立法中，即使在法律实务中，法国法官依照“直接性”的强弱对各种权益进行区分保护，但也并不是立法者立法时的目的。而《德国民法典》在第1384—第1386条中体现了这种区分保护理念。如此一来，以法国模式解释我国《侵权责任法》第2条第2款则存在较大的逻辑上的漏洞。

（四）司法实务实证研究

侵权领域纯粹经济损失的保护现状需结合司法判例来看。笔者通过“举法案例”在民事领域以“纯粹经济损失”为关键字进行检索，共检索到相关案例77个。其中法院判决同意赔偿的一共12个，判决不予赔偿的共45个，重复及无关案件21个。

1. 肯定类案件

法院同意赔偿的12个案件中，以“唐明群、四川众汇融资担保有限公司财产损害赔偿纠纷二审民事判决书”为例，法院在判决书中写道：“侵害民事权益，应当承担侵权责任。被告非法扣押原告车辆，除应当承担返还财产的责任外，还应当承担赔偿损失的责任。原告主张的替代性交通工具费用损失，属于有形财产之外的损失，性质上属于纯粹经济损失，该损失原告主张按照评估金额赔偿，原告为此提交的评估报告证明从2015年11月4日至2016年4月13日期间，原告如果租赁同种车型的租赁费用为238500元。根据《最高人民法院关于审理道路交通事故损害赔偿案件适用法律若干问题的解释》第十五条第（四）项的规定，该类损失的赔偿范围及赔偿标准是通常替代性交通工具的合理性费用，该费用的计算必须接受可能性、目的性及经济合理性的限制，因原告提交的车辆借用协议无出借人签名，其支付的租赁费无相应的支付证明佐证，故原告主张的目的性及合理性证据不足，依法不予全额支持，被告可酌情赔偿评估金额的1/3即79500元为宜。”虽然法院认定了部分纯粹经济损失可获赔，但并非根据《侵权责任法》第2条来认定的，而往往有其他介入因素存在，或是合同，或是故意，或者是违反了具体法律义务。其中2个是由于有合同存在而予以赔偿，1个是因行为人故意，1个存在行政法规中明确规定的不可为行为，4个是产品瑕疵产生的纯粹经济损失可赔，仅有5个案例法院明确承认纯粹经济损失可赔，并在判决书中明确说明“关于两名被告提出的原告不得就纯粹经济损失要求加害人赔偿的辩解意见，现行法律并未否定纯粹经济损失可获得赔偿，两名被告的该节辩解意见没有法律依据，该院不予采信”①。

2. 否定类案件

在45个判决纯粹经济损失不可赔的案件中，部分案件以“不可预见性”“无直接因果关系”为由裁判；有法官直接在判决书中认定纯粹经济损失不可赔。以“毕京洲与曹太强返还原物纠纷二审民事判决书”为例，法官在判决书中写明：“本院认为，机动车贬值损失一般是指机动车发生交通事故后，其使用性能虽已恢复，其本身经济价值却会因发生交通事故而降低，所造成的损失，其实质为民法理论上所称的纯粹经济损失。对于因交通事故造成的机动车贬值损失是否予以赔偿，现行法律没有明确规定。由于没有相应的法律依据，且机动车贬值损失的认定受机动车本身状况、机动车的用途、市场价格等多种因素的影响，具有多变性和不可确定性。”法官认为机动车贬损价值属于法律没有规定保护的纯粹经济损失而不可获赔，即认为《侵权责任法》第2条第2款并未给纯粹经济损失提供保护依据。在“张忠柱与大连市普兰店区皮口街道大尹村民委员会土地承包经营权纠纷一审民事判决书”中也直接确立“原告以与案外人签订的合同不能履行为损失依据要求赔偿，这种损失应当属于纯粹经济损失，对于纯粹经济损失除非有法律规定或者是当事人故意外，原则上受害人不应就纯粹经济损失向侵权人主张赔偿，以防止损失扩大”。

3. 司法现状反思

其一，赋予法官自由裁量权过多，造成了法官在判定纯粹经济损失可赔与否时判定标准不一，判决结果混乱。对于同一种经济损失，不同法院得出不同结果。其二，法院在纯粹经济损失可

---

① 丹东亿龙房地产与刘冬华财产损害赔偿纠纷民事二审判决书，（2016）辽06民终2116号。

赔与否的态度上多采取消极态度。对可赔的情况谨慎判决，尽量寻求其他介入因素作为判决依据，而并不愿意直接引用《侵权责任法》第2条第2款认定其属于侵权法的保护范围。在判决不可赔时，大多数法院却直接认定纯粹经济损失并未规定在侵权责任可赔范围之内。显然，司法实践上是以纯粹经济损失不可赔为原则可赔为例外，这与法国模式存在本质上的差异。

五、对《侵权责任法》第2条第2款的再解释

（一）两种模式的选择

法国对侵权法权益的保护范围规定在其民法典第1382条和第1383条，德国则规定在其民法典第823条和第826条。从立法技术角度来看，法国和德国对此的立法模式可以分为“大的一般条款”和“三个小的一般条款”。[①] 至于我国《侵权责任法》第2条第2款是应当适用法国模式解释还是德国模式解释，学界普遍赞成适用法国模式。有学者认为：权利和权益根本无法区分，进而无从将二者区别开来赋予不同程度的保护。在他所主编的著作中，更明确地表示侵权责任法没有采纳德国模式，对民事权益和民事权利的保护不做区分。[②] 以此看来，学界普遍认为法国模式和德国模式的主要区别在于是否对民事权益和民事权利做了区分保护。但笔者对此却持否定态度。

从立法上来看，法国民法典确实将所有“损害”一概保护，而不区分其性质如何。但从实务操作来看，法国法院并非不做区分地对所有权益同等保护，法官裁判案件时亦会根据其受保护权益的性质要求不同程度的因果关系、直接性证明，并进行不同程度的保护。就纯粹经济损失而言，看似能够通过第1382及第1383条获得赔偿，但实质上其赔偿通过了一系列间接措施予以限制，

① 王利明：《侵权法一般条款的保护范围》，载《法学家》2009年第3期。

② 参见王胜明主编：《中华人民共和国侵权责任法解读》，中国法制出版社2010年版，第10页。

如不断变换对“过错”概念的解释以及对“可赔偿的损害”概念予以限制。且规定了合同法和侵权法法条竞合，要求当事人在有合同的时候必须选择合同，否则选择法条，无不体现了在实务操作上的区分保护原则。而德国也并非如其法条规定得那么僵硬。德国实务界作出一系列操作以扩大权利的保护范围，如规定“一般人格权”和“营业权”，又如将侵害所有权扩大解释为侵害物的占有、使用。随着经济的发展，德国法律实务界必将出现更多扩大解释以扩大权利保护范围。可见，从权益区分保护原则来区别法国和德国对此的规定随着时代的发展越来越不合适，两种保护方式虽然在最初的立法模式上截然不同，但最后的结果却殊途同归。

权益的区分保护并非法国和德国模式的本质区别。是否以“权益”这一中介作为判断侵权责任成立的要素，也即是否将“民事权益”作为侵权责任构成要件的判断要素，才是法国和德国侵权构成模式的本质区别。[①] 在法国民法典第823和第826条中，行为直接指向损害，模式为：行为—损害，以行为为纽带。而在德国民法典第1383条、第1384条中，行为指向的是权益，进而导致损害，模式为：行为—权利—损害，以权利为纽带。行为和损害之间是否存在如权利这样的暗含违法性要件的中介因素才是德国模式和法国模式的本质区别。在这个前提之下，《侵权责任法》第2条第2款应当解释为德国模式。

首先，我国民法体系中有部分法律制度借鉴了德国法。将第2条第2款解释为德国模式能使整个法律体系更协调。比如《合同法》第122条关于当事人自由选择请求权的规定，只有与德国模式解释，才不至于造成合同法和侵权责任法适用上的混乱。

其次，根据前文所述，德国模式和法国模式的本质区别在于是否有权利作为中间因素链接行为和损害。《侵权责任法》第2条

① 曹险峰：《我国侵权责任法的侵权构成模式——以“民事权益”的定位与功能分析为中心》，载《法学研究》2013年第6期。

第2款列举诸多绝对权并且以“等权益”明确表明采用了“行为——权益——损害”的责任成立模式。和德国法如出一辙。

再次，将第2条第2款解释为德国模式更符合《侵权责任法》的立法精神以及中国的国情。法、德两国在侵权法上对此的不同规定，与其立法理念、司法状况是密不可分的。我国现阶段法制不够健全，法官法学素养并没有达到较高水平，从前文对纯粹经济损失判案结果参差不齐就可以看出。民众对于法官能力和素质也抱有怀疑态度。采用德国模式对侵权责任法保护的权益做具体区分，限制法官自由裁量权，也为法官提供更准确的判案指引，则不失为更符合我国国情的选择。

（二）德国模式的再解释

虽然前文已论证了，《侵权责任法》第2条第2款在解释路径的选择上应当采用德国模式。但我国的具体规定却与德国民法典有较大差别。仅仅明确立法模式并不是本文要得出的最终结论。对条文进行解释，使其符合整个法律体系，并给司法审判以更加明确的指示才是具有实际意义的。对此，较为详尽的论证思路有两种：一种是采“目的性限缩解释”的路径。该路径认为，如果依文义将保护范围解释为民事权利和利益获得同等保护，则可能产生政策上的问题，应当以目的性限缩解释为德国模式的分层结构。另一种采取的则是“限缩解释＋目的性扩张”的路径。该思路依照立法目的—协调损害填补与行为自由—将“权益”限缩解释为“绝对权及类似利益”，并借用德国法进行目的性扩张解释出“违反保护性法律”和“违背善良风俗故意致损”①。这两种解释论都具有很大的合理性。笔者将在这两种解释论的基础上提供一种新的思考路径：在坚持德国模式对权利、权益区分保护上，并不将德国法中的“违反保护性法律”和“违背善良风俗”解释为法条中的隐藏含义，而是把这两个因素作为判定损害纯粹经济损失

① 曹险峰：《我国侵权责任法的侵权构成模式——以“民事权益”的定位与功能分析为中心》，《法学研究》2013年第6期。

可赔与否时的重要考量因素，但也同时结合“直接性”“可预见性”“因果关系”更灵活地考虑权益保护问题，在用区分保护原则限制法官自由裁量权的同时，也给予法官一定自由裁量权。德国模式在经济联系紧密的今天已经显现了很大的缺陷。德国法律实务界也在通过一系列扩大权利保护的操作来弥补此缺陷。进而我国在对《侵权责任法》第2条第2款解释时并无必要严格按照德国法解释，而应当更灵活地使其既能够达到体系完整和谐又能够有效地应对社会需求。

六、结论

我国《侵权责任法》中关于纯粹经济损失规定不清的问题亟待解决。转变思维，将《侵权责任法》第2条第2款解释为德国模式，并在此基础上以经济现状为基础进行修正则不失为一个既能使整个法律体系合理又能为司法裁判提供明确指引的方法。

参考文献

杨雪飞．概论我国侵权责任法下纯粹经济损失的救济与控制［J］．云南大学学报（法学版），2012．9（5）．

王泽鉴．挖断电缆的民事责任：经济上损失的赔偿［M］．民法学说与判例研究（7）．北京：中国政法大学出版社，1998．

蔡文灿．试论我国侵权领域出崔经济损失赔偿的认定标准及类型化［J］．海峡法学，2017．6（2）．

李昊．纯经济上损失赔偿制度研究［M］．北京：北京大学出版社，2004．

郭浩．侵权责任法视野下的纯粹经济损失问题研究［J］．天津法学，2011（04）．

布萨尼，帕尔默，张小义，钟洪明．欧洲法中的纯经济损失［M］．北京：法律出版社，2005．

刘志刚．侵权法视域下纯粹经济损失［J］．哈尔滨工业大学学报，2018（05）．

商法新论

我国信托监察人制度的解构与检讨*

梁汪洋[①]　年　珂[②]

摘要：信托监察人制度的建构设计事关信托委托人的权利行使和受益人的权益保护，作为信托制度中重要的内部监督机制在大陆法系国家备受重视。而反观我国信托监察人制度既有适用范围狭窄的显著瑕疵，亦面临极为单薄的具体规则内容。同时公益信托强制设立信托监察人制度也渐生质疑。固守立法现状已无法有效保障信托当事人的实际利益。唯有在我国信托法中重构信托监察人制度，借鉴我国台湾地区在信托法中单设信托监察人章节的立法体例，扩大信托监察人的适用范围，在设立条件上兼顾效率和成本，更多遵循当事人的意思自治，完善相应的信托监察人规则，才能更好地发挥信托监察人的作用，实现信托监察人制度的功能价值。

关键词：信托监察人　信托　信托法　制度重构

---

* 基金项目：中央高校基本科研业务费专项资金资助“意思表示理论在商事行为中的例外适用研究”(CXJJ－2019－359)。

① 梁汪洋，上海财经大学法学院博士研究生，研究方向民商法。

② 年珂，四川大学法学院博士研究生，研究方向民商法。

一、引言

信托制度滥觞于英国，其设计精巧、运用灵活的独特属性更是被誉为英国人在法学领域上最卓越、伟大的智慧成果。我国信托法律制度建构基础始于 2001 年颁布的《中华人民共和国信托法》(以下简称《中国信托法》)。《中国信托法》承继英美，又吸收日、韩、中国台湾地区等大陆法系国家和地区信托法之精粹，再结合我国国情的实际需要，以满足规制我国信托业的需要而制定。① 我国信托业自 2001 年的制度重构后，开启了规范化的信托业务经营，成为仅次于银行业的第二大金融部门。② 截至 2019 年第二季度我国信托总资产达到 21.6 万亿元，毫无疑问信托业已成为我国经济发展的重要支柱产业。③

然而信托业的繁盛也对我国信托法律制度提出了更高的要求。我国信托法颁布已有 17 年之久，现有信托业的面貌与之前绝不可同日而语，何以妥当规制信托业所面临的新的难题和纠纷，实现我国信托法的立法目标是学界始终关注的重大命题。④ 本文关注焦点在于学界鲜有讨论的信托监察人制度。信托监察人既有协助委托人救济自身权利的效用，亦对受益人的权益保障意义显著。因此本文就我国信托监察人制度做全面审视，并参照域外的立法经验，反思《中国信托法》中关于信托监察人制度的不足，进而寻求针对性的修正方案，以期我国信托监察人制度更趋完善合理，从而更好地为我国信托业的发展“保驾护航”。

---

① 张淳：《中国信托法特色论》，法律出版社 2013 年版，第 1—26 页。江平、周小明：《论中国的信托立法》，载《中国法学》1994 年第 6 期，第 53—54 页。

② 周小明：《信托业基本业务模式的转型》，载《中国金融》2013 年第 21 期，第 47 页。

③ 数据来自中国信托业协会 2019 第四季度末信托公司主要数据 http://www.xtxh.net/xtxh/statistics/45930.htm，访问时间：2019 年 12 月 26 日。

④ 关于近五年来学界对我国信托制度的全面的梳理和归纳，可参见朱晓喆：《迈向本土化的信托法理和实践》，载《中国信托法评论》第一卷，法律出版社 2018 年版，第 237—286 页。

二、我国信托监察人制度与信托制度的联结考察

所谓信托监察人是指依据委托人或者有关国家机关的指定，担负有监督信托运作，维护受益人利益职责的人。我国信托监察人的设立目的是在受益人不特定或不存在的特定情形之下，保护受益人权益不受侵害。[①] 那么在信托这种颇为灵活和富有弹性的集财产转移、管理和受益的制度中，信托监察人究竟在错综复杂的信托法律关系中居于何种地位，在发挥自身独特功能的同时与其他信托监督制度又是处于何种关系，是彼此割裂还是相互支撑？理清此等问题才能对我国信托监察人制度的机理构造有更为清晰的认识，从而在法律制度设计上才更有方向性和针对性。

（一）我国信托监察人在信托法律关系中的角色定位

在典型的信托法律关系中往往有三方当事人，即：委托人、受托人和受益人。信托法律关系的产生是由委托人、受托人和受益人三方当事人所构成的一种关于财产的委托转移、管理处分和收益的法律关系。信托监察人与此三方当事人之间所扮演的“角色”各不相同。

首先，信托监察人是委托人的“协助人”。一般而言，委托人是信托财产的提供者，是信托目的的设定者，亦是信托结构的发起者。[②] 信托监察人是由委托人委任并赋予他们不同权利，监督受托人以确保信托目的的实现。依照信托的内部构造，委托人将信托财产转移给受托人后，信托财产即具有独立性，委托人将不再对信托财产享有直接的权利。但是这并不意味着委托人将就此退出信托法律关系，其将承担起重要的外部监督作用并享有一系列的权利。依照我国信托法的规定，委托人享有信托事务的知情权、调整信托财产管理方法权、受托人的解任权、变更受益人和处分

---

① 陈晓军：《公益信托监察人制度评析》，载《中国商法年刊》2008 年版，第 267 页。

② 赵廉慧：《信托法解释论》，中国法制出版社 2015 年版，第 257 页。

收益权以及解除和终止信托等权利。[①] 然而这些权利的行使离不开信托监察人对受托人信托行为的监督，信托监察人自身职责的履行对委托人而言起到重要的“协助”作用。

其次，信托监察人是受托人的“监督人”。受托人在信托法律关系中居于核心地位，信托目的的实现主要依赖于受托人的行为。因此各国都是以受托人的职责、义务和责任来构筑信托法制。[②] 信托监察人制度则是为监督受托人的行为，使之能妥善履职的重要制度保障。我国信托法第65条赋予信托监察人为受益人的权益，有以自己名义提起诉讼的权利。第67条和第71条明确了信托监察人对受托人每年的信托处理情况、财产报告和公益信托终止后的清算报告有认可和核准的权利。正是通过这种大量的权利赋予方式形成对受托人行为的有效监督。信托监督人唯有积极地行使自身权利，履行职责，才能更好地担负起“监督人”的责任。

最后，信托监察人是受益人的“保护人”。就制度目的而言，信托监察人的设置是当受益人不存在或者不特定以及为将来受益人的利益保障，信托监察人与受益人之间存在着一种类似于民法上的委任关系。[③] 委任关系在我国又称为委托关系。委托关系是以双方当事人约定，一方为他方处理事务而建立。[④] 而信托监察人所面临的常是受益人不存在或者不特定的情形，所以是与委托关系不同但又近似的关系类型。信托监察人对于受益人还需担负如受托人对委托人一般的善良注意义务。[⑤] 其主要表现于信托监察人为保障受益人利益尽心妥善监督受托人的信托行为。受益人“保护人”的角色由此产生。

---

① 参见我国《信托法》第20—23条。

② 赵廉慧：《信托法解释论》，中国法制出版社2015年版，第283页。

③ 此为日本和中国台湾地区通说，可参见［日］四宫和夫：《信托法》，有斐阁1989年版，第232页。赖源河、王志诚：《现代信托法论》，中国政法大学出版社2002年版，第173页。

④ 高富平、王连国：《委托合同与受托行为——对〈合同法〉中三种合同的一些思考》，载《法学》1999年第4期，第39页。

⑤ ［日］能见善久：《现代信托法》，赵廉慧译，中国法制出版社2011年版，第232页。

（二）我国信托监察人制度与其他信托监督制度的区别联动

信托监察人制度虽然是监督受托人行为的重要制度创设，但也仅是信托监督体系中的其中一环。信托监督体系分为内部监督和外部监督，内部监督主要包括委托人、受托人、受益人以及信托监察人的监督，外部监督则包括法院和行政主管机关的监督。[①]就外部监督而言，我国信托法并未像其他大陆法系国家和地区规定法院的监督，[②]同时主管机关也因不同的信托类别而有所差异。故在此着重讨论我国信托监察人制度与其他内部监督的区别与联动关系。

首先，就区别来看，信托监察人制度的独特属性主要体现为三个方面：其一，功能上的特定性。在我国的立法构造中，受益人和委托人自始就被赋予了监督受托人的“天然使命”，并无具体适用情形的限制。受托人的监督则是在共同受托人之间、新老受托人之间和保管受托人和管理受托人共存的情形才得以适用。与之不同，信托监察人监督所针对的是当受益人不存在、不特定或者将来受益人的利益有必要保护的特定情形。其二，监督的专业性。信托监察人一般是由专业人士或者机构担任，作为“专业的局外人”，往往对利益判断比其他信托当事人更具专业性和客观性。从而对于受益人的利益保护也更为妥善合理。其三，监督的有偿性。信托监察人虽较其他内部监督人更具专业性，然而专业性的代价也意味着信托监察人的监督往往并不无偿，因此信托监察人的设置在一定程度上增加了信托运行的成本。

其次，在联动关系上，信托监察人的监督与其他内部监督人之间具有职能上的耦合性。一方面信托监察人的监督具有弥合其他内部监督不到位的缺陷。在实践中均有可能发生受益人监督、委托人监督和受托人监督缺位的情形，这即造成各当事人彼此相

---

① 徐卫：《信托监督多元化构造的法律分析》，载《厦门大学法律评论》2008年第十五辑，第58—59页。

② 日本、韩国和我国台湾地区的信托法专门规定了法院的监督。参见：《日本信托法》第46条，《韩国信托法》第64条，中国台湾地区“信托法”第60条。

互监督的制衡状况被打破，极易造成信托关系中一方当事人权利不受制约的状况。而此时作为“专业局外人”的信托监察人的介入则可以有效地填补内部监督一方缺位的漏洞。因此信托监察人制度对于其他内部监督人而言犹如一把“后盾”，防范着可能缺位的风险。另一方面，信托监督人与其他内部监督人之间在履行监督职能时又能彼此支撑和相互影响。信托监察人在监督受托人是否妥善履行应尽职责的同时，对于委托人和受益人的监督也会提供相应的支持和帮助，同时其他内部监督人若能合理地履行自身职能，这对于信托监察人的监督工作无疑减轻了负担。

综上，信托监察人与其他内部监督人之间既相互区别，又彼此联动。信托监察人监督是我国信托监督体系中不可或缺的重要内容，审视我国信托监察人的制度对整个信托制度而言具有重要的现实意义。

三、我国信托监察人制度的现状分析

我国信托监察人的制度直接规定见于《中国信托法》第64条、第65条、第67条和第71条。同时中国保监会2006年颁行的《保险资金间接投资基础设施项目试点管理办法》（以下简称《保险资金管理办法》），中国银监会2008年颁行的《关于鼓励信托公司开展公益信托业务支持灾后重建工作的通知》（以下简称《鼓励公益信托支持重建的通知》）以及于2016年颁布的《中华人民共和国慈善法》（以下简称《慈善法》），亦有涉及信托监察人制度的规定。对于上述规定予以一并观察分析，方可一览我国信托监察人制度的全貌。

（一）信托监察人制度适用范围的限定化

通阅我国信托法，关于信托监察人的制度规定均位于公益信托一章，对于信托监察人是否适用私益信托未予明确。依体系解释来看，信托监察人制度的适用范围应当限于公益信托。银监会的《鼓励公益信托支持重建的通知》中也再次肯定了公益信托设置信托监察人的必要。[①] 立法者之考量在于公益信托与私益信托在信托目的上区别明显：公益信托是为社会公益目的而设，受益人并不特定，而私益信托则为特定利益主体而设，受益人特定化。故而对于私益主体受益人特定化，其完全可以自行维护自身利益，信托监察人设置实无必要。[②] 立法者之顾虑看似合乎道理，但是倘若仔细分析来看，对信托监察人制度适用限定化的立法设置有两点值得反思：

第一，私益信托有引入信托监察人制度的现实需求。首先，从立法背景来看，《中国信托法》制定于20世纪90年代初，我国私益信托尚处于起步发展阶段，一般民事信托尚不普及，营业信托类型稀少。[③] 立法者对于受益人不存在、不特定的私益信托尚难预见。然而时至今日，我国私益信托的发展面貌已发生重大变化。民事信托和营业信托的应用领域越来越广阔，其中已存在大量私益信托中受益人不存在或不特定的情形。譬如民事信托中的企业年金信托，营业信托中的证券投资基金的受益人。[④] 证券投资基金甚至面临百万以上的不特定受益人，针对如此受益人利益难以保障的现实情形，亟须信托监察人介入其中。其次，从信托监察人监督的内容来看，信托监察人的职责是以受益人的立场监督受托人的行为。故而无论是何种信托，亦无论其受益人特定或者不特定，对于受益人的利益维护而言，设置信托监察人都是百利而无一害的。[⑤] 私益信托当事人以自愿设置信托监察人来维护其利益何以有拒绝之理由？

---

① 参见《关于鼓励信托公司开展公益信托业务支持灾后重建工作的通知》第7条。

② 卞耀武主编：《中华人民共和国信托法释义》，法律出版社2002年版，第136页。

③ 依照我国信托法的调整对象，可将私益信托划分为民事信托和营业信托。参见《中国信托法》第3条："委托人、受托人、受益人（以下统称信托当事人）在中华人民共和国境内进行民事、营业、公益信托活动，适用本法。"

④ 雷宏：《信托监察人制度研究》，知识产权出版社2011年版，第177－179页。

⑤ 张淳：《〈中华人民共和国信托法〉中的创造性规定及其评析》，载《法律科学》2002年第2期，第119页。

第二，我国私益信托内部监督局限性明显。诚如前言，我国信托内部监督主要包括委托人的监督、受益人的监督以及信托监察人的监督。在私益信托中通常情形之下受益人可以确定，受益人可以通过自己监督来维护自身权益不受侵害。但是当受益人不特定或者不确定时，就仅有委托人的监督可以倚仗。而单靠委托人监督却难以有效保障受益人的权益。首先，委托人监督有缺位的风险，委托人将财产转移给受托人管理处分多是基于信赖受托人能妥善处理信托财产，然而也时常是由于自身没有充沛的精力和时间去管理财产。[①] 在此种情形之下期盼委托人能够担负起信托监督的重要职责实在不太明智。委托人监督即面临缺位，唯一的依靠也将落空。[②] 其次，委托人的权利膨胀有侵害受益人权益的可能。我国信托法相较其他大陆法系国家和地区对于委托人的权利更为偏重，委托人在享有广泛权利的同时，甚至还享有信托的撤销权和解除权。其设置初衷是为防止受托人的不当行为，然而当私益信托中仅有委托人的监督时，也即意味着委托人的“膨胀的权利”将无人牵制。委托人有假借监督之名干预受托人的正常信托行为，从而有随时侵害受益人权益的可能。同时我国信托法又缺乏私益信托的有效外部监督机制，因此在内部监督机制的局限性和外部机制缺失的双重困境之下，在私益信托中引入信托监察人制度有十分重要的积极作用。

（二）公益信托设立信托监察人的强制化

《中国信托法》第 64 条明确规定，公益信托应当设置信托监察人。且对信托监察人的产生方式也一并予以明确，信托监察人由信托文件规定，信托文件未规定的，由公益事业管理机构指定。可见我国信托法对公益信托是采我国台湾地区的立法例，对公益

---

① 雷宏：《信托监察人制度研究》，知识产权出版社 2011 年版，第 181 页。

② 有相反观点认为，即使有受益人不特定或者不存在的情况下，单靠委托人的监督即可防止受托人的不当行为，因而设置信托监察人即无必要。参见徐卫：《信托内在监督相关问题之探析》，载《黑龙江省政法管理干部学院学报》2003 年第 3 期，第 53 页。

信托设置信托监察人予以强制性规定，信托监察人是公益信托成立的法定必备条件。然而2016年颁布的《慈善法》却有“松动”迹象。在慈善信托一章第49条规定，慈善信托的委托人根据需要，可以确定信托监察人。也即表明慈善信托监察人可以依据委托人的意思表示来设定。《慈善法》作为《中国信托法》的特别法和新法，在规则冲突时应当优先适用。这一新的立法动向似也表明，立法者也在寻求改变信托法对公益信托强制设立信托监察人规则的突破。本文亦对此强制性规定存有两点质疑：

第一，无法兼顾公益信托的设立效率。公益信托强制设立信托监察人在利益考量上是为受益人的权益，然而却也不可忽视公益信托设立的效率和成本问题。因为后者是前者的逻辑起点。回顾我国十七年的公益信托发展史，国内公益信托的发展仍然任重道远。公益信托其实并不多见。分析其中缘由，公益信托自身和相关配套措施的不完善，难以发挥自身优势，缺乏对民众的吸引力。对信托公司而言，盈利空间有限，缺乏发展此种业务的动力。[①] 其中还有一重要的原因就是信托法强制设置信托监察人使得公益信托的设立效率降低，成本增加。就效率而言，委托人对信托监察人设立无法达成合意或者信托管理机关对指定信托监察人相互推诿将使信托面临久拖不立的情形。[②] 就成本而言，设置信托监察人势必意味着信托设立的成本增加，这也将导致资金和规模有限的小型公益信托有无力承担风险的可能。《慈善法》关于信托监察人设立遵照委托人意思表示的规定，正是在总结慈善信托设立难的经验教训后适当平衡公益信托设立效率和成本的重大转变。[③] 因此《中国信托法》也势当顺应此立法趋向，使得其与《慈

① 赵廉慧：《信托法解释论》，中国法制出版社2015年版，第526页。徐孟洲：《论我国公益信托的设立》，载《广东社会科学》2012年第5期，第227—228页。

② 时昊：《论我国〈慈善法〉与信托监察人制度》，载《知与行》2016年第10期，第149页。

③ 关于我国慈善信托现状和发展乏力机理的具体分析，参见王建军、燕翀、张时飞：《慈善信托法律制度运行机理及其在我国发展的障碍》，载《环球法律评论》2011年第4期，第111—117页。

善法》保持一致。

第二，与私法自治的基本原则相违背。信托的性质对于信托法的整体设计思路具有决定性的作用，学界对于信托性质的学说主要包括："物权论""合同论"和"商事组织论"。[①] 在大陆法系国家和地区多是依托合同制度来引入英美法的信托制度。故在大陆法系"合同论"占据主流，而我国却独辟蹊径，一方面以物权的方式赋予信托受托人以管理和处分权，另一方面又以债权的方式给予受益人请求权。[②] 可谓"物权论"和"合同论"的结合体。但这种特殊的混合改造都难改信托法的私法本质，所谓私法的任务不过是赋予个人以自身责任在符合内心真意的基础上去自由形成法律关系。[③] 我国信托法将信托监察人作为公益信托成立的法定必备条件，以"家长式"的立法强制干预。然而这与私法应最大限度地遵照当事人的意思表示相违背。在亚洲最早引入信托法的日本以及韩国，都没有规定公益信托必须设立信托监察人，信托监察人的设立可以由信托文件指定或者经利害关系人的申请由法院指定。这种立法方式才是最大限度与信托的私法性质相一致，值得我国借鉴。

（三）信托监察人制度规定的单薄化

《中国信托法》对于信托监察人的具体规则分为实体和程序两个方面：在实体权利义务上主要规定于第65条、第67条和第71条。明确了信托监察人有以自己名义提起诉讼和实施其他法律行为的权利。同时享有对公益信托受托人每年的信托处理、财务状况以及在公益信托终止后对清算报告的认可权。在程序上对信托监察人的选任方式规定于第64条第2款。其指明公益信托监察人是由信托文件规定或者公益事业管理机构指定产生。但是在结合

① 朱圆：《论信托的性质和我国信托法的属性定位》，载《中外法学》2015年第5期，第1217—1227页。

② 陈雪萍：《信托受益人权利的性质：对人权抑或对物权》，载《法商研究》2011年第6期，第78页。

③ 朱庆育：《民法总论》，北京大学出版社2016年版，第125页。

信托法理和比照域外信托法的立法例后，即可清晰发现我国信托法在信托监察人制度规则上的不足和缺漏。

第一，实体上信托监察人权利义务的不完善。仔细分析我国信托法第 65 条、第 67 条和第 71 条，均是对信托人监察人的权利规定。显著的缺漏即是对信托监察人的义务未予明确。须知信托法缺乏对信托监察人义务的规定，对信托监察人的违法违规或其他不适当行为的追责将无从谈起。[①] 日本信托法和我国台湾地区“信托法”都明定信托监察人在履行职务时，应当尽善良管理人的注意义务。[②] 如此规定既可以有较为明确的判断标准来规范信托监察人的监督和管理，同时亦可以作为对信托监察人不适当履行自身职责义务的请求权基础。我国信托法对信托监察人义务的缺失也将有致使信托监察人的监督沦为任意性和一般性监督的风险。[③] 同时对于信托监察人的权利规定也不尽完美。首先信托监察人的权利范围未能明晰。信托监察人是为保护受益人的利益而设立，作为受益人的“保护人”其相当于承继受益人的法律地位，因此有权行使受益人的有关权利。[④] 但是这种权利应当与受益人的权利做切分，否则将导致信托基础性的变更，同时也将有侵害受益人权利的风险。其次缺乏对信托监察人的报酬请求权、支出费用及损害补偿请求权的规定。2008 年银监会颁布《鼓励公益信托支持重建的通知》中虽有对信托监察人应收取的报酬范围予明确，[⑤] 但是作为部门规章，其效力范围实属有限。这些权利的缺乏将无法有效地促进和激励信托监察人尽力地履行职责。因此我国信托法应当对于上述立法空白予以填补。

第二，程序上信托监察人资格选任、解任条件和多数议事规

---

① 李清宇：《我国信托管理人制度完善的法律思考》，载《暨南学报》（哲学社会科学版）2015 年第 7 期，第 41—42 页。

② 参见《日本信托法》第 126 条第 1 款，我国台湾地区“信托法”第 54 条。

③ 雷宏：《信托监察人制度研究》，知识产权出版社 2011 年版，第 144 页。

④ 王志诚：《信托法》，五南图书出版社 2006 年版，第 213 页。

⑤ 参见银监会《关于鼓励信托公司开展公益信托业务支持灾后重建工作的通知》第 3 条。

则的缺失。纵观大陆法系各信托法，完整的信托监察人程序性规定应当包括信托监察人的资格选任、解任、辞任条件，新信托监察人的选任，以及多数信托监察人的议事规则。我国信托法仅对信托监察人的选任方式有所规定，程序性规定的缺失将导致诸多争议出现。例如对于信托监察人的资格条件来说，资格条件一般包括积极条件和消极条件。这其中涉及的因素广泛而抽象，需要考虑其行为能力（自然人）、行业资质（法人）、专业技能、过往经历以及利益冲突情形等。信托实务中在面临信托监察人的选任时，若没有规范性的指引将会导致争议混乱。因此对于信托监察人的资格条件，大陆法系国家和地区一般是对信托监察人的消极资格在信托法中予明确，其他积极条件或者更为具体的消极资格在其他部门规章或者规范性文件中加以说明。如此既可以形成对信托监察人选任的规范指导，同时对于受益人的权益保护也有所裨益。信托监察人的解任、辞任条件，新信托监察人的选任以及多数议事规则的缺失亦将导致一些问题。面对这些程序性缺漏，需在我国信托法关于信托监察人的规则中加以补充。

四、我国信托监察人制度的建构思路

在审视我国信托监察人制度的现状，理清我国信托监察人制度的不足后，势必要寻求改进方案。然而仅仅通过小规模的修正填补似难以对如此诸多的问题一并解决。唯有在我国信托法中重新建构信托监察人制度，建立统一的信托监察人制度才是切实可行的方案。[①] 而制度重构需从两个方面着手：其一是架构体例安排，其二是具体规则设计。二者犹如骨骼和血肉紧密相连，彼此不可或缺。因此本文将从架构设计和具体规则两个方面对我国信托法关于信托监察人制度提出具体的重构方案。

① 余能斌、文杰：《我国〈信托法〉内容缺陷管窥与补正思考》，载《法学》2002年第9期，第61页。

（一）重置我国信托法对信托监察人的体例安排

我国信托法对信托监察人制度的体例安排是将其置于“公益信托”一章，然而此种架构设计面临两种缺陷：一是无法建立统一的信托监察人制度。二是使得信托监察人的规则仅适用于公益信托，而私益信托无适用的余地。考察域外其他国家和地区信托法中对信托监察人的架构设计主要包括四种：其一是《日本信托法》将信托监察人置于受益人一章；其二是《韩国信托法》将信托监察人放在受托关系人一章；其三是《美国统一信托法》将信托监察人置于受托人的章节；最后是我国台湾地区“信托法”单设信托监察人的章节。各立法例背后均有不同的价值思考。日本学界通说认为信托监察人的权利脱胎于受益人，也是以受益人的权利范围为限，故而将其置于受益人一章更能清晰区分受益人与信托监察人的权利义务的差别。《韩国信托法》是为了表明信托监察人在信托法律关系中的地位，明确其是信托法律关系的相关人而非当事人。《美国统一信托法》则为强调信托监察人对受托人的监督作用。而我国台湾地区“信托法”单设一章却是为突显信托监察人的重要地位。①

首先，我国大陆应当采纳我国台湾地区单设信托监察人章节的立法例。因为无论是日本、韩国还是美国信托法的立法视角均是将信托监察人置于其他信托当事人的“阴影”之下，信托监察人的设置更多是为强调其“辅助人”的角色。虽然信托监察人在信托关系中与其他信托当事人联系紧密，但是其自身独特的属性和在信托中突出的功能价值都是不可替代的。从利益保障的角度而言，信托监察人可谓是最为重要的信托关系人。所以在立法上以单独设立章节的方式将使得信托监察人的重要地位更加突显。

其次单设信托监察人一章可以建立更为统一的信托监察人制度。我国信托法的构造是只明确公益信托必须设立信托监察人，

① 雷宏：《信托监察人制度研究》，知识产权出版社2011年版，第218页。

但并未建立普遍适用的信托监察人制度。[1] 统一信托监察人制度的建立将使得信托监察人的适用更为规范，减少矛盾冲突的出现。虽然日本和韩国未以单设章节的立法体例也建立起了统一的信托监察人制度。但是我国台湾地区单独将信托监察人设立章节的体例安排却更为优越。单独章节的设计可以将游散的具体规范予以集中，在规范设计上相较其他立法体例更加逻辑严明，体系明晰，于规范适用而言更为便捷。因此该种体例更值推崇。

最后，从立法技术的角度出发，信托监察人制度在需要修正规范瑕疵的同时，也需要对实体和程序上大量的具体规则予以填补完善。这意味着信托监察人的法条内容将会增加，如果将其放于其他章节，就与其他章节的内容有不相协调的问题。

综上，我国大陆信托法在信托监察人制度的架构设计上应当借鉴我国台湾地区单设信托监察人一章的体例安排，将信托监察人一章置于信托当事人的章节之后，使得信托监察人在适用范围上不再限于公益信托。无论私益信托还是公益信托，在受益人不能保护自身利益的情况下，经申请或指定均可适用。从而为建立健全统一的信托监察人制度做出铺垫。

（二）重设我国信托法中信托监察人的具体规则

架构体例的安排妥当后，即要对信托监察人的具体规则予以重新设计。在信托监察人的具体规则中，应首先对公益信托强制设立信托监察人予以“松绑”，其次再考虑对信托监察人实体和程序上的缺漏予以“填补”。

在“松绑”的设计上，考察域外立法例，对于公益上并不强制要求设立信托监察人的国家主要是日本和韩国，二者在规则设计上几无差别，参看《日本信托法》第123条，受益人不存在时，可以指定一人作为信托监察人。没有指定信托监察人或者指定的信托监察人不愿或者不能就任时，法院可经利害关系人的申请指定信托监察人。从其条款可以看出，信托监察人的设置是经信托

① 何宝玉：《信托法原理研究》，中国法制出版社2015年版，第373页。

条款约定、利益相关人或者信托管理机关申请后经法院批准而设立。我国对此不可照搬，因为我国并未像日本、韩国规定法院的外部监督。故而在设立上应当排除法院的批准权。合理的条款设计应当是：受益人不特定或者受益人不存在时，信托条款可以指定信托监察人，信托条款未指定时，信托管理机构认为必要的情况下，可以指定信托监察人。

在“填补”的设计上，需要从实体和程序规则两个方面着手：首先在实体上，实体规则包括信托监察人的权利和义务的完善，在义务上各大陆法系国家和地区几乎都明确规定信托监督人的善良管理人的注意义务。我国信托法予以借鉴实属当然。然而仅此还并不完美，在善良管理人注意义务的同时，还应当规定信托监察人的忠实义务和公正义务。所谓忠实义务是指被信赖托付的一方以他人利益高于自己利益的准则，忠实而笃定的履行义务。① 其内容包括禁止利益冲突和禁止利益取得规则。② 忠实义务在信托中是受托人的典型义务，也是不可减损的义务。③ 而表现于信托监察人的义务则是信托监察人在行使监督和管理职权时必须是以受益人的最大利益为标杆，不得通过其行为与受益人发生利益冲突或者依此获利。此义务设置可以防止信托监察人与受托人或者其他信托关系人串通一气共同侵害受益人，故而从受益人利益保障角度而言不可或缺。④ 而公平义务一般是指当在信托中面对多数受益人时，应当公平对待每一个受益人。⑤ 其实在信托中设置不同种类

---

① 谢哲胜：《财产法专题研究（三）》，中国人民大学出版社 2004 年版，第 81－82 页。

② See J. E. Penner，The Law of Trusts，Oxford：Oxford University Press，2012，p. 406.

③ A. J. Oaklay，Trends in Contemporary Trust Law，Oxford：Oxford University Press，1996，pp. 47－62.

④ 徐卫：《信托监察人的法律设置及完善——评〈台湾信托法〉第五章》，载《天津市政法管理干部学院学报》2003 年第 3 期，第 15 页。

⑤ 公平义务在美国常被在忠实义务的范畴内一并讨论，但是在日本却作区分对待。参见［日］能见善久：《现代信托法》，赵廉慧译，中国法制出版社 2011 年版，第 86－87 页。

的受益权，对受益人在合理范围内差别对待本来并不存在问题。但是倘若已经考量其中合理的信托受益人初始的差别设计，依然存有受益人不被公平对待的情形，此时就意味着公平义务的违反。在多数受益人时，信托监察人的权利行使关乎其利益保障。多数受益人的复杂之处在于会有利益冲突的现实情形，信托监察人即有对利益保护分配不均甚至有偏袒一方利益损害其他受益人利益的可能。故而在信托法规定信托监察人确有必要。《日本信托法》对于信托监察人的善良管理人的注意义务、忠实义务以及公平义务均有明确规定可资参照。[①] 在我国信托法中借鉴吸收后可予表述为：信托监察人在执行职务时应当尽善良管理人的注意义务，必须为受益人诚实且公正地执行职务。

在信托监察人的权利设置上，首先，需要明确信托监察人的权利范围。上述权利都是受益人的专属受益权利，信托监察人倘若享有这些权利其将和受益人无异，其自身地位转变将与其设立初衷目的相违背，受托人与信托监察人的权利制衡也可能被打破。故而只有信托法或者其他法律特别规定时，对于以上权利信托监察人不得行使，从而受益人和信托监察人的权利范围得以明晰。同时在激励信托监察人权利上也应当填补缺漏。激励信托监察人的权利包括信托监察人的报酬请求权、支出费用请求权和费用补偿请求权。我国信托法在借鉴其他国家或地区的信托法的同时也需对相关部门规章和条例予一并整理。在比较法上，我国台湾地区对信托监察人的报酬请求权予以明确，但其他只字未提。而《日本信托法》对此规定则相当周全，但条文亦有繁琐之感[②]，综合参考来看，对我国信托监察人的权利可予补充的条款有二：其一，信托监察人可以请求在履行职务的过程中所需的必要费用及利息。其二，信托监察人可以向人民法院请求获得一定的报酬，但信托文件或当事人另有约定的，从其约定。

① 参见《日本信托法》第126条。

② 参见中国台湾地区“信托法”第56条，《日本信托法》第127条。

其次，在程序上，完善的信托监察人程序性规则可以使得信托监察人制度具备更强的实际操作性，同时对于各信托当事人的利益而言意义显著。我国信托法在程序性规则可予考虑补充的分别是：信托监察人的资格选任、解任、辞任条件，新信托监察人的选任，以及多数信托监察人的议事规则这几个方面。在笔者看来，在法条设置上还应设一兜底条款以防止实践中可能出现的其他情形。因此，我国信托法可以规定，无民事行为能力或限制民事行为能力的自然人、破产人、受益人及其利害关系人、受托人及其利害关系人以及其他有可能与受益人利益冲突的主体均不得担任信托监察人。在信托监察人的解任和辞任条件上，解任和辞任的条件应当最大限度地遵从当事人的意思表示，在信托文件中有明确规定的，法律无理由干涉。但是在信托法中还是应当设置在因特殊情形之下的解任和辞任条件，此为底线。否则若任意由信托监察人和信托当事人约定，则有可能导致利益失衡的局面。对于解任条件而言，信托监察人怠于履行或者因其他重大事由无法妥善履行职务时，委托或者指定一方可以解任，人民法院亦可以经利害关系人申请将其解任。在辞任条件上，信托监察人若因特殊情势不能履行职务，在经委托、指定一方或者人民法院的许可后方可辞任。此种设置将使得在实务中信托监察人的解任、辞任更为规范有序。

以此视角观察，则我国台湾地区“信托法”相较《日本信托法》的规定更具指向性。我国台湾地区“信托法”依“简单多数决”的规则解决多数信托监督人的意见争端。同时在信托财产的保存行为上各信托监察人可单独为之，[①] 但尚有不足的是倘若多数信托监察人的意见不足半数时，又该如何处置？笔者以为，此时可以申请人民法院裁决。故综上来看，我国信托法中多数监察人的议事规则可以规定为：信托监察人为多数时，除在信托文件中另有约定外，在执行职务时若不能达成一致，以过半数的意见执

① 参见中国台湾地区“信托法”第55条。

行职务。依旧不能达成意见的，可以提请人民法院作出裁定。但就信托财产的保存行为可以单独作出。

参考文献

徐卫. 信托监察人的法律设置及完善—评《台湾信托法》第五章［J］. 天津市政法管理干部学院学报，2003（3）.

能见善久. 现代信托法［M］. 赵廉慧译，北京：中国法制出版社，2011.

史尚宽. 信托法论［M］. 台北：台湾地区商务印书馆，1972.

谢哲胜. 财产法专题研究（三）［M］. 中国人民大学出版社，2004.

试错式监管机制对我国金融改革的借鉴与启示

——以金融“监管沙盒”制度为例

卢　玮[1]

摘要：随着金融科技的快速发展，因金融科技的前瞻性、开放性、科技含量高、升级迅速等特点，伴随而产生的金融风险更加隐蔽，信息科技与操作风险也更加突出。[2] 英国金融行为监管局在2016年启动的“监管沙盒”[3] 计划，为金融监管部门加强金融风险管控和促进金融创新之间寻求长效平衡提供了新的路径。为应对我国飞速发展的金融科技市场，我国金融改革的发展需要相应的试错机制，我国“试点”模式有着丰富的实践基础，但“试点”机制普遍存在诸如试点的选取与方案的制定不规范、法律授权依据不清、期限不明确、结果不公开等多方面的缺陷。笔者认为我国有必要借鉴国外及其他地区的“监管沙盒”制度，形成适合我国金融发展背景与需求的“监管沙盒”制度。

关键词：“监管沙盒”　金融改革　试点

---

① 卢玮，四川大学法学院2018级民商法学博士研究生，专业方向：民商法。

② 朱太辉、陈璐，《Fintech的潜在风险与监管应对研究》，载《金融监管研究》，2016年第7期，第18页。

③ “Regulatory Sandbox”，译为“监管沙盒”或“监管沙箱”，本文采用“监管沙盒”。

一、问题的提出

中国长期以来在金融科技领域采取放任监管的模式导致了大量金融乱象，而后先发展后治理的模式使金融科技领域陷入“一管就死，一松就乱”的尴尬处境。举例来说，2007年，国内第一家网贷平台“拍拍贷”成立，发展初期一直处于“无准入门槛、无行业标准、无监管机构”的“三无”状态。根据相关统计，2013年全年就有75家网贷公司发生了风险事件，且之后倒闭潮来势更加凶猛，2014年国庆7天，就有5家网贷公司出现倒闭，整个行业风声鹤唳。①

直到2015年7月14日，中国人民银行等十部门联合发布了《关于促进互联网金融健康发展的指导意见》，才结束了网贷平台八年监管真空的现状。② 而在2016年国务院发布《互联网金融风险专项整治工作实施方案》后，互联网金融行业开启了严监管模式，一系列整治行动的开展和专项法规的颁布让行内人士感叹金融监管的“寒冬”已经到来，而这种看似高效的事后监管使得金融科技创新和初创企业在夹缝中求生存。③

我国金融科技领域的迅猛发展也意味着对相关领域的监管提出了更高的要求，如何协调好安全与效率之间的关系，成为现代金融科技监管部门亟须解决的重大问题之一。英国率先推出的“监管沙盒”制度为其金融监管部门加强金融风险管控和促进金融创新之间寻求长效平衡提供了新的路径。在英国推出“监管沙盒”后，诸如新加坡、澳大利亚、中国香港特别行政区、中国台湾地区等国家与地区也逐步制定并推出了符合各自国情和地区特色的“监管沙盒”制度，尽管各国和地区的“监管沙盒”制度在管理机

① “为何2013年被称为互联网金融元年?”，https://www.weiyangx.com/131237.html，访问日期2018年11月2日。

② 龚浩川：《金融科技创新的容错监管制度——基于监管沙盒与金融试点的比较》，载《证券法苑》第21卷第168页。

③ 黄震、张夏明：《监管沙盒的国际探索进展与中国引进优化研究》，载《金融监管研究》，2018年第4期，第31页。

构、申请主体、对测试项目的要求、授权等方面规定不尽相同，但本质上都有着类似的内在逻辑和原则目标。

改革试点在我国发展历史中具有丰富的实践基础，而试点在内在逻辑与原理上与“监管沙盒”相似，但试点在实践中存在包括选取与方案的制定不规范、法律授权依据不清、期限不明确、结果不公开等多方面的缺陷。我国有必要借鉴其他国家及地区，建立符合我国金融发展需求的“监管沙盒”制度。

二、“监管沙盒”制度的简析

（一）“监管沙盒”制度概述

1. 金融“监管沙盒”的起源

“沙盒”原本是一种虚拟技术，多用于计算机安全领域，是指在预先设定的有限的安全环境中运行运用程序，并且通过有限的授权为一些来源不可信、具备破坏力或者难以判断意图的应用程序提供测试环境，相关程序的运行不会对系统造成危害。① 英国率先将这一概念运用到金融监管领域，于 2016 年推出了“监管沙盒”制度，旨在加强防控金融风险的同时为金融创新企业提供一个安全的测试环境。

金融创新技术对时效性要求较高，漫长的事前审批及监管手续容易使金融创新技术错过最佳的发展时机。同时，金融创新技术失败的风险极高，并且一旦失败，不论对于投资者还是消费者都会造成很大损失，甚至对金融系统的稳定性造成不利影响。② “监管沙盒”制度的核心理念在于在保证消费者权益及金融市场稳定运行的前提下，为金融创新技术、产品及服务提供一个安全测试区，允许其在真实市场场景下对创新的产品、服务或商业模式进行测试，相关测试活动及结果得以在较为宽松的监管环境中进

① 吴凌翔：《金融监管沙箱试验及其法律规制国际比较与启示》，载《金融发展研究》，第 10 期，第 45 页。

② 牛淑雅：《主要国家监管沙盒制度的比较及启示》，载《中国银行业》，2017 年第 3 期，第 71 页。

行，而不必担心因与现有规制有冲突而遭受不利的监管后果。传统的监管方式注重禁止违法，而沙盒监管则注重试错，而允许新的产品及服务进行试错的前提则在于沙盒监管为其设置的相对安全的试错空间。[①]

2. “监管沙盒”对各参与主体的意义

对于金融科技创新企业而言，“监管沙盒”能够减少创新企业的创新成本，降低其在创新期间遭受现有监管处罚的风险，增加企业创新的积极性，同时提高创新效率。对于金融消费者而言，“监管沙盒”在保证参与测试的消费者权益的同时，使企业及监管部门充分听取消费者的意见，引导相关产品及服务向消费者体验度高的方向改进。对于监管部门而言，“监管沙盒”使监管部门与监管对象的关系更为健康，使监管更为及时、有效，从而更有利于监管部门高效监管，增强监管效率。

（二）主要国家与地区“监管沙盒”制度简析

英国是最早提出“监管沙盒”制度的国家，其后，新加坡、澳大利亚、日本、我国香港特别行政区、我国台湾地区等都相继推出了“监管沙盒”制度。各国与地区因其金融背景以及金融业发展需求等不同，其“监管沙盒”制度在主管部门、申请主体、测试项目的要求等方面不尽相同[②]，但都有着类似的内在逻辑和原则目标。各国家和地区“监管沙盒”都有着以下基本特点：

（1）兼顾促进金融创新和风险管控。从各国与地区“监管沙盒”制度的设计来看，其提供安全测试区进行测试的目的都是为推动更多的创新产品、服务及商业模式进入市场。通过“监管沙盒”提高监管效率同时减少企业的创新成本及风险，以达到鼓励创新同时兼顾维护金融市场秩序的目的

（2）均注重对金融消费者的权益保护。几乎所有实施“监管

① 郭丹、黎晓道：《监管沙盒对金融监管的突破——兼谈其潜在的局限性》，载《哈尔滨商业大学学报（社会科学版）》，2018年第1期，第124页。

② 资料来源：FCA、ASIC、MAS、HKMA网站。

沙盒”制度的国家及地区都将保护金融消费者权益作为其“监管沙盒”制度的原则性要求之一。这主要体现在测试机构对相关测试内容的提前告知义务，要求保证消费者自愿参与测试，要求测试机构与消费者建立信息交流机制等方面。①

（3）均注重监管互动，变滞后监管为实时监管。“监管沙盒”中监管者与测试主体的关系不同于我国现行监管体系下传统的“猫鼠”监管关系，被监管企业不需再刻意回避或应付监管，不再强调监管者传统监管关系中的公权身份，而更多的是一个测试平台的提供者，这也使得监管机构能与被监管企业在相对平等的地位上加强互动与互信。与此同时，改变先发展后治理的野蛮生长发展，变事后监管为同步实时监管。

三、我国改革“试点”与“监管沙盒”的比较辨析

（一）改革试点概述

邓小平提出的“摸着石头过河”的理论在中国改革开放过程中有着关键性的作用，改革试点在我国有着深厚的实践基础。邓小平曾指出：“有些问题，中央在原则上决定以后，还要经过试点，取得经验，集中集体智慧，成熟一个，解决一个”。② 20世纪七八十年代，我国设立的经济特区、沿海开放城市、经济开放区等可以说是新中国成立后第一批典型经济试点的运用。

在金融领域，上海自贸区试点、浦东新区改革试点、金融改革试点、区块链试点等一系列的金融试点是我国在探索金融领域创新的不断尝试。带有我国特色的改革试点被运用到政策、制度、文化、社会生活等方方面面，使各项改革得以有序地进行。③

改革试点在我国发展过程中有着不可磨灭的贡献，但改革开

① 卢瑶瑶、赵华伟：《“监管沙盒”机制对我国金融创新监管的影响》，载《财会月刊》，2018年第19期，第161页。

② 《邓小平文选》第2卷，人民出版社1994年，第341页。

③ 黄秀兰：《浅谈改革开放进程中的政策试验》，载《理论与改革》，2000年第115页。

放过程中存在大量试点在法律授权、试点的选择、试点方案、过程的监督以及结果的评估上存在诸多缺陷。[①] 举例来说，在全国计划生育最为严峻的时期，翼城全县农村开始推行“晚婚晚育加间隔”的二胎政策，甘肃酒泉、河北承德、湖北恩施等也曾在20世纪80年代中期被国家计生委确立为“二孩”政策试点地区。[②] 而为何选取这些地区作为试点，有无详细的试点方案，试点期间有无明确的评估标准，以及试点的期限等问题都无公开的文件支撑。直到2015年10月，十八届五中全会审议通过《中共中央关于制定国民经济和社会发展第十三个五年规划的建议》，[③] 决定全面实施“二孩”政策，而这一决定与当年的“二孩”试点有无必然联系，“二孩”试点的过程与结果是否对全面实施二胎政策有决定或是参考意义却无从而知。

（二）金融改革试点与“监管沙盒”的内在相似性

1. 二者均受到金融科技发展的催化

金融改革试点与“监管沙盒”制度建立都受到金融科技变革与创新的催化。金融科技领域的前瞻性、开放性、科技含量高、升级迅速等特点，使得现有法律制度及监管体系难以跟上金融科技领域发展的步伐，金融监管的滞后性在高速发展的金融科技领域显得尤为突出。不论是我国金融改革试点还是“监管沙盒”制度，其最初都是因现有金融监管制度与体系难以适应高速发展的金融科技，因而催化了金融监管的创新与改革，因此二者的运用与实施有着相似的背景与土壤。

2. 二者具有相似的内在逻辑与原理

我国金融改革试点与“监管沙盒”具有一致的内在逻辑与原

① 吴昊、温天力：《中国地方政策试验式改革的优势与局限性》，载《社会科学战线》，2012年第10期，第38页。

② 陈子盼：《中国式政策试点与法治理念冲突——基于二胎政策试点》，载《怀化学院学报》，2014年7月第33卷第7期。

③ “十八届五中全会：我国全面放开‘二孩’政策”，http://www.xinhuanet.com//finance/2015-10/30/c_128374998.htm，访问日期：2018年12月10日。

理。[①]“监管沙盒”实际上是因监管主体对申请测试项目的成效及后果难以准确估计和判断而推出的，但相关测试项目经事前预估，可能产生有利于金融发展及社会运行的效果，所以监管部门为其提供一个相对安全的测试区域，在监控下对测试项目进行评估，如果其测试结果确能有效提高金融运行效率，监管部门则会通过修改相关规制或进行特别授权的方式广泛推广该成果。[②]试点则与软法、柔性的法律逻辑相似，即在特定的区域内进行尝试、试错，根据尝试的结果决定在更大范围内推广使用或停止执行，而相关的试错行为不会因与现行法律规制相冲突而遭受处罚。因此从本质上讲，改革试点与“监管沙盒”都是一种试错的机制，二者都是在小范围内先试先行，进而将经过试验筛选的结果进行广泛推广，其内在逻辑具有相似性。

（三）试点与“监管沙盒”的不同

1. 产生方式不同

我国试点多是由政府主导，采取自上而下的方式开展的，而少有通过自下而上的申请方式开展，因此我国试点的运行多数体现了政府或主管部门的需求。而“监管沙盒”中允许申请主体自主申请测试项目，主管部门对申请测试的项目进行初步审查后允许符合条件的项目进入测试阶段，更尊重市场中企业的自主选择。

2. 结构逻辑不通

从结构逻辑上讲，试点是一种线性模式的试验，而“监管沙盒”的结构逻辑是多维度空间中的试验[③]。试点机制中，各个环节的连接是线性的，我国各项试点中通常是政府占主导地位的、自上而下的开展。从决定开展试点工作，到相关部门制度试点方案，再到特定区域落实试点工作，整个过程是一种线性的推进过程。

---

① 张景智：《“监管沙盒”的国际模式和中国内地的发展路径》，载《金融监管研究》，2017 年第 5 期，第 31 页。

② 张景智：《“监管沙盒”的国际模式和中国内地的发展路径》，载《金融监管研究》，2017 年第 5 期，第 31 页。

③ 黄震、张夏明：《互联网金融背景下改革试点与监管沙盒比较研究》，载《公司金融研究》，2017 卷第 2、3 辑，第 6 页。

而在“监管沙盒”机制中，创设出的“沙盒”是一个三维空间，申请测试主体、监管主体与参与测试的消费者在整个测试过程中需要进行实时的沟通与信息反馈，相关的方案也会在测试过程中进行实时调整及更新，整个运作的结构逻辑是立体的、三维的、多方同时在线的。①

3. 规范性存在差异

从规范性上讲，我国改革试点相关制度不完善，缺乏明确的制度及标准，而“监管沙盒”制度有着相对完善的操作规则。有学者提出，我国的试点过程不严格遵循问题的界定、政策制定、政策合法化的严格程序，而是在一定制度空间下先于立法的“行政试验”。② 试点的合法性及规范性常常受到质疑，试点方案缺乏科学性，大量试点没有取得正式授权，甚至没有完整的试点方案，③ 试点的这些特点也与我国亟须经济转型的大环境密切相关。④“监管沙盒”在测试主体的选择、监管方法的使用、项目的筛选、结果的评估、项目的终止和退出等各方面都有着明确细致的执行标准，不仅使整个过程更加公开、透明，也使测试的结论更为准确和可靠。

四、对我国引入“监管沙盒”的构想

（一）我国引入“监管沙盒”制度的必要性分析

我国对金融科技领域采取的放任监管模式对早期金融科技领域迅速发展起到了一定积极作用，但同时也导致了诸多金融市场乱象，先发展后治理的路径使金融科技领域再次陷入“一管就死，

① 黄震、张夏明：《互联网金融背景下改革试点与监管沙盒比较研究》，载《公司金融研究》，2017卷第2、3辑，第6页。

② 张勇杰：《渐进式改革中的政策试点机理》，载《改革》，2017年第9期，第39页。

③ 吴昊、温天力：《中国地方政策试验式改革的优势与局限性》，载《社会科学战线》，2012年第10期，第38页。

④ 李敏：《监管沙箱制度及其实践探析》，载《私法》，2018年第29期，第77页。

一松就乱”的尴尬处境。[①] 金融创新的不断发展对监管部门监管创新提出了新的要求，大数据、区块链等技术使我国金融体系呈现出去中心、网络化、智能化的特点，而传统的金融监管制度已经难以应对新时代金融监管的要求。[②]

我国“试点”与“监管沙盒”在逻辑与原理上具有一致性，但“试点”过程中普遍存在法律授权不明、试点期限不确定、试点结果不透明等问题。随着中国法治化进程不断加快，需要一个相对完备的试错机制，从而在风险可控的前提下加快金融创新的发展。“监管沙盒”制度的本土化有利我国现有金融监管模式的创新，转变金融监管理念，使监管部门变传统事中事后监管为实时、同步监管，调和监管部门与监管对象之间的关系，加强互通互信，同时加强金融消费者权益保护。

（二）我国引入“监管沙盒”制度的可行性分析

“监管沙盒”仅是对现行金融监管体系的补充，并不会与现有监管规制冲突。“监管沙盒”制度并不能突破现有的法律。该制度运行的重要基础在于主管部门对测试主体的授权，而主管部门授权的合法性及授权范围等制度设计都需要与现行法律相吻合。以我国香港特别行政区为例，其采用分业模式，因此其“监管沙盒”主管部门香港金融管理局仅能对其监管范围内持牌的本地银行进行授权。而采取混业监管的国家，其主管部门的授权范围可能扩大至包括银行、保险、证券等多领域。但不论是采用何种监管模式，“监管沙盒”机制仅仅是为金融监管部门拓宽了新的监管方式，逐步改善监管关系与监管手段，而并非完全替代现有监管模式与方法。

目前学界对于“监管沙盒”制度在中国的落地多持积极态

① 龚浩川：《金融科技创新的容错监管制度——基于监管沙盒与金融试点的比较》，载《证券法苑》第 21 卷，第 162 页。

② 卢瑶瑶、赵华伟：《“监管沙盒”机制对我国金融创新监管的影响》，载《财会月刊》，2018 年第 19 期，第 163 页。

度，[①] 实践中，《中国互联网金融安全发展报告2016》发布会上，北京市金融工作局党组书记霍学文透露，政府将对互联网金融进行“监管沙盒”模式的试验，以位于北京房山区的“北京互联网金融安全示范产业园”作为试验地，[②] 由此可见，我国有条件并且正尝试引进“监管沙盒”制度。

（三）构建我国“监管沙盒”制度的建议

1. 完善“监管沙盒”制度法律构建

“监管沙盒”其本质是一种豁免机制，[③] 需建立完善的法律授权模式及豁免模式。创新企业拟推出的金融创新技术、产品及服务可能会与现行有效的法律法规相抵触，因而创新企业有遭受处罚的风险，而申请在“监管沙盒”下进行测试，创新企业的相关活动则可以在设定的安全空间中得到处罚豁免。我国大陆金融监管机构并无一般豁免权，我们可以借鉴我国台湾地区，从法律法规层面对“监管沙箱”的宽免政策提供支持。[④] 我国《立法法》第13条规定，“全国人民代表大会及其常务委员会可以根据改革发展的需要，决定就行政管理等领域的特定事项授权在一定期限内在部分地方暂时调整或者暂时停止适用法律的部分规定。”我国开展试点多是由全国人民代表大会及其常务委员会授权国务院在某一地区对特定法律法规进行暂时的调整或停止适用。[⑤] 因此我国“监管沙盒”也可由全国人大及常委会授权国务院，对相关测试领域涉及的法律法规进行暂时调整或停止适用。“监管沙盒”豁免的范围应仅限于相关监管部门自己颁布的法规，而不能与其他上位法

---

① 潘云春、王菲菲、陈国庆：《“监管沙盒”的国际经验及其借鉴意义》，载《内蒙古科技与经济》，2018年3月第5期，第30页。

② “北京将对互联网金融推行‘监管沙盒’模式”，http://www.sohu.com/a/126770224_556892，访问日期，2018年12月30日。

③ 张红：《监管沙盒及与我国行政法体系的兼容》，载《浙江学刊》，2018年第1期，第83页。

④ 夏伟亮、徐文德：《“监管沙箱”的比较研究与分析：最新进展、时间经验与启示》，载《西部金融》，2017年第10期，第24页。

⑤ 张红：《监管沙盒及与我国行政法体系的兼容》，载《浙江学刊》，2018年第1期，第8页。

相抵触[①]。

2. 加强各金融监管部门协同机制

"监管沙盒"制度的实施需要各监管部门高效协同。在金融行业快速发展的背景下，分业监管模式下监管真空、权责不清的问题日益凸显，在混业监管的大潮流下，为适应金融业发展的需要，2018 年 3 月，《国务院机构改革方案》将中国银行业监督管理委员会和中国保险监督管理委员会的职责整合，组建中国银行保险监督管理委员会，"一行三会"的金融监管架构成为历史。[②] 在现有监管体系下引进"监管沙盒"需要相关监管主体进行跨部门、跨地区的高效协作，加强资源互通，建立不同金融监管部门的有效协调互通模式对"监管沙盒"在我国现有监管体系下有着重要意义。

3. 对"监管沙盒"准入主体采用逐步扩大方式

考虑到我国的金融科技发展现状、金融科技领域的发展需求以及相关监管领域的监管能力现状，我国可以首先允许金融机构及准金融机构作为"监管沙盒"测试主体，[③] 待该制度相对成熟后再逐步将准入主体扩大至非金融机构。银行业金融机构在相关资质的取得、风险防控体系以及科技信息系统等方面具有相对完善的操作体系，因而较其他创新企业来讲在科技创新方面具有一定优势，同时相关行业的监管体系也相对较为完善，更能应对测试中可能出现的风险。我国香港特别行政区作为率先推出"监管沙盒"的地区，其准入主体也先对本地的银行进行开放。大陆地区也可以考虑首先接受正规金融机构作为申请测试的主体，随后逐步扩大到准金融机构，最后再放开至其他金融创新企业。

---

① 张景智：《"监管沙盒"的国际模式和中国内地的发展路径》，载《金融监管研究》，2017 年第 5 期，第 32 页。

② "'一行三会'的开始和结束"，https://baijiahao.baidu.com/s?id=1594875761313012251&wfr=spider&for=pc，访问日期：2018 年 12 月 10 日。

③ 张景智：《"监管沙盒"制度设计和实施特点：经验及启示》，载《国际金融研究》，2018 年第 1 期，第 63 页。

4. 加强金融消费者权益保护

我国先发展后治理的金融发展模式中常常出现忽视甚至损害消费者权益的情形，而从现有已推出“监管沙盒”的国家及地区的政策来看，消费者权益的保护都被放在极为重要的位置。我国应当建立完善的消费者权益保护机制，完善个人征信管理体系、网络客户身份信息识别系统，同时，金融科技领域的开放性及互联互通性对相关信息管理机制的建立也提出了更高的要求，① 一旦出现管理漏洞，将对大量消费者的个人信息及隐私造成难以弥补的影响。因此，完善金融消费者个人信息管理及保护机制也不可或缺。

参考文献

潘云春，王菲菲，陈国庆．监管沙盒的国际经验及其借鉴意义［J］．内蒙古科技与经济，2018（5）．

张景智．监管沙盒的国际模式和中国内地的发展路径［J］．金融监管研究，2017（5）．

杨遂全，赵薇．论制度试验法制化［J］．宏观经济研究，2014（8）．

黄震，张夏明．互联网金融背景下改革试点与监管沙盒比较研究［J］．公司金融研究，2017（2、3）．

龚浩川．金融科技创新的容错监管制度—基于监管沙盒与金融试点的比较［J］．证券法苑，（21）．

卢瑶瑶，赵华伟．“监管沙盒”机制对我国金融创新监管的影响［J］．财会月刊，2018（19）．

张景智．“监管沙盒”制度设计和实施特点：经验及启示［J］．国际金融研究，2018（1）．

夏伟亮，徐文德．“监管沙箱”的比较研究与分析：最新进展、时间经验与启示［J］．西部金融，2017（10）．

黄震，张夏明．监管沙盒的国际探索进展与中国引进优化研究［J］．金融监管研究，2018（4）．

① 张景智：《“监管沙盒”制度设计和实施特点：经验及启示》，载《国际金融研究》，2018年第1期，第63页。

《民商法争鸣》约稿启事

《民商法争鸣》系四川大学法学院主办的民商法学学术著作文集，由杨遂全教授担任主编，创办于2009年岁末。

本书视所辑稿多少和质量，每年出版2辑，以学术论文为主，杂谈、案例研究、调查报告等形式皆可。真诚欢迎法学理论及实务工作者惠赐佳作。

来稿要求：1. 稿件应属未公开发表且有创意的作品，7000字到2万字皆宜。

2. 本书优先采纳关注民生、具有社会责任感和时效性的争鸣论文。

3. 本书通常设有民法、劳动法、商法等专题。欢迎针对本书各专题来稿。

4. 稿件应主题明确，层次清楚，叙述准确。引文务必注明出处，注释采每页下脚注，反对伪注。

5. 来稿匿名两轮审稿，投稿后30天未接通知，可另投他处。请勿一稿两投。

6. 来稿中请详写姓名、作者简介、本文完稿时间、电子邮箱或手机、通信地址、邮编等信息，以便及时联系。

7. 所有文章均由作者授予自发表之日起十年的专有使用权，任何转载、摘登、翻译或结集出版等事宜，均须事先得到本书编辑部的书面许可。作者文责自负，不代表编者观点。抄袭等侵害他人权利的一切后果完全由作者自己承担。

8. 本刊已被《中国学术期刊网络出版总库》及CNKI系列数据库收录。该数据库收录的本集刊所有作者的文章著作权所付各项使用费、转载费与本刊其他支出及资助合并由编委会处置，按照本启事第10条约稿条件给付。免费提供作者文章引用统计分析资料。如作者不同意文章被该系列数据库收录使用，请在来稿时向本刊声明，本刊将做适当处理。编委会视所有投稿给本刊的作者在接到编委会用稿通知时即知晓编委会的本条版权授权告知，并同意授权中国知网使用。

9. 本书采用网络投稿形式，每稿必复。邮件主题请写明“《民商法争鸣》投稿”。投稿邮箱：minshangzhengming@163.com。

10. 本书系学术著作，因资助经费有限，仅一次性向作者赠送样书2册作为全部稿酬。如果四川大学法学院资助的出版补贴和编委赠与的出版资助以外的赞助和其他全部收益（包括网络转载以及中国知网使用费）合并超出了本书出版补贴、印刷、编辑、审稿及相关劳务费用，将视收入超出部分的多少酌情另给作者薄酬。

《民商法争鸣》编委会

2020年7月30日